本书为地方高水平大学创新团队华东政法大学"全面建设新时代社会主义市场经济的法治创新"项目的阶段性成果

优化营商环境商法经典译丛

法律与金融译丛 LAW & FINANCE

CORPORATE GOVERNANCE
AFTER THE FINANCIAL CRISIS

金融危机后的公司治理

[美] 斯蒂芬·M.班布里奇 著

罗培新 李诗鸿 卢颖 译

上海人民出版社

了解世界，才能更好地了解自己
——"优化营商环境商法经典译丛"序

> 这套译丛，生发于种种看似偶然的遇见。这些
> 遇见，有意或无意地，强化了我们对域外商事法律重
> 要性的认知⋯⋯

2019 年 4 月 2 日，记得是个周二，起了个大早，奉命参加国务院营商环境督查组，赴京参与相关工作。同时还有一项使命：与上海市第一中级人民法院副院长汤黎明法官、卢颖法官、审管办副主任张能法官一起，赴最高人民法院，请示如何在指标城市上海，通过优化商事裁判理念与裁判规则，助力营商环境优化。

列车行驶在明媚的春光里，心情却始终轻松不起来。未来的数天，硬核的任务太多。中午第一站，到了最高人民法院。一株生机勃旺的皂角树，静静地生长于台阶之上，与高悬屋宇的国徽相映成景，温暖活泼与庄严肃穆，竟可以这样奇妙地合体！

在 529 房间，我们一行与民二庭关丽副庭长、潘勇锋法官、麻锦亮法官等人，本着优化营商环境的共同愿景，进行了愉快的交流。我们认为，上海市一中院可以结合上海商事审判实践，在裁判理念、方法与技术方面，积极探索，为最高人民法院提供改革经验，供其制定相关司法解释和司法政策时参考。

彼时，令人感佩不已的是，最高人民法院勇于担当，继出台破产法司法解释、严格规范民商事案件审限的司

法解释之外,继续推进公司法司法解释的制定。上海是世行评估的指标城市,作为这项工作的参与者之一,我必须做好配合工作。

2019年4月3日上午,依旧起了个大早,写了点文字,理了理头绪,再度赶往最高人民法院。递上身份证,警卫核对之后,嘟了句"来得可够早的……",我看看表,8:02分,说"不是八点半开会吗"?"九点啊……"看来,群里通知的八点半,是给帝都的晨堵留足空间啊!感谢一位实习生的引导,到得东区二楼的审委会会议室,静静等待。九时前后,赵旭东教授、朱慈蕴教授、施天涛教授、叶林教授、刘凯湘教授、蒋大兴教授、邓峰教授、李建伟教授等陆续进来,师友相见,分外亲切。印象中,这似乎是公司法大伽聚得最齐的一次了。他们的学识,在不同程度上滋养着我们,这次又慨然赴约,为营商环境贡献智识,令人心生敬意。

出席此次研讨会的,还有相关部委法规部门负责人,北京、上海、江苏、浙江、山东与广东的民二庭也派员参加,最高人民法院民二庭庭长林文学法官、副庭长杨永清法官、副庭长关丽法官等悉数出席,这应当是国内公司法领域的顶级阵容了。

刘贵祥专委致辞后,与会专家学者围绕"履行法定程序不能豁免赔偿责任"、"关联交易的撤销"、"不适任董事职务的解除"、"重大资产转让的决议机关"、"公司分配利润的时限"等展开了激烈的论争,北京市高级人民法院陈丰庭长等实务专家的发言,也相当精彩。中午的时候,关庭长说,上次破产法司法解释专家论证会,会场都差点"吵"翻了,这是一种多么美好的氛围啊!11:45分结束,中午简餐后,13:00分继续开会,中国人民大学法学院的诉讼法专家肖建国教授也加入了,又是一场"论战"……14:00分,我必须前往证监会,完成国办督查任务,才依依不舍地离开讨论气氛非常浓郁的现场……

到了证监会,15:00开始,投资者保护局赵敏局长、郑锋副局长以及发行部邓舸副主任、上交所法律部副总监陈亦聪等,围绕世行指标,与我们沟通了情况。证监会及交易所的专业水平与敬业精神,一向值得尊敬。赵局长介绍,2018年共有18个失分点,10个涉及上市公司,另外8个涉及民事诉讼程序和有限责任公司,紧接着,双方围绕"高管无因解除"、"股东优先认购权"、"母子公司交叉持股"等问题,充分交流了想法。不知不觉,夕阳西下……这一天,是公司法研习浓缩精华的大写日子!

2019年4月4日上午,在国家市场监管总局,完成了营商环境"开办企业"的调研与督查。市场监管总局登记注册局局长熊茂平的介绍非常清晰,归纳下来，有以下数点：第一，商事登记，必须强化线上流程，要向新西兰学习，能够在线上完成的，都在线上完成。世行的方法论认为，通过线上完成的，只计为 0.5 天；如果需要线下完成的，则计为 1 天；第二，社保登记与员工登记，整合进企业注册登记平台和单个申请表中；第三，电子印章，引入安全数字认证系统或使用授权人员签字代替公司印章，世行认可电子印章；第四，引入电子发票，特别是将电子发票的覆盖范围扩大到增值税专用发票。上述工作，仍需要公安部门、税务部门的通力配合。

会上，针对部分问题的论争还相当激烈。我们认为，印章的法律意义就是主体身份与意思表示的识别，既然技术已经比较成熟，在电子政务领域普遍适用了，就完全可以适用于商务领域，也就是说，企业设立者在领取营业执照的时候，自动生成一个电子印章，同时交付密钥，企业如果需要，可以自行刻制物理印章。另外，企业也可以在领取营业执照的时候，申领发票，这样就可以减少两个环节，降低 400 元的费用，我国的排名，又可以提升。

2019 年 4 月 4 日下午，应最高人民法院民二庭庭长林文学法官邀请，我与法官们交流了世行营商环境评估工作，从方法论、规则与案例的角度，进行了讲解。法官水平都很高，提问也很专业，交流非常愉快。会后将"执行合同"DB2020 的英文问卷及中译本、"办理破产"DB2020 的英文问卷及中译本，相关方法论英文版及中译本等，悉数与法官们分享……北京之行的任务，终于圆满结束。

奔波多日，一个切身体会是，中国这么大，人这么多，只要大家都尽一份力，再大的困难都能够克服。另一个想法是，我们必须更多地了解世界，才能更好地了解自己，从而更好地前行。

2019 年 6 月 12 日，再一次专程拜访上海市第一中级人民法院，与黄祥青院长、汤黎明副院长说起，如果法官能够更多地了解域外商事法律，对于更好地适用中国法律，无疑大有助益。其中的一个途径是，提供一个平台，让法官们在办案之余，翻译域外商事法律经典著述。双方觉得这一方法具有可行性，黄院长嘱我在书籍挑选、与出版社的合作方面，多费些工夫。我了解到，华东政法大学国际金融法律学院的年轻教师李诗鸿近年来在译事方面投入颇多，遂拜托他多做些努力。

接下来的日子，进入了艰难的世行营商环境最终磋商，它让我深刻地理解了"知彼"是多么的重要！因为只有"知彼"，才能更好地讲述自己，让别人更好地理解并接纳自己。

2019 年 6 月 25 日，世行华盛顿总部，中方与世行进行"办理破产"指标磋商。最高人民法院的郁林法官主汇报,她非常专业,清晰地阐释了"破产法司法解释三"具体条文与世行得分点之间的关系。北京市高级人民法院的容红法官、上海市高级人民法院的彭浩法官分别就京沪两地实践,做了非常好的补充。

没有想到,双方论争的焦点,很快转移到我国司法解释的法律效力方面。

世行专家 Klaus Koch 提了一个问题:假设司法解释与法律的规定相冲突,如何解决?请最高人民法院解释一下,以帮助世行理解中国的法律体系。郁林法官的回答,一如既往地清晰:第一,司法解释有两类:其一,对于法律法规的具体适用作出司法解释,也就是适用性解释;其二,法律法规没有规定的,根据法律精神和原理作出解释,这属于填补空白的解释。第二,司法解释在制定之后,要经过最高立法机构备案和审查,也就是说,经过最高立法机构认可了,才具有法律效力(Klaus 追问了一个问题,你们出台破产法司法解释,也是这样的吗?答,是的,所有的司法解释都是这样的)。第三,日后如果法律法规发生了修改,司法解释也要进行相应的修改,最高人民法院会定期进行司法解释的清理。

然而,特别奇怪且令人不安的是,在场的世行专家,似乎并不认可。事后我才知道,因为全世界只有中国有司法解释。他们的逻辑非常简单:在中国,法院不是立法机关,而且中国不是判例法国家,最高人民法院制定规则并通用于全国的法律依据是什么?

这个问题被带到了第二天"保护中小投资者"磋商的现场。

2019 年 6 月 26 日下午进行的"保护中小投资者"指标的磋商,世行专家 Herve Kaddoura、Tiziana Londero 就司法解释的效力,股东如何知道股息在宣告之后一年内必须完成分配、如何证明"控股股东利用了关联关系"等进行了提问,我们逐项进行了回应,特别是,对于司法解释的法律效力,我从《立法法》第 104 条、《人民法院组织法》第 18 条、全国人大常委会《关于加强法律解释工作的决议》《最高人民法院关于司法解释工作的规定》第 5 条做出了回应。

2019 年 6 月 27 日,在磋商的间隙,我完成了最高人民法院司法解释有效性的说明,把立法法、全国人大的决定等法律性文件整理完毕,并附上英文,发给了世行专家张木桥,向她请益,她非常友善地提出修改建议,根据她的建议,我改定了相关内容,并按照世行专家 Klaus 的要求,我以电子邮件的方式,发给了对方,对方称会和世行团队分享这些信息。

结束磋商,飞离美国。飞机落地东京后,我收到了来自世行专家 Klaus

的邮件，"亲爱的培新教授，我收到了这份非常有意思的文件，我随后会与其他指标团队分享"（Dear Professor Peixin, We acknowledge receipt of this very interesting document and I will share with other indicator teams accordingly）。从这份中性的回复里，无法读出世行专家的态度，我隐隐有些不安。当天早上，我请教了两位上海外办的翻译专家朱敏与赵琰，她们说，"有意思（interesting）"这个词，不但看不出肯定的意思，而且，往往传递的是偏负面的信息。这一判断，验证了我的预感。

思来想去，除了将法律文件提供给世行之外，一项更重要的工作是，针对世行的疑虑，形成说理闭环，进一步强化司法解释的效力。

世行专家的三大疑虑是：其一，最高人民法院的司法解释，是否在立法机关之外，创造了法律？其二，如果法律保持沉默，司法解释将其进一步细化了，是否超越了权限？其三，法律保持沉默，只是由司法解释予以细化，法律并没有相应修改，当事人如何能够获悉并行使此种权利？

针对世行的疑惑，我连夜形成以下说理：

其一，世行问卷的方法论所认可的规则，囊括了一切具有拘束力的规则。以"办理破产"DB2020 问卷为例，该问卷第 4.6 题的设问是"What laws and supporting regulations/rules will apply in Mirage's case"，也就是说，"在问卷假设的 Mirage 案件中，哪些法律、法规或者规则将予以适用"？ 在问卷的多处，还出现了"法律框架"（Legal Framework）或"合法基础"（Legal basis）的表述。因而，世行认可的规则，绝不限于全国人大制定的法律，还应包括对其假设的案例具有拘束力的所有规则，甚至包括北京和上海的地方性法规、政府规章和规范性文件，上交所颁布的上市准则等。在 DB2019 中，司法解释曾经运用于"保护中小投资者"指标，世行也予以认可，中国因此也得了分。故而，司法解释自然属于世行方法论认可的"规则"。

其二，司法解释并不创造基本权利与义务，只是对法律的适用进行解释，具有相应的法律效力。司法解释的法源基础（Legal basis）是《中华人民共和国人民法院组织法》第 18 条"最高人民法院可以对属于审判工作中具体应用法律的问题进行解释"，以及《全国人民代表大会常务委员会关于加强法律解释工作的决议》的规定"凡属于法院审判工作中具体应用法律、法令的问题，由最高人民法院进行解释"。基于以上两点，《最高人民法院关于司法解释工作的规定》第 5 条规定，最高人民法院发布的司法解释，具有法律效力；第 27 条规定，司法解释施行后，人民法院作为裁判依据的，应当在司法文书中援引。

　　其三,司法解释可以对法律规定不明确之处,予以具体化;或者对法律规定的空白之处,予以补白,这属于填补法律漏洞,必须符合法律原理与法律精神,并不创造或者消灭基本权利,当然不属于超越法律。前者如我国《破产法》第 42 条第 4 项规定,人民法院受理破产申请后发生的下列债务,为共益债务:……为债务人继续营业而应支付的劳动报酬和社会保险费用以及由此产生的其他债务。由于"其他债务"并不明确,《破产法》司法解释三第 2 条规定,破产案件受理后,为继续经营债务人企业而新发生的借款,应当作为《企业破产法》第 42 条第 4 项规定的共益债务,由债务人财产随时清偿。此条司法解释,即属于对"其他债务"的具体化规定。后者如我国《公司法》司法解释五第 4 条规定,"决议、章程中均未规定时间或者时间超过一年的,公司应当自决议作出之日起一年内完成利润分配"。此条规则,依据的即是公司法理,即年度股利当然应当至迟在一年内完成分配,我国公司法在此处留白,应当属于立法漏洞,司法解释很好地填补了漏洞。

　　其四,最高人民法院出台司法解释之前,必须事先征求全国人大常委会的意见;出台司法解释之后,还要经全国人大常委会备案审查,这为司法解释的合法性,奠定了坚实的基础。《立法法》第 104 条规定:最高人民法院作出的属于审判工作中具体应用法律的解释,应当自公布之日起三十日内报全国人民代表大会常务委员会备案。就事先征求意见而言,此次破产法的司法解释征求意见稿,最高人民法院向全国人大常委会法工委征求意见后,有一条因全国人大明确提出异议,最高人民法院最后删除了该条,充分体现了司法解释的严肃性。就事后备案而言,十二届全国人大以来,对 128 件最高人民法院的司法解释进行了审查,发现 5 件存在与法律不一致的情形,及时进行了纠正。这就意味着,成功通过全国人大备案审查的司法解释,具有法律效力。

　　基于以上分析,最高人民法院的司法解释,并没有在法律之外创设基本权利与义务,并不超越权限,经全国人大常委会备案后,向社会公开,具有与其解释的法律同等的法律效力。日后如果法律修订,司法解释也将进行相应的清理,以保证其合法性。

　　写完之后,已是东京时间凌晨 1 点,我将其译成英文,发给了世行专家。

　　2019 年 7 月 2 日,世行专家 Klaus 回复"Dear Professor Peixin, we hereby acknowledge receipt of your paper which will be very useful in our analysis. It will be circulated accordingly"(亲爱的培新教授,我确认收到了您的论文,它将对我们的分析很有帮助。这篇文章,我会在我们的评估团队中传阅)。

2019 年 7 月 3 日,在全国民商事审判工作会议上,最高人民法院主要领导高度评价这篇文章,称其对促进世行理解我国最高人民法院司法解释的效力,发挥了重要的作用。7 月 29 日,最高人民法院主要领导就本人撰写的一份关于司法解释法律效力的专报,做出了肯定性批示。

最为开心的是,2019 年 9 月 2 日,世行发来备忘录,整体上认可了我国司法解释的法律效力。2019 年 10 月 24 日,世行发布新一轮全球营商环境排名,我国的"保护中小投资者"指标再次大幅跃升,从 2017 年的全球排名第119 名,经过 55 名、36 名的两次提升,跃升至全球排名第 28 名,"办理破产"指标,也提升了 10 名。

营商环境磋商及其取得的成效,真切地告诉我们,只有更好地了解域外法律制度,才能更好地讲述自己,更好地赢得他们的信任。

显然,译介域外商事经典著述,正是这样的有益尝试。

2019 年 9 月 17 日上午,我与华东政法大学国际金融法律学院的数名教师,丁勇、梁爽、李诗鸿、刘婧、张文研、徐晓枫等,赴上海市第一中级人民法院,与黄祥青院长、汤黎明副院长等法官,进行了友好的讨论。参与讨论的,还有上海人民出版社的副总编辑曹培雷、法律中心编辑室副主任秦垄和夏红梅编辑。

在愉快的气氛中,三方就优化营商环境商法经典译丛,在细节方面达成了共识,也就是,由学院年轻教师与拥有一定外语能力的年轻法官,共同完成著述的翻译。黄祥青院长的一番话,令人动容。他说,我们都曾经年轻过,给年轻人提供平台,帮助年轻法官成长,是我们的责任。

黄院长的专业与情怀,在另一个场合,我再次得见。2019 年 9 月 21 日,一个周六的上午,在全市政法工作会议上。黄祥青院长谈了三点想法:其一,加强研究,大胆发声。在世行营商环境评估过程中,世行对我国最高人民法院的司法解释的效力,曾经有质疑,后来经过努力,获得了认可。其二,深化交流,提升能力。上海一中院曾经邀请昆士兰法院的法官,双方就裁判理念与裁判方法,进行了全英文交流。其三,注重方法,培养新人。说理的可贵,并不在于义正辞严,而是要以理服人。要坚定不移地推进职业化、专业化队伍建设。法院案多人少,也不需要一味地增加法官。法官助理做好事务性工作,法官做专业的事情。目前需要的是增加法官助理,增强他们的职业前景预期,要注重案件的质效建设……

当然,或许,最能反映黄院长专业、勤勉以及对年轻人提携培养之意的,当属 2021 年 2 月 22 日"法影斑斓"公号的文章《一中院院长的年度履职心得》……

感谢黄祥青院长、汤黎明副院长付出的努力,感谢上海人民出版社夏红梅编辑付出的辛劳!

在《人类简史》中,新锐历史学家尤瓦尔·赫拉利提出了一个重要的概念:除了客观真实之外,还有一种以信仰为基础的"构想的真实",后者往往能够生发出磅礴的力量。我想,相信译介的价值,相信年轻人,这本身就是一份强大的力量!

2021 年 3 月 16 日

相信年轻人，就是相信未来
——"优化营商环境商法经典译丛"序

　　为落实上海市全面依法治市委员会"优化营商环境法治保障共同体"意见，涵养学术能力，培养学者型法官，提升商事裁判水平，优化营商环境，上海市第一中级人民法院与华东政法大学国际金融法律学院共同推出商事法律经典译丛。双方分别选派具备审判经验的法官与理论素养的教师，选译全球商事经典作品，结合商事裁判与教学实践，共同提出修订中国商事法律、细化商事裁判准则、优化中国营商环境的建议。

　　商法是最古老的一门法律。正如一句拉丁格言所称，"哪里有贸易，哪里就有法律"。在商事交往中，商人的一个基本要求就是交易迅捷并安全可靠。因此，与传统民法规范相比，商法理念特别注重对交易便捷和交易安全的促进和保护，并因此确立了合同定型化、权利证券化、交易方式便捷化等制度。另外，为保障交易安全，商法规定了公示主义、外观主义、严格责任主义等规则。随着社会科技的创新，商事行为与商事领域不断延伸，"无业不商"已经成为社会发展的必然趋势，商事案件随之愈发凸显国际化、发展性、超前性等特征。面对"统筹推进国内法治和涉外法治"的新要求，法院不仅要立足国内聚焦主业，更要注重提升涉外法治能力。在此背景下，通过选取并研习全球商法经典著作，提升域外法与国际法的认知能力，对接国际化的法律思维和审判理念，丰富法官商事法律理论与法律方法，注重法官组织化、系统化的法学理论培养,具有重要意义。

就具体的审判工作而言,我们要与这些理念相吻合。无论是裁判标准还是法律方法,基本脉络都是围绕案件事实和法律而展开。然而,实体法与程序法只是搭建了完整办案流程的基本框架,实际运行效果在很大程度上有赖于司法人员的专业素养和实践经验。所以,人,依然是其中最为重要的因素。正如魏源《治篇上》所言:"不知人之长,不知人长中之短,不知人之短,不知人短中之长,则不可以用人,不可以教人。"围绕司改背景下法院人才队伍"革命化、正规化、专业化、职业化"要求,不断提升裁判者乃至职业共同体的专业同质化水平,打造一支强大的队伍来实践这些理念,实属治本之道。

我们应当如何作为?以下方面,无疑至关重要。

第一,法律观念的构建。著名作家托尔斯泰有一句名言:"世界上只有两种人:一种是观望者,一种是行动者。要改变现状,就得改变自己。要改变自己,就得改变自己的观念。"人才的培养,重要的是观念的培养。法条所规范的法律关系及其价值取向往往显得简单、明了,实际案件所蕴含的法律关系不时显现相互交织、错综复杂的情形。还有一些案件在法律适用中表现出形式与实质合理性脱节,眼前与长远利益不一,个体利益与群体利益冲突等情状,诸如此类的纷繁表现均昭示着,司法裁判通常不是非黑即白、非此即彼的简单推演或取舍,而是需要拨开迷障、精细拿捏的利益平衡与价值实现艺术。

第二,法律专业的提升。马克思曾经指出:"法官除了法律就没有别的上司。"众所周知,法律在事实涵摄力上具有一定的局限性,在价值导引力上却具有广泛的适用性和相对的恒定性。英美法国家的法官大多不分专业,刑、民、商事案件来者不拒、坐堂即审,因而也很少听闻囿于专业局限导致裁判相互冲突的问题。究其缘由,法官的专业知识结构高度趋同可能是其中的重要因素。比较而言,我国的法科教育普遍重视实体法学习,证据法、法律方法论的研修有待加深,相关知识技能大多有赖于实践中边干边学,系统科学性相对较弱。许多案件产生分歧甚至铸成冤错,相当程度上也可归结于证据观念、法律方法的共识阙如,粗疏、机械适用法律现象多有所见。故而,在专家型法官尤其是审判领军人才的培养过程中,不能局限于国内现有的理论知识,还要放大视野,学习一些国外经典,这也是此译丛的意义所在。

第三,法官视野的国际化。拉德布鲁赫曾经说过,没有任何领域比商法更能使人清楚地观察到经济事实是如何转化为法律关系的。贸易无国界,尽管各国商法略有不同,但是基本的商事法律,特别是国际商事的基本原则和法律方法还是有许多相似、相同之处。深入推进涉外法治工作,打造国际化的司法人才队伍,更加需要注重对司法人才的法律理论功底的培育。

翻译是苦活,累活,既积累知识,也磨砺意志,感谢参与翻译的法官与学者。

是为序。

黄祥青

2021 年 3 月 20 日

目 录

导论

"在市场流年不利时,人们似乎顿悟了种种伦理和信条。而一旦情形好转,他们往往瞬间将这些信条抛到了九霄云外。"①考虑到过去十年来,经济下行的事件接踵而至,立法者、监管者、商界人士和投资者想来已经确立了公司治理的信条,这绝不令人吃惊。然而,他们是否找到了真正的信条? 或者说,他们所崇拜的,只不过是错误的图腾?

过去十年来的经济危机,促成了两部联邦法律,其对公司治理产生着深远的影响。为回应网络泡沫破灭引发的丑闻,国会通过了《2002 年公众公司会计改革与投资者保护法案》(《萨班斯—奥克斯利法案》或者 SOX),布什总统在签署这部法案时,盛赞其对"美国的商事实践作出了自富兰克林·德拉诺·罗斯福总统以来最为深远的改革"。②上个年代末期,在房地产泡沫破裂及次贷危机爆发之后,经济面临着更为糟糕的下行,民粹主义者的怒火,促使国会通过了《2010 年华尔街改革与消费者保护法案》(《多德—弗兰克法案》)。③

---

① Kathyrn Jones, Who Moved My Bonus? Executive Pay Makes a U-Turn, N.Y. Times, April 5, 2009(引用了 James A.Allen)。

② The Public Company Accounting Reform and Investor Protection Act, Pub. L. No. 107—204, 2002 U.S.C.C.A.N.(116 Stat.) 745(散见于《美国法典》的第 15 部分与第 18 部分)。

③ 《2010 年华尔街改革与消费者保护法案》,Pub. L. No.111—203, 124 Stat. 1376(2010)(以下称《多德—弗兰克法案》)。

《萨班斯—奥克斯利法案》和《多德—弗兰克法案》，堪称联邦立法介入公司治理的最新样例。此前，此种范式循环往复，未有终期。在美国，公司治理的规制，传统上属于各州，而不是联邦事务。然而，罗斯福新政以来，联邦政府为了对重大的经济危机作出回应，一而再、再而三地大幅扩张其在公司治理规制中的地位。

经济繁荣、泡沫破裂、联邦立法干预，此种循环往复的范式，带来了诸多有趣的问题。确实，在这一问题清单中，市场繁盛与泡沫破裂的原因，理当高居前列，但我们应当将这些问题留给那些可怜的经济学家。相反，本书关注的是泡沫破裂之后的法律后果。

因而，我们面临的任务，就是评估危机之后的公司治理。《萨班斯—奥克斯利法案》和《多德—弗兰克法案》带来的变化，是否改善了公司治理？例如，引入"针对薪酬的话语权"是否使得高管薪酬与公司治理的绩效更为一致？这些法律带来的每一个重大的公司治理变化，我们都会逐一审视。

我们要对后危机时代的变革的优劣进行评估，此外，我们还会将这些变革作为研究案例，用来分析公司治理的联邦制度供给与各州制度供给之间的优劣得失。久久为功，这些研究案例将使我们对未来后危机时代的规制干预是否可取，得出若干结论。

什么是公司治理？

广义而言，公司治理由若干制度框架、法律规则及最佳实践构成，它们共同决定了公司内部的哪个机构有权作出具体的决策，如何选出该机构的成员，如何确定标准来指引决策等。正如公司治理的定义所揭示的，公司治理的原则出自多门，并且形式多样。有些纯粹是最佳实践准则，完全是倡导性的。一些则源于社会标准，主要是通过声誉制裁及市场力量来获得私人执行。另外，还有一些公司治理原则源于公司法及司法解释，依赖法律制裁来推动实施。总体说来，这些渊源共同描述了公司设立的宗旨，以及实现这一宗旨所采取的方法。因而，公司治理规则涵盖了以下事项的规则与程序：公司事务的决策，不同主体之间如何分配权利与义务，以及如何监督这些主体的绩效，等等。

然而，我们的关注点是一个更为狭义的概念，即公司治理由一些法律规则构成，这些规则创造了公众公司结构中固有的"委托—代理"问题，然后试图去遏制这一问题。尽管股东名义上"拥有"公司，但他们实际上没有决策权。他们仅仅有权选择公司董事，并对极其有限的事项进行投票，尽管这些事项并非无关紧要。公司的管理权反而落到了董事会的手中，后者委任高管完成日常经营，而高管又将一些职责委任给公司的雇员。

所有权与控制权分离，是公司制度的一大特征，但它并不是个缺陷。绝大多数股东倾向于成为消极投资者。将决策权授予公司的董事会和高管之后，股东一方面得以保持消极状态，另一方面也避免了成千上万的股东试图参与公司日常管理而使公司陷入混乱的境地。[④]

然而，与此同时，所有权与控制权的分离，可能会导致股东与管理层利益分化。股东作为公司资产与收益的剩余索取权人，有权获得公司的利润。但决定如何花钱的却是公司的管理层。因而，管理层将公司收益花费在有利于自己、而不是有利于股东的项目上，这种风险非常大，也就产生了"委托—代理"的问题。

利益冲突带来了所谓的代理成本。被代理人费时费力去监督他们的代理人，以发现并惩罚怠惰行为。代理人则承诺不会偷懒，并提供保证以使该承诺更为可信。即便如此，仍会发生一些未受震慑的偷懒行为，带来一些代理损失。[⑤]鉴此，良好的公司治理制度即致力于通过确立一套规则，使得监督成本更低、保证更可信赖、阻遏更为有效，从而降低这些成本。

危机及联邦的反应

21世纪的开局十年，诸多方面纷纷扰扰，金融市场与公司治理亦复如是。21世纪甫一开场，1990年代末开始累积的科技股泡沫破裂。网络公司崩盘，民众消费陡降，能源价格飙升，2001年9月11日恐怖袭击重创经济。在种种利空夹击之下，经济反转，股市熊途开启，并进入了漫长的衰退期。失业率从2000年9月的3.9%，攀升至2001年8月的4.9%，并且最终于2003年6月达到峰值6.3%。[⑥]股票市场则从2000年至2002年连续负回报，这也是自1930年代大萧条以来首次连续三年下跌。

随着经济持续低迷，一系列备受关注的金融丑闻进一步打击了投资者信心。现在臭名昭著的安然公司（Enron），在当时爆发的丑闻绝对不是孤例，诸如世通公司（WorldCom），环球电信公司（Global Crossing），泰科公司

4

---

④　See generally Stephen M.Bainbridge, The Case for Limited Shareholder Voting Rights, 53 UCLA L. Rev.601(2006).

⑤　See Michael Jensen & William Meckling, Theory of the Firm: Managerial Behavior, Agency Costs, and Ownership Structure, 3 J. Fin. Econ. 305(1976).

⑥　N.Gregory Mankiw, Essentials of Economics 535(5th ed. 2008).

(Tyco),阿德菲亚通信公司(Adelphia)等的造假新闻接二连三地曝光。时任纽约总检察长艾略特·斯皮策(Eliot Spitzer)对股票市场分析师展开的一项调查表明,里面存在大量的利益冲突。斯皮策展开的另一项调查发现,一些大型的共同基金允许其选定的客户从事存疑甚至非法交易。

在此过程中,又有一项新的资产泡沫在潜滋暗长。然而,这次发生于房地产领域,而不是在股票市场。第二次危机的演绎,远比21世纪开局十年之初的那次复杂得多。的确,在写作本书的时候,这场危机在某些方面仍然没有消停。

然而,危机的基础已然众所周知。低利率以及貌似只涨不跌的房价,吸引着大量的房市投资。与此同时,房产抵押的证券化迅猛增长。另外,随着时日推移,简单的资产支持证券(ABSs)演变成担保债务凭证(CDOs)等更为复杂的工具。

随着热钱不断涌入房市,以及不断推高的证券化降低了风险的预期,银行也开始愿意大额放贷给那些评级低的次级抵押贷款人。然而,好景不长的是,2006年至2007年,抵押贷款的违约事件日益增多。利率上升,意味着非常多的次级抵押贷款人2003—2004年的贷款利率开始上调。与此同时,房产升值缓慢,甚至价格掉头向下。其结果是,许多借款人发现自己已然供应不起新的、数额更高的每月按揭,并且陷入了房屋价值低于当初按揭买入时的价格的窘境。由此带来的恶果是,抵押贷款的坏账率提升,这给次级抵押贷款支持证券及其更为复杂的变体,带来了负面影响。

2007年7月,贝尔斯登(Bear Stearns)两只重仓担保债务凭证(CDOs)的对冲基金投资失败。接下来的数个月,对贝尔斯登能力的质疑与日俱增,2008年3月,它的客户开始将大量业务转到其他银行。政府仓促之间推出了救助行动,最终以JP摩根收购贝尔斯登而告终。

贝尔斯登获得拯救,但这并不是危机的结束。房产与信贷市场持续遭受重创,导致房利美(Fannie Mae)与房地美(Freddie Mac)两家公司于2008年9月被国有化。紧接着,即将届满的布什政府放任雷曼兄弟(Lehman Brothers)倒闭,却对美国国际集团(AIG)施以援手,助其纾困。在经济动荡之时,银行不能或者不愿放贷,导致信贷枯竭,经济停摆。股票市场遭受重创,经济也从此陷入了数十年来最为严重的衰退。[7]

---

[7] For useful overviews of the economic crisis, see John Lanchester, I.O.U.: Why Everyone Owes Everyone and No One Can Pay(2010); Richard A. Posner, A Failure of Capitalism: The Crisis of '08 and the Descent Into Depression(2009).

因为关键的立法者与监管者深信,2000—2002 年的资本市场丑闻及更为近期的 2008 年金融危机,都可归因于公司治理的失败,过去十年来,公司治理法律制度发生了自罗斯福新政以来最为剧烈的变化。就互联网泡沫破裂及安然公司丑闻爆发而言,此种努力确乎不无价值。然而,就次贷危机爆发及其引发的后果来看,此种安排就显得远远不够了。

《萨班斯—奥克斯利法案》:联邦针对安然等事件的回应

尽管《萨班斯—奥克斯利法案》起草于经济动荡之时,它的主要目的是应对证券欺诈行为。历史教育我们,泡沫是滋生欺诈的肥沃土壤。在 1630 年代,荷兰郁金香泡沫狂热,欺诈盛行一时。1700 年代早期,位于英国股票市场泡沫核心的南海公司,其实是一个传销组织。在 1929 年股市大崩盘之前,欺诈大行其道。因而,在 2000 年股市泡沫破裂时,监管者开始在一堆细碎的乱石中翻起大石头,结果发现了大量的诈欺犯和骗子,这几乎算不上是什么令人震惊的事情。[8]

当然,在出台《萨班斯—奥克斯利法案》的场景中,第一个登场的坏蛋是安然公司。2001 年 10 月 16 日,安然公司宣布从收益中计提 5.44 亿美元的税后费用,并因与其创建的所谓特殊目的实体(SPE)发生数项交易,从而减少了 12 亿美元的股东权益,抹去了其资产负债表中的负债。数周之后,安然公司又宣布对其 1997—2000 年的收益进行重大调整,以妥当解释其与另外两家特殊目的实体的交易行为。由此,安然股价崩盘,从 90 美元每股一路下跌至不足 1 美元每股。股东和债权人提起了大量的诉讼。刑事与民事欺诈调查接踵而至。2001 年 12 月,安然公司宣告破产。

安然公司的丑闻使得国会异常忙乱。众多改革法案提交了上来,然而,绝大多数只是人所共知的庸俗见解,看起来不可能触发有意义的立法行动。但就在那个时候,另一只靴子落地了。

2002 年 1 月,电信巨头环球电信公司申请破产。事实很快查清,公司一直在对其财务状况作不当陈述,并操纵了收入确认。数月后,美国证券与交易委员会(SEC)宣布对世通公司的财务欺诈行为展开调查。调查结果显示,世通公司的管理层虚增公司资产逾 110 亿美元,将本应并入损益表的费用予

6

---

[8]　See generally Stephen M. Bainbridge, The Complete Guide to Sarbanes-Oxley 11—20 (2010),其后的讨论以该文献为基础。

以资本化,另外还虚报收入。世通公司的内部审计程序发现了欺诈行为,报告给了公司新任外部审计师(毕马威会计师事务所),后者通知了公司的董事会。在这个案件中,与安然公司不同的是,公司的内控最终起到了作用,这一点可能极大地影响着国会,它们在起草《萨班斯—奥克斯利法案》时非常关注此类内控制度。

安然公司、环球电信公司以及世通公司的丑闻,绝非孤例。例如,美国证券与交易委员会执法部宣称,仅仅是2002年的头两月,它提诉的新的财务报告造假案件之多,可谓史无前例(几乎是上一年度可比同期的三倍之多,创造了纪录)。许许多多的公司被指控不当确认收入、不当确认支出或者用其他方式粉饰财务报表。还有,与此前绝大多数时期证券与交易委员会主要是小打小闹不同,2001—2002年间提诉的案件,指向的财富500强公司之多,创造了历史纪录。除此之外,2000—2002年间,数百家公司重述了损益表,使其适合此前存在缺陷的会计实践。然而,为什么在此期间这么多公司行事不端?一言以蔽之:贪婪。

正如我们将在第五章中讨论的,1990年代,公司高管的薪酬安排,迅速转向采取股票期权以及其他以股权为基础的方式。在理论上,期权使得管理层与股东利益保护一致。然而,在实践中,这种转变给管理层带来了巨大的压力,他们要使股价持续走高,而不管公司实际上经营得如何。在由此导致的"制造"数字(也就是说,分析师对公司季度收益预测的共识)的冲动下,许多公司管理层都没能抑制住伪造账簿的诱惑。

关键的看门人未能恪尽职守,放大了这一问题。一般而言,公司的健康运营,依赖以下数种看门人:审计师、评级机构、证券分析师、投资银行和律师。他们扮演着投资者与其公司客户之间的声誉中介的职能。虽然向这些服务提供者付费的是公司客户,但因为这些看门人将其自身的声誉也捆绑在一起,因此投资者相信这些信息。看门人提供服务的价值,取决于其自身的声誉,因而,市场相信,看门人不会为了迎合单一客户而以其累积的良好口碑去冒险。

然而,1990年代,看门人监督公司行为的动机极大地弱化了。会计师事务所通常向会计财务账簿由其审计的公司提供一整套服务,例如,税收安排及软件咨询。由于这些业务比审计业务本身赚钱更多,审计师担心监督用力过猛,挑战了管理层激进的会计处理,从而触怒了管理层。

在那个十年,诸多法律变革也降低了看门人的责任风险。最高法院1994年作出的关于中央银行丹佛分行的案件,排除了证券欺诈案件中的协助与教唆责任。⑨《1995年私人证券诉讼改革法》(PSLRA)对私人证券欺诈案件施加了明显的限制。《1998年证券欺诈统一标准法》废除了州法院证券欺诈集团诉讼。综合前述种种情形，哥伦比亚大学证券法教授约翰·科菲(John C.Coffee)认为，这些变革"极大地降低了证券集团诉讼中的原告起诉诸如审计师、分析师和律师等第二参与人的激励"，这反过来弱化了看门人努力保护投资者利益的激励。⑩

证券与交易委员会在此期间对安然公司、环球电信公司、世通公司以及绝大多数其他公司展开的调查所曝光的丑闻中，特定种类的看门人所发挥的"作用"，显示了惊人的共同性。尽管这些丑闻的细节或有差异，但都涉及某种形式的会计欺诈。安然公司、环球电信公司、世通公司都聘用了同样的会计师事务所作为它们的外部审计师——安达信会计师事务所(Arthur Andersen)，从而进一步强化了这一共通性。确实，安达信的名字，频频见诸1990年代及2000年代早期的其他会计欺诈案件中，包括Sunbeam，Waste Management，Qwest以及亚利桑那浸信教徒基金会(Baptist Foundation of Arizona)等发生的丑闻。

截至2002年年中，安达信会计师事务所已经遭到刑事部门的指控、证券与交易委员会提起的民事诉讼，许多公司及其股东也对其提起了诉讼。2002年，安达信会计师事务所因为破坏了安然公司的文件，被宣告了妨碍司法罪。尽管后来美国最高法院基于与陪审团指南相关的技术事由，推翻了这项裁决，但它已经为安达信敲响了丧钟。这家声名在外的会计师事务所，彻头彻尾地走向了死亡，所有的客户以及基本上所有的雇员，均一散而空。

当然，承担着看门人岗位职责的，绝不仅仅是会计师事务所。然而，考虑到会计欺诈及审计师渎职在《萨班斯—奥克斯利法案》颁布之前处于风口浪尖，毫不奇怪的是，会计师事务所的整改，成为《萨班斯—奥克斯利法案》的首要目标。不无讽刺的是，我们将会看到，会计师事务所被证明是《萨班斯—奥克斯利法案》的主要受益者。

在这些事件发展过程中，时任证券与交易委员会主席哈维·皮特(Harvey Pitt)宣称："重塑投资者信心，是我们工作的第一目标。"证券与交易委员会的首要一步，是命令美国900多家大的公司，宣誓确认其公司披露文

---

⑨　Central Bank of Denver, N.A. v. First Investment Bank of Denver, N.A., 511 U.S. 164 (1994).

⑩　John C.Coffee, Jr., Gatekeeper Failure and Reform: The Challenge of Fashioning Relevant Reforms, 84 B.U.L. Rev. 301, 320(2004).

件的准确性和完整性。这一要求迅速引发了公司新一轮备受关注的收益重述。随着 2002 年大选临近,要求国会采取立法行动的压力与日俱增。

国会在极短的时间里,以最简的立法程序,集中审议了滋扰华盛顿日久的一大批改革议案,并将其合并发给了布什总统,供其签署。为回应安然与世通公司的丑闻,国会在法律上引入了规定,加大了对公司高管证券欺诈行为的处罚,另外还要求公司建立更为有效的内部控制制度。为了回应安达信的丑闻,国会引入了法律规定,以改革对会计行业的监督,改善审计程序。

耶鲁法学教授罗伯塔·罗曼诺(Roberta Romano)在一篇很有影响力的法律评论文章中,强烈抨击《萨班斯—奥克斯利法案》,将其称为"冒牌的公司治理",[11]并挑出该法的五个条款进行了淋漓尽致的批评。第一,她批评《萨班斯—奥克斯利法案》第 301 条,该条要求所有的公众公司必须设立审计委员会,全部由独立董事组成。罗曼诺教授声称,关于独立董事整体及审计委员会人员构成的有效性的实证经验,充其量喜忧参半。第二,她指出,第 201 条禁止会计师事务所向其审计的公众公司提供种种非审计服务,即便实证经验表明,此类服务以往并没有降低审计的质量。第三,她认为,第 404(a)条禁止公司向其高管的绝大多数贷款行为,并没有正当性,因为此类"贷款在许多情况下看起来有助于实现增加管理层持股,从而使管理者与股东利益保持一致的目的……"。第四,她主张,第 302 条与第 906 条规定的 CEO 与 CFO 的保证规则,带来了巨大的成本,尽管此种保证是否向投资者提供了有益的信息仍然含糊不清。第五,她正确地预计,第 404 条的规定要求管理层及公司的外部审计师保证公司关于财务报告内部控制的有效性,将被证明带来巨大的负担。

在写入第 404 条时,无论是国会还是证券与交易委员会,都不明白它会带来多高的成本。证券与交易委员会估计,遵守第 404 条的平均成本约为 91 000 美元。然而,实际上,一项 2005 年的调查表明,遵守第 404 条的规定,第一年给大型的加速申报人带来的成本为 730 万美元,给其他加速申报人带来的成本为 150 万美元。"因而,大型公司第一年的实施成本是证券与交易委员会预估的 8 倍,是小型公司的 16 倍。"[12]虽然第 404 条带来的合规成本随后数年已经降低,但仍然有一些成本居高不下。另外,合规成本已经被证明

---

⑪　Roberta Romano, The Sarbanes-Oxley Act and the Making of Quack Corporate Governance, 114 Yale L.J. 1521(2005).

⑫　Joseph A.Grundfest & Steven E.Bochner, Fixing 404, 105 Mich. L Rev. 1643(2007).

是规模不利型,因而给小型公司带来了不合比例的负担。

《多德—弗兰克法案》:金融危机的联邦应对

在这一年代的中期,《萨班斯—奥克斯利法案》,特别是其第404条带来了高昂的合规成本,引发了商业群体相当大的反弹。证券与交易委员会和公众公司会计监察理事会(PCAOB)推出了放松监管的若干重述,其中甚至提到了对第404条进行修订。然而,2007—2008年爆发的金融危机,使得此种放松监管的讨论戛然而止。相反,国会开始审视所谓的"新一轮新政",将对金融市场采取大量的新的监管措施。

新一轮的经济危机,比上一轮推动《萨班斯—奥克斯利法案》出台的经济危机范围更广,情形也复杂得多。由于《萨班斯—奥克斯利法案》是对一系列证券欺诈行为而不是系统性市场失败问题的回应,该法聚焦于种种形式的欺诈防范行为。相反,催生了《多德—弗兰克法案》的这场金融危机,暴露了整个金融服务产业的大量的系统性问题,另外也触发了联邦层面影响深远的回应,例如对通用汽车公司(GM)和克莱斯勒汽车公司(Chrysler)的救助。

立法者、监管者和意见领袖迅速达成几乎一致的意见,公司治理又一次难逃罪责。经合组织(OECD)认为,"在很大程度上,金融危机可以归咎于公司治理安排的羸弱及失败",因而该组织开展了一项事实调查。[13]美国参议院引入的《2009年股东权利法案》包含了国会一项明确的认定,经济危机的"核心原因"是"公司治理普遍的失败"。[14]在欧洲,欧盟金融监管高级别小组得出结论称,金融机构公司治理的失败,是危机中"最为重要的失败之一"。[15]在英国,政府委托大卫·沃克(David Walker)先生完成的一项评论认为,"确有必要将公司治理问题带回到议题的核心位置"。[16]

然而,事实上,主流公司的公司治理的系统问题,并不是房地产泡沫形成、破裂及随后信贷市场崩盘的原因。在互联网泡沫的早期,霍尔姆斯特罗龙(Bengt Holmstrom)和史蒂芬·卡普兰(Steven Kaplan)发表了关于美国公

10

---

[13] Grant Kirkpatrick, The Corporate Governance Lessons from the Financial Crisis, Fin. Market Trends, July 2009, at 2.

[14] Sean Bosak & Daniel J. Blinka, Fallout from a Crisis: Boards of Directors, In-House Counsel, and Corporate Risk Management in a New Era 5(2010).

[15][16] Peter O. Mulbert, Corporate Governance of Banks After the Financial Crisis: Theory, Evidence, Reforms 9(ECGI Law Working Paper No.130/2009, Apr. 2010).

司治理的一篇内容全面的评论文章,得出结论称,美国公司治理制度"大大优于"全球平均水平。[17]的确,关于大型公司治理实践的一大趋势是,强化管理层的效率与责任。根据绩效给付薪酬、并购和重组等活动,增加了对独立董事的依赖,改善了董事会的运作程序,而所有的这一切,都是为了更有效地使管理层与股东利益保持一致。

这些改革带来了显见的成果。霍尔姆斯特罗龙和卡普兰表明,尽管将泡沫破裂这一后果考虑在内,回溯至 1982 年,在这个五倍之长的时期,美国股市的回报仍然等于或者优于其全球的竞争对手。同样地,美国的生产力也超过了西方的主要竞争对手。

美国法律专家柴芬斯(Brian Cheffins)最近完成的一项调查表明,"美国 2008 年股票市场崩盘的一个令人吃惊的方面是,尽管过去数十年来美国强化了其公司治理,并且重新确立了提升股东价值的方向,股市仍然崩盘了"。[18]2010 年纽约证券交易所委托完成的一份报告,得出了相同的结论,认定"当前的公司治理制度总体运行良好"。[19]

为了验证这一观点,柴芬斯开展了一项研究,选定了 37 家公司,这些公司在 2008 年被移出了标普 500 指数。那些被移出这一指数的公司,要么是因为破产,要么是因为市值低于 40 亿美元,等等。因而,那些被移出指数的公司通常都陷入了财务困境。于是,柴芬斯对于这 37 家公司的公司治理实践,展开了详细的分析。

总体而言,柴芬斯在样本公司中,除了那些在金融行业的公司,几乎没有发现什么公司治理问题。那些在金融行业的公司,因为市值萎缩,在被移除出指数的公司中占了多数,它们在"挽救性兼并"中被收获,从而避免了可能的破产或者直接破产的命运。

银行及相关金融机构本来就应当被证明风险特别大,这毫不令人吃惊。毕竟,这场危机本来就爆发于次贷市场累积的问题。另外,银行有一系列特点,这使其与其他非银行企业存在显著差别。

银行借入的是短期存款,放出的却是长期贷款。存款准备金允许银行只留存部分存款作为流动财产,这使得银行很容易受到挤兑的伤害。存款保险

⑰　Bengt R. Holmstrom & Steven N. Kaplan, The State of U. S. Corporate Governance: What's Right and What's Wrong?, 15 J. App. Corp. Fin. 8(2003).

⑱　Brian R. Cheffins, Did Corporate Governance "Fail" During the 2008 Stock Market Meltdown? The Case of the S&P 500, 65 Bus. Law. 1, 2(2009).

⑲　Report of the NYSE Commission on Corporate Governance 2(Sept. 23, 2010).

创立以后,可以向存款人保证,即使银行倒闭了,存款人仍然能够把钱取回来,从而防止挤兑,但这带来了道德风险。有了存款保险,存款人去监督银行决策风险的动机就弱化了。如果银行是为其自身着想来开展风险交易,存款人并不会介意,因为纳税人会通过联邦存款保险公司(FDIC)来介入,并且会保全自身(退赔金额的上限会非常高)。股东也不会在乎,因为公司法的有限责任规则使其个人财产不受公司债权人的追索。如果该交易获利了,股东获得收益;而如果交易失败了,纳税人进场料理后事。当然,这里的真正麻烦在于,如果决策者面对的仅仅是能不能清偿债务的后果,而不是把自己搞砸的后果,则他们承担的是社会不良风险。

即便那些不在存款保险监管机制内的金融机构,也经常因为拥有人为的不正常的低资金成本,使其能够去冒社会上不可接受的风险。房利美和房地美这两家臭名昭著的公司,就是从隐含的担保中获益的。尽管它们名义上是私人实体,但投资者与债权人都相信,政府是不会让它们倒闭的。同样的道理适用于已经"太大而不能倒"的私人金融机构。它们的债权人和投资者都相信,政府会救助金融系统。因而,它们都愿意接受有折扣的投资回报,因为它们相信,无论银行的风险投资是否有好结果,政府都会让它们万事周全。

监管者和其他主体在监督银行及其他金融机构时面临的问题越来越多,不良动机问题愈加恶化。在酿成危机的过程中,银行贷款的证券化使得银行的财务报表愈不透明。它还使得银行得以迅速变换其风险概貌。因而,证券化使得外部人更难监管银行。

金融机构行事风险过度,然而,这是公司治理失败造成的吗?的确,柴芬斯发现,金融行业的董事会比其他行业更容易遭受媒体的批评,因而,金融行业高管的薪酬争议,比其他行业要普遍得多。另外,几乎从金融危机爆发之始,监管者即认定,那些导致银行管理层只看重股东短期回报的高管薪酬计划,是造成这次危机的原因之一。[20]

然而,经过仔细研究,证据指向了一些非常不寻常的发现。首先,通常认为,与美国的制度相比,英国的公司治理制度赋予股东更多的权利,这在很多公司治理行动主义者看来,英国的制度更为优越。如果公司治理失败是导致金融危机的一个关键因素,则我们有理由期待,英国比美国更少遭受金融危机。相反,英国与美国在同一时期经历了大致相同的金融危机。因而,尽管

---

⑳　Mulbert,前注第⑮,at 8。

"诸如设立独立董事席位及股东'针对薪酬的话语权'已经在英国公司推行多年",它们看起来"对于防止危机爆发或者降低其对英国金融制度的影响,几乎无所助益"。[21]的确,2008年,英国股价的下跌比美国要深,其幕后推手是银行危机,后者无论从哪个方面,严重程度都不会比美国逊色。[22]

其次,甚至更令人吃惊的是,有一些证据表明,被广泛认为是最佳实践的公司治理标准,在危机中实际上却与更糟糕的业绩表现相关联。美国南加利福尼亚大学的商学院教授埃尔肯斯(Erkens)、洪(Hung)及马托斯(Matos)针对30个国家和地区的296个金融机构展开的一项研究发现,董事会保持独立,机构投资者持股比例高,这些我们在后面章节中论及的通常被认为的良好实践,在危机中却是与糟糕的股市表现密切相连的。[23]他们进一步发现,拥有独立性更强的董事会的金融机构,往往更会在危机中筹集股权资本,最终导致财富从股东转移至债权人手中。至于机构投资者持股,持股比例越高,公司的冒险倾向越明显,这最终会带来更大的损失。

13　　　　贝拉蒂(Beltratti)和斯图尔兹(Stulz)完成的一项研究发现,并没有证据表明,在"机构股东服务的公司治理函数"中拥有更高分数的银行,其业绩要好于分数更低的企业。[24]贝拉蒂和斯图尔兹将这场危机归咎于有缺陷的银行资本结构,而不是公司治理失败。那些依赖长期资金的银行,经营状况好于依赖短期资金的银行。

我们可以根据这一证据,得出一些重要的结论:第一,良好公司治理的构成要素,取决于要增进哪些群体的利益。增进股东利益的公司治理,对于纳税人来说,未必是好的。然而,正如我们将会看到的,危机之后,几乎所有推行的改革,都旨在对股东赋权。由此带来的风险是,这样的改革更有可能带来下一次危机,而且可能更为惨烈。

第二,一种模式未必适合所有的公司治理。华尔街的公司面临的问题,与普通公司面临的问题大不相同,解决方案也迥然相异。然而,正如我们将会看到的,应对危机的措施几乎无一例外地采取一体适用的强制方式,不允

---

[21]　Christopher M.Bruner, Corporate Governance in a Time of Crisis 25(2010), http://ssrn.com/abstract=1617890.

[22]　Cheffins,前注[18], at 4。

[23]　David Erkens et al., Corporate Governance in the 2007—2008 Financial Crisis: Evidence from Financial Institutions Worldwide(Sept. 2010), http://ssrn.com/abstract=1397685.

[24]　Andrea Beltratti & Rene M.Stulz, Why Did Some Banks Perform Better During the Credit Crisis? A Cross-Country Study of the Impact of Governance and Regulation(ECGI Finance Working Paper No.254/2009), http://www.nber.org/papers/w15180.

许私人秩序作出变通。

为什么危机之后公司治理会被引导至并不理想的方向？危机将公司治理的游戏带到了一个新的领地，并创造了新的环境，在那里，新的玩家地位凸显。特别是，它重新将联邦政府推向了监管者的地位，并带来了强大的利益群体，例如工会、养老基金、活跃的投资者、开庭律师以及其学术同盟。

联邦立法针对金融危机的最初反应，是通过了《2008 年紧急经济稳定法》，㉕授权财政部设立"问题资产救助项目"（TARP），从金融机构中买入问题资产。其目的是改善银行资产负债表，鼓励其放贷，从而缓解信贷封冻状态。

该项目要求，接受"问题资产救助项目"资金支持的公司，必须遵循一系列公司治理规则，这些规则大大超越了现行州和联邦法的强制性规定。绝大多数规则都与高管薪酬息息相关。接受"问题资产救助项目"支持的公司，必须达成股东针对企业高管薪酬计划的建议性投票。这些公司还必须在董事会之下设立薪酬委员会，该委员会完全由独立董事构成。如果公司聘用了薪酬顾问来对委员会提出建议，还必须披露该顾问的姓名，以及其所在公司的过去三年提供的服务。公司的高管以及薪酬排名前 20 的雇员，基于存在重大错误的公司绩效指标而获得的奖金，必须予以追回。必须披露高管津贴、所谓奢侈性消费（例如奢华的办公室装修或者娱乐）的信息。公司的 CEO 和 CFO 必须签字保证，公司遵循了"问题资产救助项目"以及薪酬管理的所有要求。

然而，"问题资产救助项目"中最富创造性、同时争议最大的是高管薪酬的最高限额。正如奥巴马政府的经济刺激立法《美国 2009 年复苏与再投资法》，㉖薪酬最高限额适用于接受"问题资产救助项目"资金支持的公司，只要这些公司该项目下的义务仍未履行完毕。这些规则极其复杂，我们将会在第四章中细加研究。现在我们提出以下问题就可以了：接受"问题资产救助项目"资金支持的公司，不得对高管超过 50 万美元的薪酬实行税收抵扣，也不得向高管支付奖金。

《多德—弗兰克法案》比"问题资产救助项目"更为雄心勃勃。它对几乎整个金融监管制度进行了彻底的修订。因而，该法的绝大多数内容都在项目考虑的范围之外。然而，该法的六个条款，的确施加了新的重要的公司

㉕　Pub. L. No.110—343, 122 Stat. 3765(2008).

㉖　Pub. L. No.111—115, 123 Stat. 115(2009).

治理规则。另外，与"问题资产救助项目"不同的是，《多德—弗兰克法案》规定的公司治理规则，不仅适用于华尔街的银行，而且适用于所有的普通公众公司。

1. 第951条创造了所谓的"针对薪酬的话语权"的强制性规定，要求股东定期对高管薪酬进行建议性投票；

2. 第952条要求，发布报告的公司的薪酬委员会完全独立，而且该委员会被赋予一定的具体监督责任；

3. 第953条是指引条款，即证券与交易委员会要求公司对高管薪酬作出额外的披露；

4. 第954条拓展了《萨班斯—奥克斯利法案》关于追回高管薪酬的规则；

5. 第971条确认，证券与交易委员会有权发布所谓的"股东使用委托投票说明书提名董事机制"（proxy acess）规则，根据该规则，股东可以运用公司的委托投票说明书来向董事会提名董事候选人；

6. 第972条要求公司披露CEO和董事会主席是否由同一个人担任，以及他们为什么由同一人担任或者为什么不由同一人担任。

15　　第989(g)条的第七项规定，是《多德—弗兰克法案》作出的极为少见的"去监管"举措之一。它赋予小额发行人豁免《萨班斯—奥克斯利法案》第404(b)条规定的内部控制由审计师见证的要求。

与2007—2008年金融危机之后在国会审议的一些议案相比，《多德—弗兰克法案》中的公司治理规则还是相对温和的。例如，参议员玛丽亚·埃特威尔（Maria Cantwell）和查尔斯·舒默（Charles Schumer）提出的"股东权利法案"本来还要求在选举董事时引入绝对多数表决规则。[27]它本来还禁止使用交错董事会，要求在董事会层面建立风险管理委员会，[28]但这些无一最终写入《多德—弗兰克法案》。埃特威尔—舒默议案中的其他规则，也只是以一种弱化得多的方式，进入了《多德—弗兰克法案》。《多德—弗兰克法案》没有指示证券与交易委员会采纳股东使用委托投票说明书提名董事机制，而只是确认证券与交易委员会有权这样做。《多德—弗兰克法案》也没有要求公司将CEO与董事会主席的职位分别由不同的人担任，而且后

㉗　在新闻发布会上，参议员 Charles E.Schumer，Schumer 和 Cantwell 宣布了"向美国公司施加更重责任"的"股东权利法案"（2009年5月19日）。特别是，他们提议，董事会的被提名人必须"在无竞争的选举中获得董事会至少50%以上的选票，才能获得连任"。

㉘　同上。《多德—弗兰克法案》第165条的确要求设立风险管理委员会，但此要求只及于联邦储备和银行控股公司监管下的非银行金融服务公司。

者必须是独立董事,而仅仅要求公司披露这些职位安排的政策。然而,即便这样,其他规则仍然给公司治理带来了一些新的重要义务,同时也扩张了联邦监管的职能。

这些规则与金融危机的原因与结果,究竟有什么关系?简单说来,没有什么关系。正如我们将在后面几章中看到的,强大的利益集团联盟盘踞在活跃的机构投资者周围,绑架了立法进程,以达到长期的政策目标,而这些目标,与危机基本上毫无关联。

《多德—弗兰克法案》关于公司治理的规则,是不是像《萨班斯—奥克斯利法案》那样,都是骗人的?简而言之,是的。无一例外的是,提出这些规则的议案,既缺乏有力的经验证据,又没有牢固的理论基础。相反,我们有理论与实证的理由来相信,这里的每一条规则,说它百无一用还算是好的,绝大多数甚至肯定是很糟糕的政策。最后,《多德—弗兰克法案》有关公司治理的规则,以联邦立法取代了各州自行规制,侵蚀了鼓励竞争的联邦制度,而这才是美国公司法的灵魂。

本 书 的 计 划 16

本书的基础理论是,联邦政府——特别是国会——通常几乎不关注公司治理。只有在应对大规模经济危机时,公司治理才会成为举国政治关切。这种范式循环往复,本来就容易造就有缺陷的立法。之所以会这样,是因为:第一,联邦公司治理规则,往往是在后危机时代的氛围中形成的,彼时政治压力大,不太可能等待足够长的时间来开展细致的成本与效率分析。第二,联邦公司治理规则往往会受到反公司的民粹主义情绪的驱动。第三,联邦公司治理规则的内容,往往是从那些怀疑公司和市场的政策鼓吹者预先炮制的一揽子议案中提炼出来的。因而,他们提出的法律修改议程,经常与普通公司及其中小投资者的利益相违背。

因而,第一章提出了基础性问题,即谁设定了游戏规则?基本上所有的美国公司,都是向所在州的适格官方机构提交公司注册文件,从而依据那个州的法律而成立("设立")。根据所谓"内部事务法理"这一冲突法规则,选择在哪个州注册,会产生重要的后果。根据这条规则,公司治理事务由注册地所在州的法律来管辖。几乎所有的美国法域均遵循"内部事务法理",即便系争公司除了在这个州注册之外,与这个州基本上毫无瓜葛。

由于在历史上,为公司治理游戏提供规则的是州法,那些拥有最多——

或者,更为准确地说,拥有最多的重要——公司注册的州,将在竞争中胜出。一个世纪以来,特拉华州就是这场争夺公司注册的州际竞争的领跑者。在纽约证券交易所上市或者交易的公司中,超过半数的公司在特拉华州注册,将近60%的财富500强公司在特拉华州注册。因而,大量的具有重大经济影响力的公司治理争议,根据特拉华州的法律来解决。

然而,随着《萨班斯—奥克斯利法案》和《多德—弗兰克法案》的颁布,以及后文将会讨论的种种进展,特拉华州作为公司治理标准的设定者,面临着新的竞争。但新的竞争者,却不是其他的州。相反,它是联邦政府。当公司治理问题产生全国性影响时,联邦政府越来越愿意将相关法律制度纳入全国考虑的范畴。

因而,过去十年来危机之后的公司治理状况,给我们提供了一个机会来17 审视特拉华州与联邦政府的垂直竞争,事实上在多大程度上取代了特拉华州与其他州之间的竞争。正如我们将会看到的,毫无疑问,特拉华州与华盛顿之间的垂直竞争,其重要性至少不亚于特拉华州与其他州之间的横向竞争。相应地,对后危机时代的公司治理状况进行评估,也提供了一个机会来评估联邦竞争是否提升了效率。后面的数章正是一系列案例研究,可以借此来评估这些见解。

第二章至第五章聚焦于董事会。第二章分析了董事会变动不居的角色。研究文献传统上认为董事会承担着三种职能。第一,董事会监督并约束高级管理层。第二,尽管董事会自身不作出日常经营决策,但绝大多数董事会至少承担一些管理职能。例如,宏观政策制定通常是董事会特有的权力。而更为普遍的是,董事会成员个人向高管就有关经营与政策的决策,提供建议与指引。第三,董事会使得公司获得了一个交往圈子,这对于其聚拢资源及获得业务,不无助益。

然而,过去十年来发生了一系列变革,共同导致董事会的作用被限缩至监督这一角色。驱动着这一变化的诸多变革,将在随后数章中予以细致研究。在第二章中,我们会看到,1970年代董事会的作用与结构,被重新界定为"建议与管理型董事会",后来被"监督型董事会"模式所取代,笔者解释了这一演变发生的原因。紧接着,笔者梳理了过去十年来固化了此种监督模式的种种变革。第三章得出结论称,限缩董事会作用的这些变革,走得太远了。

造就了监督型董事会的诸多变革中,关键的一场是越来越强调董事会的独立性。在安然公司丑闻爆发时,纽约证券交易所召集了由一流专家组成的委员会,商量如何调整纽约证券交易所的公司治理上市标准,以防止未来发生类似于安然公司的失败事件。就像以往许许多多的公司治理改革者那样，这个委员会仍然认为，公司治理病症的解药还是独立董事。除了其他建议之外，纽约证券交易所"公司问责与上市标准委员会"的报告，建议引入新的股票交易所上市标准，要求在上市公司的董事会中，独立董事占多数席位。

《萨班斯—奥克斯利法案》随后要求所有的自律监管组织（SROs）采用此种规则。现在，除了极少数的例外，美国所有的公众公司都设立了独立董事占多数的董事会。这一要求的逻辑在于，与内部人及那些依赖 CEO 及高管信誉的其他人相比，独立董事能够更好地承担监督管理层的职责。

第三章认为，独立性已经成为一种迷信，认为它会产生不容置疑的敬畏、尊重及热爱。然而，董事的独立性，却绝不是公司治理弊病的万灵药，而且，至少在某些场景下，它并不理想。因而，第四章认为，《萨班斯—奥克斯利法案》强制要求的一刀切做法，以及自律监管组织的上市标准，都存在严重的缺陷。

监督型董事会的盛行，提出了以下问题：我们究竟要董事去监督什么？对于这一问题的传统回答，当然是管理绩效。过去十年来，董事会越来越积极地去约束管理层，CEO 服务合同中止的情形越来越高，可为例证。然而，CEO 被解雇的情形仍然非常鲜见。相反，董事会主要的"胡萝卜及大棒"是 CEO 的薪酬。许多批评人士认为，董事会未能适当地使 CEO 的薪酬与其绩效相一致。

因而，第四章聚焦于高管薪酬，这也是至少过去十年来公司治理领域争议最大的议题了。第五章开篇即设问，高管薪酬的实践做法，是否催生了危机。紧接着，该章回顾了有关董事会信义义务的州法及有关高管薪酬的联邦法的演变历程。然而，该章讨论了"问题资产救助项目"对金融机构施加的高管薪酬限制。最后，该章分析了《多德—弗兰克法案》中的高管薪酬规则，特别关注了"薪酬话语权"，根据该规定，股东有权对高管薪酬作出不具有约束力的建议性投票。

此外，第五章解释了通过《萨班斯—奥克斯利法案》时，国会关注的重点是信息披露的置备，以及所披露信息的归集及验证的过程。因而，该法的诸多条款关注会计与审计。这些规则是否改善了公司治理目标？例如，诚实的公司披露、董事会有效监督管理层等？结果显示，这些规则的收益很难度量。相反，它们的成本却很容易测定，而且已经被证明相当之高。如此这般折腾，是否得不偿失，也并不清楚，特别是考虑到董事会有可能过于纠缠这些问题，以至于没有投入足够多的时间，在 2007—2008 年金融危机的危难时刻管控好金融风险。

第六章关注两类主要的公司治理看门人,即审计师与律师。《萨班斯—奥克斯利法案》试图再造他们与董事会及管理层的关系,以实现两个目标:第一,国会希望看门人更好地扮演董事会独立的信息源的作用。第二,国会希望他们成为高管的更有效的监督者。

股东在公司治理中应当扮演什么角色才是适当的?第七章着手讨论这一争议不断的问题。最近数年来,在对股东赋权方向,发生了若干变化。例如,主要的股票交易所都采用了新的上市标准,扩张了股东的权力,公司的薪酬计划必须获得股东的批准。许多州修订了公司法,允许公司运用绝对多数决(而不是当前的简单多数)来选举董事。机构投资者现在纷纷运用证券与交易委员会的股东提案规则(14a-8),建议修订章程细则,要求引入此种绝对多数决。最后,也最引人注目的是,证券与交易委员会采用了新的股东使用委托投票说明书提名董事机制,据此,股东可以提名董事,并将被提名者列于委托投票说明书及授权委托书卡片之上。虽然华盛顿巡回法庭在2011年撤销了该项规则,股东使用委托投票说明书提名董事机制仍然是一个热点问题。

第七章提出了警示:活跃的投资者参与公司决策,看起来可能会扰乱公众公司行之有效的治理机制:也就是,董事会高度集中的、基本上不受审查的决策权。公众公司的主要经济优势,并不在于(某些人所称的)它允许集聚大量资本,而是确立了一个科层式的决策结构,这一结构非常适合解决运营雇员、管理者、股东及债权人等人数众多、各类资源投入巨大的大型企业所带来的问题。因而,股东权力有限的董事会中心主义治理模式,就有着显著的优势,而时下的每一次股东赋权措施,都在侵蚀着这种模式。

基于前面数章展开的诸多研究案例,本书的结论回到一个更为全球化的关注焦点,考察后危机时代的种种改革,在整体上对公司治理制度的有效性,产生了怎样的影响。它审视了大量的证据,包括成本—收益分析,研究前公众公司的退市决定,初创企业上市与否的决定,以及美国资本市场在全球经济体中的竞争力排名等。总体而言,证据有力地表明,悄然潜入的公司治理联邦化,其成本远远大于收益。

关于省略的提示

见多识广的读者,可能会注意到,本书当前的写作计划,遗漏了许多重要

的公司治理话题。特别是,公司控制权市场和证券诉讼也没有详尽的描述。　20
这并不是因为那些话题无关紧要,而仅仅是因为国会并没有去管这些事情。
无论是《萨班斯—奥克斯利法案》还是《多德—弗兰克法案》,都没有改变那些
领域的游戏规则。因为本书是关于过去十年来联邦的危机应对措施是如何
影响到公司治理的,这些话题当然不在本书视野范围之内了。

第一章　谁制定规则？

　　各州并不是公司治理的唯一监管者,因为联邦政府与股票交易所都扮演着重要的角色,最佳实践指引等非法律渊源同样不容忽视。然而,尽管如此,各州公司法仍然是公司治理规则的主要源泉。例如,公司注册所在地的法律决定着股东的权利,"包括……股东的投票权"。①同样地,"人们在决定公司董事的权力时,首先必须查看的是相关州的公司法。'公司是州法的创造物',州法决定着公司董事的权力"。②

　　然而,过往十年来发生的数次危机,使得以下问题十分突兀:我们是否应当以联邦政府替代各州政府,作为公司治理的主要监管者? 如果是的话,我们应当批评《萨班斯—奥克斯利法案》和《多德—弗兰克法案》,它们在取代州法方面,走得还不够远。当然,如果不是的话,我们也应当批评它们,它们在联邦政府悄然潜入公司治理法律方面,代表了最新的动向。

特拉华州在进行横向竞争吗？

　　公司法联邦化的一个基础案例是所谓的"探底竞争"假设。该理论认为,各州就发放公司特许令展开竞争。

---

① CTS Corp. v. Dynamics Corp., 481 U.S. 69, 89(1987).
② Burks v. Lasker, 441 U.S. 471, 478(1979)(引文省略)。

这一竞争之所以能够展开，是因为引入了"法律选择内部事务原理"，根据此一原理，公司治理事务由注册地的州法来管辖，而且宪法对各州能力有限制，它们不能排除州外公司在州内开展交易。③例如，1839 年，美国联邦最高法院作出裁决，各联邦法院应当推定，除非法律有相反的明文规定，各州应当认可州外的公司。④其后，联邦最高法院作出裁决，各州无权禁止州外公司在州内开展交易，只要这项交易构成美国宪法的商事条款所称的跨州商事行为。⑤这些裁决使得各州有可能将公司法当成一项产品，在全国市场上售卖。如果新泽西州采用的是管制性强的公司法，正如其在 20 世纪所做的那样，则在新泽西州注册的公司会自由地流向管制较弱的州（例如，特拉华州，这也是很多公司所做的），同时继续在新泽西州开展交易。

因而，提供富有吸引力的公司法产品，就可能成为各州可观的收入来源。公司通常只是因为注册地的好处而选择在那个州注册，而那个州就可以从注册的公司中收取许可费。其结果是，哪个州发放的公司特许令更多，它收取的许可费及其他税费就更多。根据探底竞争理论，因为决定在哪个州注册的是公司管理者，各州纷纷采用有利于公司管理者而不是其他利益相关人的法律规则，从而展开竞争。在这场州际竞争中，特拉华州显然是获胜者，因而，该州也经常被描述为公司治理法律规则糟糕的典型。⑥

另一种观点恰恰相反，它主张，各州就公司特许令的发放展开竞争，但这种竞争会产生奔向高端的结果。⑦该理论认为，投资者不会购买或者至少不会付那么高的价格来购买那些注册于过分迎合管理者的州的公司股票。如果没有风险补偿，贷款人也不愿向那些由于缺乏管理者问责而带来风险的公

---

③　域外公司是注册于国外或者注册于系争州外的公司。冒牌的域外公司，是指其绝大多数联系点都在系争州而不是其注册地所在州的公司。许多特拉华州的公司都是冒牌的域外公司。它们注册于特拉华州，但它们的绝大多数经营都发生于其他一个或者多个州。在绝大多数州中，域外公司与冒牌的域外公司之间，并没有法律区别，内部事务原理的运用，会使公司注册地所在州的法律得到适用。加利福尼亚州与纽约州是这一规则的主要例外。这两个州都打算将其公司法的部分内容适用于在其他州设立但与加利福尼亚州或者纽约州有实质联系的冒牌域外公司。例如，参见 Cal. Corp. Code §2115；N. Y. Bus. Corp. L. §§1317—1320。

④　Bank of Augusta v. Earle, 38 U.S. 519, 597(1839).

⑤　Paul v. Virginia, 75 U.S. 168(1869).

⑥　See generally William Cary, Federalism and Corporate Law: Reflections Upon Delaware, 83 Yale L.J. 663(1974).

⑦　See generally Ralph K.Winter, State Law, Shareholder Protection, and the Theory of the Corporation, 6 J.Legal Stud. 251(1977). Winter 法官后来在以下文章中缓和了其观点的强度：Ralph K.Winter, The "Race for the Top" Revisited: A Comment on Eisenberg, 89 Colum. L. Rev. 1526(1989)。

司发放贷款。其结果是,那些公司的资金成本将会上升,而其收益将会下降。此类公司更容易受到敌意收购的伤害,接踵而至的是管理者被清除出局。公司管理者有着强烈的激励来将公司注册于规则有利于投资者的州。因而,争夺发放公司特许令的竞争,就会阻遏各州过分迎合管理者。然而,近期的证据表明,这两种观点的基础假设(也就是说,各州为公司特许令的发放而展开竞争)是错误的。⑧例如,拜伯切克(Bebchuk)和阿尔玛·科恩(Alma Cohen)认为:

> 传统见解将公司注册地的选择,视为一个"纯粹"的法律选择问题,这一选择仅仅是比较了各州的法律制度,然后判断哪些制度最有利于公司……根据此种见解,所有的州都被视为将其公司法制度"出售"给所有的公众公司,而不是特别针对那些在它们的州注册的公司。⑨

紧接着,他们声称,他们的研究颠覆了传统的见解,他们的发现"就各州为争夺公司特许令的发放而进行着激烈竞争的假定,提出了重大质疑"。

然而,拜伯切克和科恩所选择的"吐槽点",却只是关于竞争假设的一种讥讽而已。例如,一位注册于洛杉矶的律师说,没有一个律师会在决定客户在哪里注册之前,坐下来扳着指头,把50个州的公司法细细盘点一遍。相反,关于传统见解的一个更为公允的描述是,每个州都认为自己是在和特拉华州展开竞争,而不是和其他48个州展开竞争。有观点认为,州际竞争的目的并不在于吸引公司注册,而在于留住本地的交易量,该观点获得了以下证据的支持:美国97%的公众公司要么在其驻在州注册,要么在特拉华州注册。⑩

驻在州与特拉华州之间展开竞争,这一理论还获得了关于律师在选择注册州中扮演何种角色的行为经济分析的支持。与代理成本经济学的激励原理相类似,律师与其他人一样,也都受到了同样的有限理性的约束。在这种

---

⑧ E.g., Lucian A. Bebchuk & Assaf Hamdani, Vigorous Race or Leisurely Walk: Reconsidering the Competition over Corporate Charters, 112 Yale L.J. 553(2002); Marcel Kahan & Ehud Kamar, The Myth of State Competition in Corporate Law, 55 Stan. L. Rev. 679(2002).

⑨ Lucian Bebchuk & Alma Cohen, Firms' Decisions Where to Incorporate, 46 J.L. & Econ. 383(2003).

⑩ David M.Wilson, Climate Change: The Real Threat to Delaware Corporate Law, Why Delaware Must Keep a Watchful Eye on the Content of Political Change in the Air, 5 Entrepreneurial Bus. L.J. 477, 481(2010).

情况下，律师会很自然地选择试错型的决策，其结果是，以驻在州与特拉华州进行比较，对于他们而言，往往远非最合逻辑的试错选择。

换言之，即便州际竞争只是一场疾行，而不是比赛，特拉华州仍然将其视为一场角逐。[11]由于人口少，经济体量小，特拉华州依赖公司特许费来对其政府运作提供可观的资金支持，这是独一无二的。事实上，特拉华州每年产生7.4亿美元至8亿美元的特许费，相当于该州预算的四分之一。[12]此种收入对特拉华州大有裨益，但也使其身处险境。如果特拉华州在其法律中作出了不利的变革，已经注册在该州的一些公司会离开，其他的一些公司则不愿迁入该州。如果特拉华州的法律对于公司决策者不再具有足够的吸引力，另一个州很可能对其发起猛烈而直接的冲击。[13]例如，宾夕法尼亚州及内华达州，作为潜在的竞争者，一直盘踞在周围，虎视眈眈。[14]因而，此种财政恶化的风险，迫使特拉华州不断更新改善其法律制度。

尽管实证研究几乎没有不遭受质疑的，但仍然有大量的证据表明，州际竞争在多大程度上带来了有效率的结果。罗伯塔·罗曼诺针对那些将其住所地迁移至特拉华州的公司，展开了事件研究，研究结果发现，此类公司收获了具有统计显著性的正向累积异常收益。[15]换句话说，迁移至特拉华州的举动，增加了股东福利。这一发现极大地支持了奔向高端的假设。如果股东认为特拉华州正在赢下的是一场奔向低端的竞争，则他们会抛售那些将住址迁至特拉华州的公司股票，此类公司的股价将会下跌。然而，正如罗曼诺所发现的，也是其他所有的重要事件研究所确认的，将住址迁至特拉华州带来了积极的股价效应。[16]

这些事件研究的发现，也获得了戴恩斯（Robert Daines）一项研究的支持，在该项研究中，他比较了注册于特拉华州与非注册于该州的公司的托宾Q比率（Tobin's Q Ratio）。戴恩斯发现，在1981—1996年间，特拉华州的公

---

⑪　Mark J. Roe, Delaware's Shrinking Half-Life, 62 Stan. L. Rev. 125, 129(arguing it is "indisputable" that Delaware competes, "albeit possibly weakly").

⑫　Wilson，前注⑩，第485页。

⑬　Roe，前注⑪，第129页。

⑭　See Kahan & Kamar, supra note 8, at 693(提到内华达州和宾夕法尼亚州以及马里兰州，与特拉华州展开竞争的种种努力).

⑮　Roberta Romano, Law as a Product: Some Pieces of the Incorporation Puzzle, 1 J.L. Econ. & Org. 225, 265—273(1985).

⑯　See Roberta Romano, The Advantage of Competitive Federalism for Securities Regulation 64—73(2002)(讨论了相关研究及对它们的批评).

司的托宾 Q 比率,高于非特拉华州公司,这表明特拉华州的法律增进了股东财富。[17]

25　　　有关收购的规则,对前述事件研究提供了又一项支持。与绝大多数州对日趋凶猛的收购行为采用了多重反收购规则不同,特拉华州的单一收购规则对敌意收购人更为友善。[18]鉴于证据清晰地表明,敌意收购行为增进了股东福利,[19]这一发现格外令人震惊。被认为是公司治理坏典型的特拉华州,结果却以对收购行为非常友善,从而推定为对股东也非常友善的面目示人。

有关收购规则的证据特别重要,因为在奔向低端的理论家看来,州的反收购法律在这场现代竞争中扮演着急先锋的作用。卢西恩·拜伯切克和艾伦·费莱尔(Allen Ferrell)指出,关于收购的州法确实减损了股东财富,但绝大多数州仍然采用了反收购法律。[20]即便是许多主张奔向高端的假说也承认,关于公司收购的州法,看来是"有效率的解决方案往往会胜出"这一规则的例外。[21]但又能怎样? 没有人声称州际竞争是完美的。问题只在于,存在一些竞争总是好于完全没有竞争,这是否正确? 特拉华州对于收购行为相对友善的环境表明,这一问题的答案是肯定的。

北达科他州做法的兴起

2007 年,北达科他州颁布《公众公司法》,公然挑战特拉华州,该法"旨在

---

⑰　Robert Daines, Does Delaware Law Improve Firm Value? 62 J.Fin. Econ. 525(2001).托宾 Q 比率是以经济学家 James Tobin 命名的。它是指资产的市场价值与重置成本之比率。在适用于公司估值时,托宾 Q 比率的计算方式为,公司的市场价值除以账面价值。当托宾 Q 比率大于 1 时,它表明公司的存续价值高于其资产的重置价值之和。See James Tobin, A General Equilibrium Approach to Monetary Theory, 1 J.Money, Credit & Banking 15(1969). 当然,后续的研究表明,此种效果并非在所有期间都适用。See Guhan Subramanian, The Disappearing Delaware Effect, 20 J.L.Econ. & Org. 32(2004)(提供的证据表明,在更长的时间框架内,特拉华州的这一效果消失了)。Daines 的研究仍然是对事件研究数据的一项重要确认。

⑱　See Jonathan M.Karpoff & Paul H.Malatesta, The Wealth Effects of Second Generation Takeover Legislation, 25 J.Fin. Econ. 291(1989)(该文解释到,特拉华州的法律比较势弱,它的通过并不会对特拉华州的公司股价造成不利影响)。

⑲　See generally Stephen M.Bainbridge, Corporation Law and Economics 612—614(2002)(对研究进行了回顾)。

⑳　Lucian Ayre Bebchuk & Allen Ferrell, Federalism and Corporate Law: The Race to Protect Managers from Takeovers, 99 Colum. L.Rev. 1168(1999).

㉑　例如,参见 Roberta Romano, Competition for Corporate Charters and the Lesson of Takeover Statutes, 61 Fordham L. Rev. 843(1993)。

增强公司民主,改善公众公司的绩效"。㉒它专门设计规则,赋予股东更大的 26
权利,并反映"机构投资者与公司治理专家的最佳想法"。㉓大概说来,个中的
想法是,在对股东友善方面,北达科他州的法律比特拉华州更胜一筹,会将公
司从特拉华州那里吸引走。

我有信心预测,北达科他州的这场试验将会走向失败。首先,该法对于
特拉华州的其他优点无所作为。现在,对《特拉华州普通公司法》(DGCL)进
行解释的判例卷帙浩繁,这确保了相关法律问题得以获得自信的回答。特拉
华州拥有独立的法院,即大法官法院,主要致力于公司法案件的审理。他们
往往能够快速作出裁决,推进那些时间敏感型交易。㉔至少在近期,北达科他
州无法复制这些优势。

其次,回到成文法本身,无论竞争是奔向高端还是奔向低端,北达科他州
都不可避免地走向失败。如果州际竞争是奔向低端的,特拉华州通过牺牲股
东利益迎合管理者,从而赢得了这场竞争,则控制了公司注册选择权的管理
者将会继续选择特拉华州。在北达科他州注册,将会制约管理者攫取私人收
益的能力,因而他们没有动机这样做。

如果州际竞争是奔向高端的,此种状况我确信获得了理论与经验证据
的支持,则北达科他州仍会落败。几乎在所有的州,公司法都明确限制股
东介入公司决策。㉕综合起来看,这些繁复的规则,构造了一个"董事至上"的
制度。㉖

我们将在第七章中,把公司治理董事至上理论与关于股东授权论辩的分
析,紧密结合起来,予以详细的分析。现在,只要提以下这一点就够了:董事
至上的描述,源于以下观察:即公众公司的规模与复杂性,确实使得利益相关
人在作决策时,因为棘手的信息不对称及利益分野,面临着巨大的集体行动
问题。在此种情况下,以合意为基础的决策结构往往无法奏效。相反,将决 27
策功能委诸一个集中的决策者,使其有权以命令的方式修改公司的内部合

㉒ North Dakota Corporate Governance Council, Explanation of the North Dakota Publicly
Traded Corporations Act 1(April 5, 2007), http://ndcgc.org/Reference/Explain405.pdf. 该法
规定的公众公司设立特许费,为特拉华州向公众公司征收的50%。

㉓ North Dakota Corporate Governance Council, available at http://ndcgc.org/.

㉔ Jill E.Fisch, The Peculiar Role of the Delaware Courts in the Competition for Corporate
Charters, 68 U. Cin. L. Rev. 1061(2000).

㉕ 参见第七章的内容。

㉖ 例如,参见 Stephen M.Bainbridge, Director Primacy: The Means and Ends of Corporate
Governance, 97 Nw. U.L. Rev. 547(2003)。

同,成本更低,也更为方便。

当然,关于此点的分析只是表明,决策结构应当基于权力而不是参与民主。然而,结果却是,公司法明智地将最后的决策权授予一个群体,也就是董事会,而不是给某一个人。正如我们将在第二章中讨论的,在作出关键的评估及判断时,群体比个人拥有优势。另外,群体可以在公司科层的最高层级设置一个自我监督的机构,从而解决了"谁来监督监督者"的问题。因而,公众公司的主要经济优势是,它提供了一个多层级的决策机构,这一结构很适合解决运营大型企业所面临的问题,这些企业拥有大量的雇员、管理者、股东及债权人,还投入了其他大量的资源。反过来,所有权与控制权的分离使得这一结构富有生命力。

另外,以下判断基本属实:"'特拉华州没有明确采取董事至上的做法',但相关成文法规则及案例法基本上传递的信息就是:董事保留权力,不会被动地等待外部事件或者股东行动来决定公司的决策。"[27]相反,北达科他州的法律以股东至上取代了这种高效且长期形成的董事至上原则,因而,该州无法取代特拉华州。

特拉华州的垂直竞争

没有人会认真质疑国会有权根据宪法中的商事条款僭越公司治理法律的领域。尽管国会一直没有选择这样做,但它在公司治理联邦化方面的尝试,零零星星,一直没有消停。

28

华盛顿哥伦比亚特区制定公司法。从 1933 年至 2002 年,也就是说,从《证券法》通过至《萨班斯—奥克斯利法案》通过,华盛顿哥伦比亚特区一直在制定规则,调整股东投票权及选举董事的委托投票权征集等。这些规则调整的事项包括:内部人交易、股份回购、机构投资者在公司治理中如何行事、董事会关键委员会的结构、董事会的构成(一些董事会成员应当具备怎样的独立性)、各州在制定收购法律时可以走得多远、机构投资者在运用其受托投票权时必须保持多高的关注度、公众公司必

㉗　Harry G. Hutchison, Director Primacy and Corporate Governance: Shareholder Voting Rights Captured by the Accountability/Authority Paradigm, 36 Loy. U. Chi. L. J. 1111, 1195 (2005).

须披露什么事项及交易信息(它们经常会影响内部人和管理者在众多交易中的结构及其对股东的义务)、双重类别普通股的资本重估规则、会计师和律师等看门人的义务与责任,等等。[28]

在这一意义上,《萨班斯—奥克斯利法案》及《多德—弗兰克法案》仅仅代表了公司治理逐步联邦化进程中的两个里程碑。然而,从另一意义上看,它们代表着重大的偏离。与以往联邦公司治理规则不同的是,这两部后危机时代通过的法律的诸多规则,打破了州法与联邦法的传统界限。

州公司法与联邦证券法的边界

在《萨班斯—奥克斯利法案》及《多德—弗兰克法案》之前,影响着公司治理的主要联邦法律是《1934年证券交易法》。该法在表面上对公司治理几乎不置一词。相反,它的主要关注点是证券交易及证券定价。因而,它的几乎所有条款均着眼于解决诸如发行人及其证券的信息产生及披露、市场的资金流动及市场的基础结构等问题。

国会对股市崩盘及随后经济衰退的解释,催生了此种路径。无论是对还是错,很多人相信股票市场过度投机及股市崩溃导致了大萧条。因而,证券交易法的起草者主要关注如何防止再次出现过度投机,他们相信,正是后者导致了市场崩盘。

信息披露是法律的起草者打算用来规制市场的主要手段。的确,获得广泛认可的是,将公司披露的主要责任分配给联邦政府,这是非常重要的。布兰代斯(Brandeis)的著名格言:"阳光是……最好的防腐剂;灯光是最有效的警察",[29]在1930年代被广泛接受;的确,这一理念成了联邦证券法最后成稿的基石。[30]然而,各州在试图规制公司披露行为时,面临着重大的障碍。尽管联邦最高法院已经在州的蓝天法面临宪法挑战之时,裁决支持州的蓝天法,[31]但联邦宪法中的商事条款仍然制约着各州将那些规则域外适用的能

29

---

　　[28]　Mark J.Roe, Washington and Delaware as Corporate Lawmakers, 34 Del. J. Corp. L. 1, 10(2009).

　　[29]　Louis D.Brandeis, Other People's Money 92(1914).

　　[30]　Ernst & Ernst v. Hochfelder, 425 U.S. 185, 195(1976); SEC v. Capital Gains Research Bureau, Inc., 375 U.S. 180, 186(1963).

　　[31]　Hall v. Geiger-Jones Co., 242 U.S. 539(1917); Caldwell v. Sioux Falls Stock Yards Co., 242 U.S. 559(1917); Merrick v. N.W. Halsey & Co., 242 U.S. 568(1917).

力。其结果是,绝大多数的蓝天法并不调整州外的交易。各州之间标准一致、协调行动的困难,恶化了这一问题。公司的发行人可以将它们的活动局限于监管更为宽松的法域,从而规避管制更为严格的州法。因此,各州的证券法无法有效确保全面的披露,也正因为这样,人们认可联邦干预是维持全国资本市场所必须。

然而,立法的反对者很快声称,它走得太快,大大超过了它设定的目的。根据纽约证券交易所主席理查德·惠特尼(Richard Whitney),该项法案的主要反对者之一所声称,许多规则,包括第 19(c)条前身的诸多规则,共同赋予委员会的"权力……是如此的宽泛,以至于他们可能会用于控制所有上市公司的管理",[32]在国会审议时,反对该法案的人,又援引了这一观点。[33]其他人也承认,这部立法的早期数个版本,也适当地提出了此类关切,但这部法律被改写了,以消除人们这方面的担忧。[34]

该法案的支持者坚决否认他们试图规制公司的管理事宜。参议院银行与货币委员会颇费周章地将被提议的第 13(d)条加入法案,该条规定,"本法的所有规定,都不应当被解释为授权委员会介入发行人的管理事务"。[35]会议的委员会删除了该条款,因为它看起来"并无必要,因为人们不认为该法案在这方面会引人误解"。[36]

无可否认地,这场论辩无须被解读为抢占州公司法的领地。毕竟,"介入公司管理"这一表述,或许意味着种种不同的含义。这场论辩可能真正关乎的是对于渐行渐近的社会主义的指责。反对罗斯福新政时期的立法,通常会

30　包含对激进主义与集体主义的批评。证券交易法也不例外。然而,即便在此情况下,立法的历史仍然表明,国会的焦点主要在于规制证券行业,而不是上市公司。另外,国会坚持声称,它不仅不会试图去严密管制一个行业,而且对于制定联邦公司法的明确提议,也予反对。

在新政时期,产生了许许多多的努力,来赋予证券与交易委员会拥有对公

---

　　[32]　Richard Whitney 致纽约证券交易所全体成员的一封信,1934 年 2 月 14 日,重印于 78 Cong. Rec. 2827(Feb. 20, 1934)。

　　[33]　E.g., 78 Cong. Rec. 8271(1934)(Sen. Steiwer); id. at 8012(Rep. McGugin); id. at 7937(Rep. Bakewell); id. at 7710(Rep. Britten); id. at 7691(Rep. Crowther); id. at 7690(Rep. Cooper)。

　　[34]　E.g., 78 Cong. Rec. 7863(1934)(Rep. Wolverton); id. at 7716—7717(Rep. Ford); id. at 7713(Rep. Wadsworth)。

　　[35]　S. 3420, 73d Cong., 2d Sess. § 13(d)(1934)。

　　[36]　H.R.Conf. Rep. No.1838, 73d Cong., 2d Sess. 35(1934)。

司治理的权力。就在证券法起草期间，罗斯福政府就考虑制定一部全面的联邦公司法。参议院银行与货币委员会关于股票交易实践的报告也表明，"公司病症问题……的解药，或许就在一部全国性的公司法上"。[37]1930年代末期，证券与交易委员会主席威廉·道格拉斯（William O.Douglas）推动了另一项改革，来制定一套证券与交易委员会主导的联邦规则，以取代各州的公司法。在这个方面，参议员博拉（Borah）和奥玛奥尼（O'Mahoney）预先做了不少工作，并且支持这项改革，他们推出了一系列旨在规制公司内部事务的议案。[38]

建议推出联邦公司法的议案，并没有随着新政结束而终结。[39]在1970年代，证券与交易委员会考虑推行一系列公司治理改革，事实上就是联邦立法。[40]但遭到激烈的反对，反对者认为，这样做超越了证券与交易委员会的权限。于是，这些规则在通过之前，进行了大幅度的修改。[41]

因而，这些提案最终无一落实。立法无为在本质上是含糊不清的，即便这种无为表现为一种拒绝具体议案的方式。唯一可以确定的是，国会选择不作为。然而，尽管证据的指向显然不是终局性的，仍有很多理由可以相信，第73届国会显然并不愿意将证券与交易委员会关于上市标准的权力拓展到公司治理领域。即便假定国会并没有公开表明存在此种限制，但国会显然并不相信有必要这样做。的确，对于修正法律的提案，特别是对于原来的法律颁布之后所提的修正法律的提案表示反对而引发的争议，总是将信将疑。然而，确切无疑的是，国会一再否决重新设计公司管理的意图，以及后来一再否决联邦公司法，并不愿意通过授权证券与交易委员会采纳公司治理规则，从而使那些权力通过后门潜入法案。

那么，联邦法与州法之间的界限在哪里？当证券与交易委员会试图规制双重类别股份时，对这一问题最清晰的答案来了。虽然公司的基准规范是一股一票，州法允许偏离该基准，授权公司采用多种形式的双重类别投票机制。这样，公司可能会拥有两种类别的普通股，例如，一类股份一股一票，而另一

31

---

[37]　S. Rep. No.1455, 73d Cong., 2d Sess. 391(1934).

[38]　Joseph C. O'Mahoney, Federal Charters to Save Free Enterprise, 1949 Wis. L. Rev. 407.

[39]　E.g., Protection of Shareholders' Rights Act of 1980; Hearing before the Subcomm. on Securities of the Sen. Comm. on Banking, Housing, and Urban Affairs, 96th Cong., 2d Sess. (1980); The Role of the Shareholder in the Corporate World; Hearings before the Subcomm. on Citizens and Shareholders Rights and Remedies of the Sen. Comm. on the Judiciary, 95th Cong., 1st Sess.(1977).

[40]　Exchange Act Rel. No.14 ,970(July 18, 1978).

[41]　Exchange Act Rel. No.15, 384(Dec. 6, 1978).

类股份一股十票。如果超级投票权股份的持有者形成了一个关系紧密的集团,例如家庭、信托或者高级管理团队,尽管他们持股比例相对一般,也经常能够行使控制性投票权。在1980年代末期,由于双重类别股份越来越多地用于反收购,它变得越来越有争议。

纽约证券交易所长期以来拒绝以下发行者上市:拥有发行在外的无表决权普通股,或者拥有表决权不同的多重类别的普通股。美国证券交易所也拒绝无表决权普通股上市,但其政策在针对表决权不同的股份的计划时,则更为灵活。采用此种计划的发行人将被允许上市,只要该计划满足了一定的指引,该指引旨在使投票权更弱的股份拥有最低限度的参与。相反,纳斯达克市场对于柜台交易或者纳斯达克市场自动报价系统,都没有表决权方面的上市要求。

然而,在1980年代,随着公司对于双重类别股份的兴趣日浓,发行人开始对纽约证券交易所施加压力,要求其采用更为灵活的上市标准。1988年,纽约证券交易所请求证券与交易委员会批准修订其上市标准,允许存在一定形式的双重类别股份。证券与交易委员会作出了回应,采用19c-4规则,有效地修订了所有交易所(也包括纳斯达克市场)禁止以下发行人的股份上市的规则:如果公司发行证券或者采取其他公司行动来使既有股东的表决权无效、受到限制或者被有差别地减损。[42]这样,19c-4规则就成为证券与交易委员会首次直接从实体上规制所有公众公司的公司治理的尝试。商业圆桌会议对该规则提出挑战,认为公司治理规则主要是州法的权限,证券与交易委员会没有权力通过规则来实质上影响公司的投票权。华盛顿哥伦比亚特区巡回法庭认可了这一观点,裁定这一规则逾越了证券与交易委员会的监管职权,因而无效。[43]

32　　　证券与交易委员会采纳19c-4规则的正当性,源于其根据《1934年证券交易法》第19(c)条所享有的权力。根据该条规定,只要证券与交易委员会的行动有利于进一步实现证券交易法的目的,它就可以变更交易所的规则。然而,19c-4规则最终没有站住脚,因为华盛顿哥伦比亚特区巡回法庭裁定,试图规制公司投票权,对于进一步实现证券交易法的目的无所助益。为了给19c-4规则辩护,证券与交易委员会祭出了其长期持有的观点,即第14(a)条的目的是促进公司民主。为了击溃19c-4规则,华盛顿哥伦比亚特区巡回法

---

[42]　关于对19c-4规则的详细论争及围绕它而展开的法律问题,参见Stephen M. Bainbridge, The Short Life and Resurrection of SEC Rule 19c-4, 69 Wash. U. L. Q. 565(1991)。

[43]　Bus. Roundtable v. SEC, 905 F.2d 406(D.C. 1990).

庭对第 14(a)条的目的进行了狭义得多的限缩解释。根据该法庭的意见,联邦对于投票委托书的规制目的主要体现在两个方面:第一,也最为重要的是,它规制的是股东被征询投票时可以获得的披露信息;第二,它规制的是投票委托书征集行为的程序。因而,第 14(a)条的目的并不包括规制股东投票的实体内容。

尽管第 14(a)条的立法历史相对较短,它倾向于支持华盛顿哥伦比亚特区巡回法庭的解释。在为 19c-4 规则辩护时,证券与交易委员会将很大的重心放在众议院委员会报告的以下陈述"公平的公司投票权是一项重要的权利,应当附着于通过公开交易购入的每一份股权证券上"。[44]尽管不容置疑的是,国会希望通过第 14(a)条赋予证券与交易委员会对于公司投票委托书征集更为宽泛的权力,我们有理由相信,当国会提到公平的公司投票权时,它考虑的问题完全不同于无投票权股份所提出来的问题。

关于投票委托书的联邦规则所引发的争议,在立法进程的早期阶段已经解决了。正如此前介绍的,投票委托书规则强制要求实质披露,并且赋予证券与交易委员会权限来采用其他披露要求。这条建议引发了重大的批评。33例如,美国电话电报公司(AT&T)指出,该法案要求委托投票说明书加入被征集意见的所有股东的名单中,这将迫使该公司置备三份大额文件,每次征集委托投票说明书时都要花费 95 万美元之巨。第 14(a)条后来加以修订,以回应这些批评。在这样做时,国会采用的是面临难题时经常采用的办法:让别人去解决它。事实上,该法案只是使得运用以下方法来征集委托书具有违法性:"违背了证券与交易委员会认为为了保护公众利益或者投资者所必须或

---

[44] H.R. Rep. No.1383, 73d Cong., 2d Sess. 13(1934). 除了从立法历史和以往的行政实践中寻求支持外,证券与交易委员会还从一些案件所援引的国会对第 14(a)条的目的之宽泛解读的宽松用语中,寻求支撑。当然,在华盛顿哥伦比亚特区巡回法庭裁决 19c-4 规则无效之前,并没有专门针对该点的司法解释。另外,如果结合语境来解读证券与交易委员会所依赖的那些案件,它们也支持以下结论:第 14(a)条局限于调整披露及程序滥用问题。例如,证券与交易委员会非常强调特区巡回法庭此前的一项裁决,该裁决将第 14 条的主要目的描述为,确保"公司股东有能力行使其权利——某些人称其为义务——来控制那些影响其作为股东和公司所有者能力的重要决策"。Medical Committee for Human Rights v. SEC, 432 F.2d 659, 680—681(D.C. Cir. 1970)(引文略去),vacated as moot, 404 U.S. 403(1972)。然而,这一评论作出的语境,与运用股东提案规则的语境大不相同。另外,请注意,法庭强调的是行使投票权的能力,这看起来与对第 14 条的以下解释相一致:该条的意图是仅仅确保股东可以有效运用州法赋予的投票权。正如最高法院曾经阐释道:"第 14(a)条的目的,是防止管理层或者其他人通过欺骗或者在委托书劝诱中的不充分披露,来获得公司行动的许可。"J.I. Case Co. v. Borak, 377 U.S. 426, 431(1964).

者适当的规则。"⑮

在实施第 14(a) 条时,证券与交易委员会对公司治理的影响程度,超过了《1934 年证券交易法》的其他任何条款。第 14(a-4) 条对于管理层在运用经由委托书征集而获得的投票权时,对其自由裁量权予以限制。第 14(a-7) 条要求管理层在转送反对者的委托书征求材料给股东时,必须保持合作。第 14(a-8) 条要求管理层将符合条件的股东议案并入公司委托投票说明书中,并由公司承担费用。虽然一些反对立法的人预料到,这些规则,从不同方面侵入了公司内部事务,但第 14(a) 条对公司治理的影响实际上相当有限。证券与交易委员会关于委托投票说明书的绝大多数规则,都与信息披露有关。例如,在股东会召开之前全面披露信息,是股东提案规则最初的正当性。⑯当然,证券与交易委员会在第 14(a) 条之下的权力并不限于披露事项,其他委托书规则主要与委托书置备、征集和运用相关。

委托书规则有限的适用范围,与"公司公平的投票权"这一术语的解释一脉相承。在运用该术语时,国会并无意解决每一股份可以拥有多少投票权这一实体问题。相反,正如华盛顿哥伦比亚特区巡回法庭在商业圆桌会议上所说的,国会所讨论的是另外一个完全不同的关切:必须全面披露并保证征集程序公平。例如,众议院委员会称,管理层不应通过"滥用"公司委托投票说明书而使自己稳如磐石,不可撼动。⑰该委员会提到,内部人正在运用委托书制度在"未充分披露"的情况下保持控制权。它抗议到,内部人在征集委托书时,"没有清楚地告知"股东征集的目的。该法案获得通过时的文本称,鉴于存在种种滥用情形,第 14(a) 条赋予"委员会权力来控制征集委托书的条件……"。

34   总之,该法案获得通过时的文本对于股东的投票权未置一词。相反,其关注焦点是如何使股东有效运用他们拥有的投票权,而这是什么样的投票权则在所不问。立法史中其他地方关于委托书征集的其他表述,关注的也是披露事项。⑱

---

⑮ Securities Exchange Act, Pub. L. No.73—291, § 14(a), 48 Stat. 881, 895(1934).

⑯ Med. Comm. for Human Rights v. SEC, 432 F.2d 659, 677(D.C. Cir. 1970), vacated as moot, 404 U.S. 403(1972).

⑰ H.R. Rep. No.1383, 73d Cong., 2d Sess. 13(1934).

⑱ 关于对第 14(a) 条的立法历史及持续立法事件的详细分析,参见 Stephen M. Bainbridge, Redirecting State Takeover Laws at Proxy Contests, 1992 Wis. L. Rev. 1071; Stephen M. Bainbridge, The Short Life and Resurrection of SEC Rule 19c-4, 69 Was. U.L.Q. 565(1991)。

概括说来，华盛顿哥伦比亚特区巡回法庭正确地确认，证券与交易委员会拥有广泛的权力来采纳确保全面披露和公允征集程序的规则。然而，法庭同时也在股东投票的实体规则与程序规则之间，划出一道重要的界线。对于前者，证券与交易委员会几乎没有任何权力。

那么，我们如何在州法与联邦法之间划一道界线？作为一个常见的经验法则，联邦法主要关注披露义务，以及旨在使披露更为有效的程序和反欺诈规则，这是适当的。相反，将规制公司治理的标准等实体内容留给各州，这也是适当的。然而，当时《萨班斯—奥克斯利法案》及《多德—弗兰克法案》直接对公司治理实体内容的重要方面（尽管迄今为止相当有限）予以规制，从而颠倒了这一传统的平衡。

治疗型披露面临的问题

尽管证券与交易委员会总体上尊重商业圆桌会议划定的界限，它长期以来运用所谓的治疗型披露来影响公司的实体行为。与绝大多数披露要求以帮助投资者评估证券或者作出理性投票决定不同的是，治疗型披露试图阻遏其认定的公司及其管理者的行为。证券与交易委员会的方法是，迫使公司及其管理者披露其打算实施的不当行为，从而面临诉讼，或者至少面对社会对其羞耻行为的指责。正如著名的证券律师萨默（A.A. Sommer）所解释的，通过类比，"如果每一起通奸行为都必须披露，则此类行为很可能会变少"。[49]

毫无疑问，治疗型披露要求影响着公司行为，但它同时在两个层面带来了弊端。第一，试图通过披露要求来达到实质目标，与国会通过联邦证券法的初衷不符。罗斯福新政时期，国会在审议证券法与证券交易法时考虑的三种可能的立法模式为：（1）欺诈模式，直接禁止证券销售时的欺诈行为；（2）披露模式，允许发行人销售风险程度非常高或者甚至不健康的证券，只要它们向买方提供了足够的信息，以使后者能够作出知情的投资决策；以及（3）蓝天模式，在这种模式下，证券与交易委员会将对证券及其发行人进行实质审查。联邦证券法后来采用的是前面两种的混合体，但明确否决了联邦的实质审查。同样地，公司发行人的实体行为并不在传统的联邦监管范围之内。

第二，治疗型披露模糊了联邦和州监管领域的界限。的确，它会事实上导致联邦僭越了州法的领地。证券与交易委员会不断地为以下规则的正当

35

㊾　A.A. Sommer, Jr., Therapeutic Disclosure, 4 Sec. Reg. L.J. 263, 266—267(1976).

性辩护:规则要求披露高管薪酬或者关联方交易,要求将股东带进薪酬委员会或者董事会会议室,因而使其能够透过董事的眼睛来审议具体的决策。然而,在州公司法创造的所有权与控制权相分离的情境下,这一目标落空了。根据州法,股东无权批准绝大多数董事会决议,更不用说发起公司行动了。换句话说,他们无权被带进董事会会议室。

除了随后数章中描述的联邦实质上侵入公司治理实体领地之外,《萨班斯—奥克斯利法案》及《多德—弗兰克法案》都引入了治疗型披露要求。例如,《萨班斯—奥克斯利法案》第506条要求公司披露董事会的审计委员会是否包含了至少一名财务专家,如果没有的话,必须解释原因。类似地,《萨班斯—奥克斯利法案》第406条要求公司披露它们是否针对其高级财务经理人员实施了一套伦理守则,如果没有,必须解释原因。为使公司声明自身满足了伦理守则的要求,该守则必须设立标准,该标准必须为"阻遏不当行为、促进诚实和伦理行为、包括富于伦理地处理个人和职务关系中事实上或者显见的利益冲突所必须"。守则必须规定,公司要明确一位适当人选,相关管理人员必须向其披露重大交易或者可能导致个人与其管理职责之间产生利益冲突的关系,从而避免利益冲突。公司守则必须要求相关高管确保在公司向证券与交易委员会提交的报告及文件中,进行了"全面、公允、准确及时及可理解的披露"。守则必须强制要求个人和公司遵循所适用的政府法律、法规与规章。公司守则必须规定,对于违反守则的行为,必须立刻报告给守则认定的适当人士。公司守则必须随同年报向证券与交易委员会报备,并且在公司网站公布。

36 在两种情形下,毫无疑问,国会并不在意这些披露的内容。相反,国会更愿意看到的是,公司将采用必需的伦理守则,委任必需的财务专家,而不是去冒在公众面前丢脸、负面报道沸反盈天以及拒绝这样做可能招致的股东责难的风险。

《多德—弗兰克法案》第953条命令证券与交易委员会采用规则,要求公司在其年度委托投票说明书中包含高管薪酬与公司财务绩效之间关系的披露信息。它还进一步要求,新的证券与交易委员会规则必须要求公司在其委托投票说明书中,披露公司除了CEO之外所有雇员年收入的中位数、CEO的年收入以及两者的比率。这些规则不可能给投资者提供有意义的信息。相反,它们是想通过凸显CEO与底层雇员的收入差距,来使公司蒙羞。

第973条要求证券与交易委员会采用一条新的规则,提出要求,发布公告的公司必须披露CEO与董事会主席是由同一个人担任还是由不同的人担任。无论是哪种情形,公司都必须披露这样做的原因。将这两个职位分别由不同的人来担任,一直是活跃的股东群体及其学术同盟孜孜以求的目标。国会选择不强制要求由不同的人来担任这两个职务,而只要求披露这一情形。然而,正如我们接下来将会看到的,一些政策推手希望这一规则会使公司在羞耻心驱使下,将这两个职位由不同的人来担任。

第953条与第973条都侵入了州公司法。对董事会作出的有关高管薪酬决定进行规制的是州法。在这样做时,州法从未选择去评估 CEO 与雇员薪酬之间的比率,更不用说赋予股东在设定该比率时的话语权。类似地,州法规制着董事会的结构。各州从未要求公司将 CEO 与董事会主席由不同的人来担任。尽管第953条与第973条均未直接取代相关的州法规则,但事实上,前者已经僭越了州法。现在公司在作出有关这些事项的决策时,主要考虑的是第953条与第973条,而不仅仅是州法。

公司治理的联邦化过程中政策推手的作用及泡沫

从目前正在进行的各州规则适应性调整看,联邦介入公司治理在很多重要方面的表现均各有不同。首先,玩家各不相同。在公司治理这场游戏中,有很多利益集团,例如,公司经理人、股东、工会、消费者、非政府组织以及反对公司的民粹主义者。然而,在特拉华州,这些群体的绝大多数都没有什么 37 权力。相反,特拉华州最重要的利益集团是律师群体:

> 律师群体规模小、彼此独立又高度组织化。其成员往往在规制事项中拥有大量的个人利益。他们往往比其他群体更为富有,并且与政界交往颇深。的确,特拉华州立法机构的许多成员本身就是律师协会的会员。此类立法者往往不成比例地分布于立法委员会之中,后者起草了特拉华州的公司法典。⑩

---

⑩ Jonathan R. Macey & Geoffrey P. Miller, Toward an Interest-Group Theory of Delaware Corporate Law, 65 Tex. L. Rev. 469, 506(1987). 这篇文章的分析指出了另一个理由,来证明特拉华州的法律往往会导致奔向高端。由于主要的利益集团影响着特拉华州的法律,当地的律师在维持特拉华州的支配地位方面,拥有强大的利益。特拉华州与纽约、华盛顿或者洛杉矶不同,举一些例子,它没有足以支撑大型和繁盛的公司律师事务必需的人口、经济规模和金融中心。因而,律师事务所在维持《特拉华州普通公司法》的效率与吸引力方面,兴趣非常高。

另外,特拉华州往往对公司经理人与投资者的利益高度敏感。在特拉华州,其他利益集团没有什么话语权。[51]

相反,在联邦层面,尽管公司经理人与特拉华州律师群体有意引起影响力,公司治理的其他利益集团也拥有相当大的影响力。特别是,华盛顿会受到全国公众观点摇摆的影响,而特拉华州基本上不受此影响。[52]

其次,联邦的干预往往是偶尔为之的。最为重要的联邦干预,往往最经常发生于一些重大经济危机之后。在平时,华盛顿通常要考虑的议题,重要程度高于公司治理的非常多。在经济泡沫年代,例如,在上个年代危机频发之前,联邦监管行动更不可能发生,因为诸如股东和消费者等利益集团,被貌似不断增长的财富价值所蛊惑,从而怠惰无为。[53]然而,与此同时,这也为泡沫破裂后的监管提供了场景。

在泡沫带来的陶陶然感觉下,监管者和私人看门人往往降低戒备,潜在的诈骗犯看到了大把机会,投资者变得既贪婪又轻信。实际结果是,泡沫时期欺诈盛行,特别是以末期为盛,彼时所有的人都试图让音乐维持下去。当泡沫不可避免地破裂时,针对泡沫展开调查的人员,开始发现过度投机甚至是赤裸裸的猖獗的欺诈行为。泡沫破裂,财富迅速缩水,灼痛了投资者,公司内部人及金融权贵胡作非为的证据浮出水面,触怒了投资者,民粹主义抬头,修规立法的压力接踵而至。

在"后泡沫"环境中,"当丑闻爆发及经济下行之时",以及"当公司交易抓住了美国公众的眼球和美国国会的关注时",国会经常会作出反应。[54]因为"后泡沫"时代的监管场域,从特拉华州转移到了华盛顿。从特拉华州立法程式中出走的利益集团,实质性地参与了立法或者规则制定的过程。由于在此期间,通常会伴随着民粹主义者怨气的升腾,以及展开行动的公众压力,这就为"那些占据了良好位置的政策推手提供了一个窗口机会,来兜售其偏好的、现成的解决方案,而彼时几乎没有时间来细细思考"。[55]在美国法上,这种范

---

[51] 同上,第490页("因为绝大多数特拉华州的公司的有形资产都在其他州,特拉华州的立法者通常不会面临来自工会、环保集团、当地社区或者与公司的有形工厂或者资产存在特殊利益的其他群体的压力")。

[52] Roe,前注⑳,第17页。

[53] Larry E.Ribstein, Bubble Laws, 40 Hou. L. Rev. 77, 79(2003).

[54] Roe,前注⑳,第7页。

[55] Roberta Romano, The Sarbanes-Oxley Act and the Making of Quack Corporate Governance, 114 Yale L.J. 1521, 1590(2005).

式一再发生，甚至可以追溯至新政时期。[56]

（这一范式轮回不息是因为）公众对市场的支持，在财务年景不好之时，将转化为对投机行为深切的质疑，最终导致监管行为扩张。也就是说，金融紧急状况给市场批评者壮了胆，他们得以推进监管议程。他们之所以能够与公众意见站在一起，也就是，对投机与市场保持敌意，是因为公众在经历财产损失之后，更易于接受监管。[57]

《萨班斯—奥克斯利法案》和《多德—弗兰克法案》即是此种轮回的最新演绎。

由于特定的政治背景，联邦政府介入公司治理，往往会在紧急情况下获得迅速通过。时间方面的压力，赋予了那些利益集团和其他政策推手以优势，他们提前备好了自己想要的解决方案，这些方案很容易就转化为立法形态。例如，《萨班斯—奥克斯利法案》的许多条款，不过是"公司治理推手们已经奔走了多时"的"老看法"而已。[58]不幸的是，由于政策推手往往对市场和公司持批评态度，泡沫时期的立法经常"施加了监管规则，处罚具有潜在价值的做法与实践，或者认定其违法，而且，在更普遍的意义上，它惩罚了失败行为，降低了对成功的回报，从而打击了冒险行动"。[59]接下来的数章，将对此类监管提供大量的案例分析。

39

危机爆发时，特拉华州在哪里？

在安然时代和次贷危机爆发时，特拉华州都置身事外。确实，特拉华州确定避免去触碰危机带来的机会。当财政部及美联储 2008 年 3 月启动 J.P. 摩根对贝尔斯登（Bear Stearns）的收购之时，合同里的诸多交易保护措施，根据特拉华州的法律，都存在效力上的疑问。当贝尔斯登的股东对交易提出挑战时，特拉华州大法官法院并未受理向其提起的诉讼，并使得在纽约提起的一件诉讼继续下去。尽管特拉华州的法院通常会在涉及其法律的诉讼中积极争取保持引领地位，但在此种情境下，特拉华州的法院看起来并不愿意介

---

[56] Ribstein，前注⑬，第 83—94 页；Romano，前注⑮，第 1590—1594 页。

[57] Romano，参见前注⑮，第 1593 页。

[58] Romano，参见前注⑮，第 1523 页。

[59] Ribstein，参见前注⑬，第 83 页。

入以下案件：在该案件中，法律可能会要求它判令达成"一项交易，该交易获得了美联储及财政部的支持，或者可以说，该交易是在美联储及财政部的全面推动和财力支持下达成的——该交易可能是防止国际金融体系崩溃所必须"。⑥

在面对危机时，特拉华州保持缄默，这并不令人奇怪。首先，州法往往是适应性和反复适用的。与联邦政府经常在危机时刻做出剧烈反应不同的是，《特拉华州普通公司法》及《示范商事公司法》的起草者至少每年修订一次法律。州法的变革往往是细微而累进的。

其次，对州的公司法贡献更多的是法院，而不是立法机构。与立法机关或者证券与交易委员会等行政机构不同的是，法院并不适合作出彻底的制度变革以回应危机。法院不能越权制定新法；它们仅仅能够对告到法庭的案件作出裁决。裁决的过程在本质上是渐进的，因为它们必须建立在先例的基础之上。诉辩双方的对抗过程，并不会自我导向一个中立和无偏见的调查结果；也不会自我导向到对重大社会动荡的根本原因的大范围追问。法院不像立法机关和行政机构那样，缺乏人手和其他资源来开展大量的事实调查和听证。总之，法院并不是个适当的场域来开展过往十年来的危机所要求的那种系统性法律变革。

40 　　最后，而且最为重要的是，特拉华州的决策者知道，自己的州能否保持支配地位，取决于国会的管辖范围。正如特拉华州大法官法院副大法官里奥·斯特恩（Leo Strine）所说，"国会对于跨州商事活动广泛的宪法权力，是特拉华州及其他州的公司法立法者必须时时要考虑的问题……"。⑥在《多德—弗兰克法案》（草案）正式成为法律之前，斯特恩进一步发表评论称："股东使用委托投票说明书提名董事机制的运用及'针对薪酬话语权'的动议，只是此种变动最近的两个例子，它们紧接在《萨班斯—奥克斯利法案》之后发生。该部立法是危机驱动型的法律，清楚不过地表明，如果投资者的愤怒传播得足够广，即便是共和党控制的国会，也会准备制定影响着公司治理的联邦法律，而不会再纠结闯入传统上保留给州法的领地。"⑥

马克·罗伊（Mark Roe）教授含蓄地引用了一个老的笑话，即800磅的大猩猩坐镇，用来阐释斯特恩所称的威胁：

---

⑥　Edward Rock & Marcel Kahan, How to Prevent Hard Cases from Making Bad Law: Bear Stearns, Delaware and the Strategic Use of Comity, 58 Emory L.J. 713, 744(2009).

⑥⑥　Leo E.Strine Jr, Breaking the Corporate Governance Logjam In Washington: Some Constructive Thoughts on A Responsible Path Forward, 63 Bus. Law. 1079, 1081(2008).

美国经济立法的大猩猩是国会，只要它愿意，可以随时矮化特拉华州大法官法院、特拉华州议会以及特拉华州公司法委员会，它们负责起草特拉华州公司法。它们都有相当大的自由度去起草公司法，但对于华盛顿已经触及的公司治理事项，它们触碰不得，也不能触怒那些能够影响华盛顿的人……在公司立法领域，华盛顿并不仅仅是潜在的大角色，而且是事实上的大玩家。华盛顿一直在考虑和谋划几乎每一个年代最为重要的公司治理事项。而且，只要华盛顿愿意，它通常可以做得更多……它能够将所有的公司立法从州里收回来，特拉华州作为州的公司法制造者的角色，将不复存在。

正如斯特恩所清楚地指出的，特拉华州完全意识到此种风险。它有意识地避免介入危机之中，在必要的时候，容忍甚至预料到联邦会针对危机作出较小的反应，哪怕它们侵入了特拉华州的监管领地。这样做的目的，是避免触发反弹，导致公司法联邦化，正如在2002年和2008年发生的那样。

冒牌的联邦公司治理规则　　41

冒牌的联邦公司治理规则将具备以下绝大多数（如果不是全部的话）特征：

1. 由回应重大负面经济事件触发的泡沫立法所达成；
2. 在危机环境中制定；
3. 回应民粹主义者对公司和/或市场的批评；
4. 在联邦而不是州的层面通过；
5. 将权力从各州转移给联邦政府；
6. 获得在联邦层面强势而在特拉华州层面弱势的利益集团的支持；
7. 通常而言，它并不是一个新的提议，而是一些强势利益集团列入长期议程的事项；
8. 被援引来支持该议案的经验证据，至多是好坏参半，而且经常表明该议案并不明智。

无论是《萨班斯—奥克斯利法案》还是《多德—弗兰克法案》，其公司治理规则显然都满足前四个特征。本书的其他章节将表明，它们的绝大多数规则还满足后四个特征的所有或者绝大多数方面。因而，用"冒牌的公司治理"来形容它们，应当是相当合适的了。

第二章　董事会的地位

　　《萨班斯—奥克斯利法案》和《多德—弗兰克法案》给公司治理带来了许多具体的变化。然而,没有哪个变化是如此重要,以至于能够作为一种推动力,来再造法律设定的董事会目的及地位的运作进程。

　　正如《特拉华州普通公司法》所阐释的,公司治理最为基础的原则是,公司业务"应当由董事会管理或者在董事会指导下运营"。[①]的确,尽管公司法构想了董事会中心主义的治理结构,但法律理论长期以来却未能转化成真实世界的实践。因而,长期以来,睿智的评论家相信,运营公司的既不是董事会,也不是股东,而是帝王般的CEO,或者最多是高级管理团队。阿道夫·伯勒(Adolf Berle)将公司管理者比作"王子和大臣"。[②]纳德(Ralph Nader)走得更远,将董事比作"戴绿帽子的人",他们"经常是最后一个知道(他们的)占据支配地位的伙伴——管理层——已经做了一些违法的勾当"。[③]

　　然而,自1970年代开始,管理层的基石开始发生轮转。法律的新要求及强化的市场声誉,提升了董事会与股东相对于管理层的权力。例如,敌意收购要约作为一种富于生命力的市场交易,意味着管理层一旦放任公司

[①]　《特拉华州普通公司法》(DGCL)第141(a)条。

[②]　A. A. Berle, Jr., For Whom Corporate Managers Are Trustees, 45 Harv. L. Rev. 1365, 1366(1932).

[③]　Ralph Nader et al., Taming the Giant Corporation 64(1976).

股价下跌,将面临被收购人撤换的风险。反过来,当管理者寻求抵制要约收购和委托投票说明书争夺时,对于此类反收购行为司法审查,在很大程度上取决于独立董事和无利害关系董事是否作出了相关决定。④其他司法裁决强调,董事会收集了所有可以合理获得的重要信息,是运用商业判断原则的前提条件,该原则可使董事会的决策不受实质审查。⑤

44

在董事会与管理层的关系中,《萨班斯—奥克斯利法案》和《多德—弗兰克法案》都坚持站在董事会这边。这两部法律的诸多条款,都试图给董事会赋权,并使他们更加独立于管理层。然而,除此之外,这两部法律还促成了董事会基础功能的一项重大变革。正如我们将会看到的,这两部法律都以牺牲董事会其他功能为代价,优先强调了董事会监督管理层的功能。

这些变革带来的结果是,现代董事会的规模通常小于以往,开会更为频繁,更加独立于管理层,持股更多,获得更多的信息。他们从"管理层的橡皮图章",演变为"积极而独立的监管者"。⑥即便如此,这种转型也并不彻底。仍然可以看到帝王般存在的 CEO 们。然而,越来越多的实证数据确认,"焕发了新骨气的董事会,正在驱除帝王般的 CEO 们"。⑦公司治理的趋势是,越来越多地将法律框架与真实世界融为一体。

董事会的传统功能

董事会拥有诸多功能,但它们都可以归为三大类别。也就是,经营、监督与服务。这三者的平衡因公司而异,也随时日变迁而不同。然而,近几十年来的趋势是,以牺牲其他功能为代价来提升监督的重要性。《萨班斯—奥克

45

---

④　例如,参见 Moran v. Household Int'l, Inc., 409 A.2d 1059, 1074—1075(Del. Ch. 1985)(该裁决认为,公司的反收购措施"在获得由根据前述标准行事的外部独立董事组成的董事会的大多数支持时……正当性才能获得实质上的强化");还可参见 Weinberger v. UOP, Inc., 457 A.2d 701, 709 n.7(Del. 1983)[该裁决认为,"如果(董事会)已经委任了由外部董事组成的独立磋商团队与(大股东)进行公平的磋商,(一桩挤出合并交易的)后果可能完全不同",因为这样做可以呈现"有力的证据来表明交易满足公平标准"]。

⑤　例如,参见 Brehm v. Eisner, 746 A.2d 244, 264 n.66(Del. 2000)(该裁决认为,"董事的决策将获得法院的尊重,除非董事与决策存在利益关系或者缺乏独立性,未本着善意而行事,以一种不是追求合理商业目的的方式来行事,或者在作出决策时存在严重过失,如未能考虑到所有可以合理获得的重大事实等")。

⑥　Paul W.MacAvoy & Ira M.Millstein, The Active Board of Directors and Its Effect on the Performance of the Large Publicly Traded Corporation, 11 J. App. Corp. Fin. 8(1999).

⑦　Matthew Benjamin, Giving the Boot, U.S. News & World Rep., March 28, 2005, at 48.

斯利法案》和《多德—弗兰克法案》进一步推动了该趋势。

管 理

如果我们只是以公司法作为认知的指引，我们会假定，董事会在公司管理中扮演着非常积极的角色。除了通常将开展公司事务的权力分配给董事会之外，公司法规定了许多只有董事会才能行使的权力。例如，对于并购及出售公司所有或重大资产等交易、发行股票、分配股利及修改章程等，获得董事会的批准，是法律规定的前提要件。那些涉及高管或董事会成员的关联方交易，在获得董事会批准后，可以在实质上避免此类交易经受司法的公平性审查。董事会通常并不拥有修订章程细则的排他性权力，凡此种种。

当然，事实上，通常现代公众公司过于庞大，董事会无法事无巨细地开展日常经营。另外，正如我们在下一章中将会探讨的，如今绝大多数董事会成员都是外部董事，他们在别处有全职工作，因而在其担任董事的公司中，只能投入非常少的时间来过问公司事务。正如早在1922年特拉华州大法官法院在裁决中称，董事会的主要职能是监督与控制，而将公司的具体事务委任给更下层的雇员。⑧

典型的现代公司法的设计，反映了这一转变。《示范商事公司法》（MBCA）第8.01(b)条从两个方面体现了这些常识。第一，法律规定，"公司经营与业务"应当"在董事会指导下开展"。这一规定试图清楚地表明，董事会的作用是制定宏观政策，并对实际开展日常经营的下属实施监督。⑨第二，法律还规定，公司可以"根据董事会的授权"来行使权力。这一规则允许董事会将几乎所有的管理职权授予公司高管，后者又可以将绝大多数决策权授予层级更低的雇员。

46 即便如此，现代的公司董事会通常会保住一些管理职能。的确，法院裁决称，公司的一些决策是如此的重要，以至于必须交给董事会来作出。⑩在一些州，诸如提起诉讼⑪或对其他公司的债务提供担保等重要事项，也保留给董

---

⑧ Cahall v. Lofland, 114 A. 224, 229(1921), aff'd, 118 A. 1(1922).

⑨ Model Bus. Corp. Act Ann. §8.01 cmt. [hereinafter cited as MBCA].

⑩ See Lee v. Sentina Bros., 268 F.2d 357, 365—66(2d Cir. 1959)(就公司的重大事项，管理人员没有当然的权力，这些事项的决策权保留给了董事会)。

⑪ Compare Custer Channel Wing Corp. v. Frazer, 181 F. Supp. 197(S.D.N.Y. 1959)(董事会主席有权作出) with Lloydona Peters Enter., Inc. v. Dorius, 658 P.2d 1209(Utah 1983)(没有权力这样做)；Ney v. Eastern Iowa Tel. Co., 144 N.W. 383(Iowa 1913)(就公司的最大股东而言，没有权力这样做)。

事会。⑫近年来,法院还向董事会(特别是独立董事)施加了重要的管理职责,包括股东派生诉讼、利益冲突交易、兼并与收购等事项,都由董事会作出决策。

最佳实践也将重要的管理职责委派给董事会。例如,宏观政策制定,或者至少是审查和批准重要的政策,是董事会的专有职权。董事会还负责聘任高级管理团队,特别是 CEO,并设定其报酬。

监督管理者

尽管"特拉华州公司法的一项基本规则"是董事会"对企业管理拥有最终的责任",法律也认可"现代多功能的商事公司"是"大型、复杂的组织",现代董事会主要由"那些不会将全部精力投入其中的人们所组成"。⑬正如我们刚才看到的,董事会并没有义务负责公司的日常管理。相反,董事会"通过精心委托经理人员、设定或者批准公司目标和计划,并监督公司运营,从而履行职责"。⑭相反地,绝大多数董事会的活动"并不是对一个个具体事项予以确认;它是一个持续的监督过程,偶尔被零星的对交易的决策所打断"。⑮

在履行这一职责时,董事会对于金融经济学家所称的代理成本问题,充当着一种重要的约束力量。正如我们在导论中所看到的,公司法将所有权与控制权相分离。罗斯福新政时期的公司治理学者伯勒和米恩斯(Gardiner Means)对此有一个非常著名的解释,"它产生了所有者与最终的经理人的利益可能,而且经常是分野的状况,此前用于制衡权力行使的许多机制,都消失了"。⑯经济学家迈克尔·詹森(Michael Jensen)和威廉·梅克林(William Meckling)后来发展出了代理成本的概念,正式提出了这一关切。⑰数代学者后来相信,解决代理成本问题是公司治理与"公司法最为重要

47

---

⑫　Compare Sperti Products, Inc. v. Container Corp. of Am., 481 S.W.2d 43(Ken. App. 1972)(董事会主席有权) with First Nat'l Bank v. Cement Products Co., 227 N.W. 908(Iowa 1929)(无权这样做);Burlington Indus., Inc. v. Foil, 202 S.E.2d 591(N.C. 1974)(董事会主席无权这样做,因为作出此类担保并不是公司日常经营的一部分)。

⑬⑭　Chapin v. Benwood Foundation, 402 A.2d 1205, 1211(Del. Ch. 1979).

⑮　Bayless Manning, The Business Judgment Rule and the Director's Duty of Attention: Time for Reality, 39 Bus. Law. 1477, 1494(1984).

⑯　Adolf A.Berle & Gardiner C.Means, The Modern Corporation and Private Property 6 (1932).

⑰　Michael C.Jensen & William H.Meckling, Theory of the Firm: Managerial Behavior, Agency Costs, and Ownership Structure, 3 J.Fin. Econ. 305(1976).

的关切"。⑱

詹森和梅克林将代理成本界定为防止偷懒的监督和约束成本,再加上未阻却的偷懒行为带来的成本的总和。反过来,偷懒被界定为生产团队的个人行为偏离团队整体利益的行为。鉴此,偷懒不仅包括该苛责的欺骗行为,还包括疏忽大意、疏漏、无能,甚至诚实的错误。换句话说,偷懒只是有限理性及代理关系中机会主义所带来的不可避免的后果。

代理成本问题的一个简单例子是保释,即被指控的犯罪嫌疑人在等待审判之前不受囚禁,承诺会在庭审时出现。但那份承诺并不是非常可靠的:被告可能试图逃离国家。法院会追踪被告,也就是说,将被告拘禁在监狱中或者把某种电子设备永久地附着于被告的身体上,从而实现对被告的监督。然而,这些监督的做法,并不是免费的——确实,将一个人约束在监狱里确实成本高昂(食品、保卫及建造拘禁场所等)。另外一种办法是,被告可以通过担保来作出可信的承诺,这正是保释所发挥的功能。被告可以交一大笔钱,如果他不能如期在庭审中出现,这笔钱将被没收(请注意:保释约束手段的普遍使用,以及赏金猎手追踪逃亡犯人的运用,增强了保释作为阻遏逃亡手段的可靠性)。当然,尽管存在这些预防措施,一些被告仍会脱逃监所或者逃离保释。因而,总会发生一些以被告逃避惩罚为方式的剩余损失。

48　　没有代理人的个人独资企业会内化所有的偷懒成本,因为就其定义而言,所有者在劳动与休闲之间最理想的均衡,就是企业最理想的均衡。然而,公司的代理人却不会内化所有的偷懒成本:被代理人获得代理人努力工作带来的部分价值,但代理人获取了偷懒的所有价值。在一篇经典文献中,经济学家阿曼·阿尔奇安(Armen Alchian)和哈罗德·德姆塞茨(Harold Demsetz)提供了一个有用的示例,即两位工人合力将两个大箱子扛上卡车。⑲每位工人的边际生产力难以衡量,他们共同的产出也无法轻易地切分为单独的组成部分。在此种情境中,获取关于团队成员生产力的信息,并适当地对每一位成员给予报酬,将非常困难并且成本高昂。在缺乏此类信息的情况下,劳作无用使得每一位团队成员都存在偷懒激励,因为个人的回报不可能与其认真负责息息相关。

尽管代理人事后有着强烈的动机来偷懒,但事前他们也有同样强烈的动

⑱　Kent Greenfield, The Place of Workers in Corporate Law, 39 B.C.L. Rev. 283, 295 (1998).

⑲　Armen A. Alchian & Harold Demsetz, Production, Information Costs, and Economic Organization, 62 Am. Econ. Rev. 777(1972).

机来达成防止偷懒的公司合同。然而,有限理性却使得公司与代理人无法达成防止后者偷懒所需的完备合同。相反,必须要有一些事后的治理机制:一些可以发现与惩罚偷懒行为的机制。相应地,管理的一项重要功能,就是监督团队的种种不同的投入:通过管理来衡量每一位团队成员的边际生产力,然后采取措施来降低偷懒行为。

当然,前述过程带来了一个新的问题:谁来监督监督者?在任何组织中,都必须有这么一个人,他拥有充分的激励来确保公司的生产力,而他自己却无须被监督。否则,就会陷入监督者监督层级更低的监督者的无底洞之中。阿尔奇安和德姆塞茨对这一困境的解决方式是,将最终监督者与剩余索取权人的角色整合在一起。根据阿尔奇安和德姆塞茨的观点,如果有权主张公司剩余收益的人被赋予了最终监督权,他就会被激励着去察觉和惩罚其他投入方的偷懒行为,因为他的回报与其作为监督者的成功如影随形。

不幸的是,这一优美的理论,在它本该最为有用的地方,却完美地夭折了。因为所有权与控制权相分离,这一理论未能正确地阐释现代公众公司。作为公司的剩余索取权人,股东应当作为公司的最终监督者。然而,法律一方面赋予股东某些执行权利与选举权利,另一方面在极为特殊的情形下又作出了保留。总体说来,公众公司的股东缺乏法律权力、实际能力和欲望,来实施对公司代理人进行有意义的监督所必需的控制。 49

现代公司结构所固有的管理问责机制的明显欠缺,长期以来困扰着法律评论人士。的确,代理成本是一切富于生命力的公司理论的重要组成部分。然而,对代理成本的狭义理解,将很容易扭曲人们对公司的理解。公司管理人员在一个遍布问责机制的网络之中运营,这些机制替代了剩余索取权人的监督。多种多样的市场力量也带来了重要的约束。资本市场、产品市场、内部和外部雇佣市场以及公司控制权市场等,都制约着公司代理人的偷懒行为。另外,法律制度也衍化出种种适应性措施,来回应股东监督无效的问题。这些措施包括建立替代性问责结构来惩罚和阻遏公司代理人的不当行为,最为显著的是建立了董事会。

服 务

那些人员多元化、拥有外部人士的董事会,可以向高级管理团队提供诸多服务。外部人员可以向内部人员提供其无法拥有的人际网络,因而帮助公司获取资源和业务。例如,与金融机构有紧密联系的外部人员,可以帮助公司获得资本。除了帮助公司与贷款人建立联系之外,金融机构的代表可以运用其在公司中的董事会席位,更为密切地监督公司,而这是贷款人仅仅作为外部人员所无法实现的。反过来,风险降低了,贷款人也更愿意接受回报更低的贷款,从而降低了公司的资金成本。

另外一个例子是与政治关系密切的董事会成员,他们和立法机构及监管机构比较熟悉,可以帮助公司协调与政府的关系。此类董事会成员不仅能够帮助公司获得政府的合同,而且还可以帮助删减一些烦琐的流程,并在公司陷入困境时予以政治上的关照。

50　董事会,特别是其外部董事提供的一项核心服务,是向 CEO 提供建议和咨询服务。利用外部人员的优势,董事会成员可以向 CEO 提供视角不一样的意见和建议。特别是,董事会可以提供外部专业智识。复杂商业决策的作出,要求具备会计、金融、管理和法律等多领域的知识。对于董事会实现其服务功能而言,其成员自身拥有专业智识或者可以接触到可靠的外部专家,是非常重要的。

优先次序的转移

这些功能之间的相对平衡,随着时日的推移而移转。1970 年代的调查数据和其他形式的田野调查表明,董事会主要是扮演顾问的角色。相反,1990 年代以来的调查数据则显示,董事会的重心转移至管理功能,体现为宏观政策制定和战略安排。1990 年代末期,调查数据显示,董事会已经成为高级管理团队的积极而独立的监督者。[20]那么,究竟是什么驱动了这些变革?

监督型董事会的兴起

在历史上,媒体对董事会的评价向来不好。18 世纪,亚当・斯密(Adam Smith)的抱怨非常有名:人们无法指望股份公司的董事们,"作为别人的钱,而不是自己的钱的管理者……董事应当像在私人合伙关系中监督他们自己的钱那样,以高度的警觉来监督公司"。[21]大概两个世纪以后,道格拉斯抱怨

---

[20]　Renee B.Adams et al., The Role of Boards of Directors in Corporate Governance: A Conceptual Framework and Survey, 48 J.Econ. Lit. 58, 64—65(2010).

[21]　2 Adam Smith, An Inquiry into the Nature and Causes of the Wealth of Nations 264—265(Edwin Cannan ed., Univ. of Chicago Press 1976)(1776).

到,现在有太多的董事会,他们的成员"并不懂事",[22]并将董事鄙夷为"名誉性质的商事上校——在队列中起到装饰作用,但在战场中百无一用的名誉上校"。[23]

许多批评都是有道理的。20 世纪早期的一例著名的司法意见,在描述公司的"橡皮"董事会的选任时,对这一根本问题进行了有趣的阐释:

> 公司的董事,阿瑟·艾尔默·巴特(Arthur Aylmer Bart)、亨利·威廉·特格韦尔(Henry William Tugwell)、爱德华·巴伯(Edward Barber)和爱德华·亨利·汉考克(Edward Henry Hancock)等爵士,都是被哈伯德(Harboard)或者与其共事的人在设立公司时,劝诱进董事会的。阿瑟·艾尔默爵士完全是商业的门外汉。他同意加入董事会,完全是因为被告知,公司管理层会给他一份有小确幸且不用承担任何责任的工作。特格韦尔则是在巴斯的一家银行的合伙人,职位非常好,他已经 75 岁了,耳朵基本聋了,他是在 1906 年 1 月,被公司的代表劝诱进董事会的。巴伯是橡胶制品的经纪人,被告知他所要做的,就是在橡胶运抵英格兰的时候,对橡胶的价值发表意见。汉考克是个商人,他说,他看到特格韦尔和巴伯的名字,认为这两位都是好人,于是就被劝诱进来了。[24]

不幸的是,此种操作不是例外,而是通行做法。

然而,1970 年代,信任危机不仅威胁着董事会的舒适世界,而且威胁着公司资本主义的根基。触发事件是 1970 年宾州中央运输公司(Penn Central)的倒闭,"人格崩塌,不当经营及松懈的董事会监督,尽在其中"。[25]随后展开的调查发现,中央运输公司的董事会形同虚设,他们完全没有察觉到公司日益恶化的财务状况,并且在公司崩盘之际仍然批准向股东派发超过 1亿美元的股利,董事会完全沦为了橡皮图章。[26]

中央运输公司的倒闭,迅速引发了大面积的腐败支付丑闻,数百家公众

㉒ William O.Douglas, Directors Who Do Not Direct, 47 Harv. L. Rev. 1305(1934).

㉓ William O.Douglas, Democracy and Finance 46(1940).

㉔ In re Brazilian Rubber Plantations & Estates Ltd., [1911] 1 Ch. 425.

㉕ Brian R. Cheffins, Did Corporate Governance "Fail" During the 2008 Stock Market Meltdown? The Case of the S&P 500, 65 Bus. Law. 1, 7(2009).

㉖ Jeffrey N. Gordon, The Rise of Independent Directors in the United States, 1950—2005: Of Shareholder Value and Stock Market Prices, 59 Stan. L. Rev. 1465, 1515(2007).

公司牵连其中。这一丑闻成了水门事件调查的一部分。调查结果把向尼克松竞选的大量非法公司捐赠曝光出来。于是,对那些违法行为的调查,导致更多的违法行为浮出水面:国内和外国公司进行非法的竞选捐赠,向政府官员行贿,收取合同的回扣,等等。最后,政府锁定了大约50家公司,提起了刑事检控或由证券与交易委员会提起民事诉讼。另有400家公司自愿披露存在不当的支付行为。[27]最后,清楚不过的是,这些公司的很多管理人员对于腐败支付行为心知肚明,但他们的董事会太过于置身事外,没能防范它们的发生。[28]

大量的公司丑闻使公司形态自身合法性的论争,卷入了纷乱的政治斗争之中。在此期间,多重进步运动(包括环保主义运动)与风云变幻的激进主义运动相交织。很多这样的团体后来将公司组织视为社会问题的根源。

这种观点的一种经典表达,来自纳德题为《驯化巨无霸公司》(Taming the Giant Corporation)的措辞激烈的著作。纳德与其合作者称,种种反对社会的公司行为,使得公众对美国公司的信心正在大幅下降。[29]他们谴责了形形色色的社会病症——污染、工作场所危险、歧视、不安全的产品,以及公司犯罪,并将这些问题归咎于公司经理人既不向董事会、股东负责,也不向社会负责。[30]

与对中央运输公司倒闭原因及可疑支付丑闻的普遍诊断相一致,纳德及其合作者将主要的苛责对象确立为董事会。反过来,他们将董事会的无能,在很大程度上归咎于州的公司法,后者多年来故意"抑制董事会的功能,以回应大型公司管理者优先的状况"。[31]因而,纳德呼吁以联邦公司法取代州公司法,其要义是确保管理层对股东和社会承担更多的责任。

纳德所提议的联邦公司法,将创建一个由全职的专业董事组成的架构。只有全职的人员才能担任董事会成员。在任管理人员不能担任公司董事会成员,也不能成为董事会提名或者选任候选人。一旦获得选任,董事会成员通过累积投票权,将以全职的方式任职,在公司之外不存在其他任职,任职时间不超过两年。董事会成员将配置助手,并全面获得公司的信息。每位董事会成员负责公司某些具体业务,例如,雇员福利或者合规,等等。[32]

㉗ 同上,第1516页。

㉘ Cheffins,前注㉕,第7页。

㉙ Ralph Nader et al., Taming the Giant Corporation 17—32(1976).

㉚ 同上,第62—65页。

㉛ 同上,第60页。

㉜ 一般可参见,同上,第118—131页。

尽管纳德是个局外人,至少就其攻讦之猛烈及建议之激进而言确实如此,但在这一时期许多主流的监管者与学者,也得出类似的结论称,州公司法并没有让管理者承担更大的责任,而是渐行渐远。例如,前证券与交易委员会主席威廉·卡里曾有一个故事的论断,即为吸引公司注册而展开的州际竞争,导致了"奔向低端"的结果,牺牲了股东利益。[33]

像卡里这样的著名主流人物相信,奔向低端的竞争,1970 年代的丑闻浪潮,以及以纳德为例子的新左派对公司资本主义的批评,侵蚀了公众对现代商事公司的信任,并导致人们对公司扮演着支配地位的经济制度的合法性产生了怀疑。为遏制此种趋势,卡里主张通过一部旨在增强管理层对股东责任的联邦法律,尽管还不需要走到公司必须到联邦注册这一地步。[34]就像纳德那个更有雄心的计划那样,卡里对公司法部分联邦化的提议,最终也无疾而终。然而,这些建议与其他类似的提议一道,共同推动了最佳实践的变革,最终为渐行渐近的公司法联邦化奠定了基础,最好的例子就是《萨班斯—奥克斯利法案》和《多德—弗兰克法案》。

爱森伯格的影响

尽管对于董事会的地位与功能的现代理解莫衷一是,但如果人们坚持要找出一个人来承受所有的毁誉,那最好的人选非爱森伯格(Melvin Eisenberg)教授莫属。他的著作《公司的结构》(The Structure of Corporation),"或许是自伯利(Berle)与明斯(Means)《现代公司与私有财产》(The Morden Corporation and Private Property)之后最为重要的公司法著作",[35]在该书中,爱森伯格认为,董事会基本上是行事消极的,他们的绝大多数职能由高管来承担。[36]根据爱森伯格的看法,董事会保留的主要职能是选任与监督公司的 CEO,然而,绝大多数董事会甚至连这个仅存的工作也做不好。[37]

作为一种解决方案,爱森伯格提出了一种公司治理模式,该模式明确将

㉝　William L.Cary, Federalism and Corporate Law: Reflections Upon Delaware, 83 Yale L.J. 663(1974).

㉞　同上,第 696—703 页。

㉟　Dalia Tsuk Mitchell, Status Bound: The Twentieth-Century Evolution of Directors' Liability, 5 N.Y.U. J.L. & Bus. 63(2009).

㊱　Melvin Aron Eisenberg, The Structure of the Corporation 139—141(1976).

㊲　同上,第 162—172 页。

管理大型公众公司的职责与监督该管理者的职责相分离。在这种监督模式中，董事并不作出决策或者政策制定，这些工作由管理层来承担。相反，董事会的主要功能是监督公司高管的运作绩效。其他功能，例如向 CEO 提出建议、授权作出重大公司行为、控制决策等，意义甚微，或者仅仅具有形式上的意义。[38]

美国法律协会的原则

爱森伯格的观点，或许与将公司法中的监督模式奉为圭臬的美国法律协会的《试行草案第 1 号》最为近似，该草案最终成为了美国法律协会的《公司治理原则：分析与建议》（Principles of Corporate Governance：Analysis and Recommendations）。爱森伯格担任了该原则的第一至第三部分报告人，承担了董事会组成及功能标准的撰写任务。另外，1984 年爱森伯格接替了卡普兰（Stanley Kaplan），成为了整个报告的首席报告人。

在监督管理层方面，董事会不能仅仅是看一下结果。相反，董事会必须建立种种精细的制度，以严格监督管理层的绩效。[39]这些制度的核心是董事会的三个监督委员会：审计、提名及薪酬。

由于财务数据是衡量公司运营绩效的基本尺度，爱森伯格一直以来认为，董事会应当成立一个完全由独立董事组成的审计委员会。该委员会负责选任公司的独立审计师，并与审计师协商，审查公司的财务报告。把选任审计师的职责从管理层转移至独立的审计委员会，将降低管理层为其自身利益而影响财务数据披露的能力。把与审计师沟通的职责，从管理层转移至审计委员会，使得后者拥有了获取关键信息的独立渠道，将解决管理层与董事会之间的信息不对称问题。[40]

---

[38] 同上，第 157—162 页。

[39] American Law Institute, Principles of Corporate Governance: Analysis and Recommendations 65（Tent. Draft No.1 1982）（以下简称"TD No.1"）（监督的概念，要求运用一套精细而独立的制度来收集并传播有关管理绩效的信息，并且要有擅长解读财务与非财务数据的独立董事）。该原则将公司分为三种类型。"大型公众公司"的名册股东应超过 2 000 人，总资产超过 1 亿美元。"公众公司"的名册股东应超过 500 人，总资产超过 500 万美元。"小型公众公司"是指符合公众公司的定义，但不符合大型公众公司条件的公司。总体说来，《试行草案第 1 号》关于董事会组成与功能的规则，仅适用于大型公众公司。对于小型公众公司而言，这些规则通常是作为最佳实践而予推荐适用的。参见《试行草案第 1 号》，第 89 页（审计委员会）。

[40] Eisenberg，前注[36]，第 210—211 页。

《公司治理原则：分析与建议》(《试行草案第 1 号》)还构想了完全由外部董事组成的提名委员会，该委员会的大多数成员由独立董事组成，承担着推荐董事候选人的职责。[41]公司管理人员及雇员不得担任提名委员会委员，其目的是确保高管在董事会成员选任方面无法产生重大影响。另外，起草者看起来期望，完全由独立董事组成的提名委员会将筛选掉那些实际上偏向在任高管的人选，尽管那些人选可能也符合《公司治理原则：分析与建议》对于独立董事的定义。同样的关切进一步反映在允许提名委员会来考察高管提名的候选人的规则上，但仅仅赋予委员会将此类候选人推荐给董事会或者股东的权力。再一次地，人们认为，同样的关切有助于驱动报告人所提议的良好治理标准，根据该标准，委员会"应当有权力（但不是义务）在适当置备的公司委托投票说明书材料中，除了列明董事会提名人之外，列明'委员会推荐，但被董事会拒绝的候选人'"。[42]

《公司治理原则：分析与建议》所推荐的薪酬委员会，就像提名委员会一样，完全由外部董事组成，其中至少大多数为独立董事。[43]正如其名称所表明的，薪酬委员会的职责是审查并批准（或者向全体董事会推荐）高管的薪酬，并对公司的薪酬政策实施整体监督。之所以会推荐设立单独的薪酬委员会，是因为人们担心，由于不同的高管薪酬之间关系密切，内部董事即便不能考虑其自身的薪酬，也无法客观地评估其他高管的薪酬。

原则遭到了贬抑

在美国法律协会的整体公司治理项目中，关于董事会功能与组成的规则，很快引发了较大的争论。批评者认为，《公司治理原则：分析与建议》的早期版本较多地关注落实管理层的责任，而在构造公司决策制度方面，却不允许有一定的灵活性。支持这一项目的一些人，也公开承认了这一点。[44]另外，

---

[41] 《试行草案第 1 号》第 3.06(a)条。根据该原则，并非所有的外部董事都符合独立董事的条件，因为该原则设定了一套精细的标准来确定董事是否独立，要判断董事与公司的高管是否存在重要的关系。《试行草案第 1 号》对"重要关系"的界定非常宽泛。它包括雇用、此前两个年度内的雇用、家庭关系以及多种多样的经济关系。最终版的原则对"重要关系"的界定，与《试行草案第 1 号》所界定的基础类型相同，只是细节方面有一些差异。

[42] 《试行草案第 1 号》第 103—104 页。

[43] 《试行草案第 1 号》第 3.07(a)条。

[44] 例如，参见 Donald E. Schwartz, Genesis: Panel Response, 8 Cardozo L. Rev. 687, 688—689(1987)。

56　批评者还抱怨,这些早期的版本并不是重申既有的法律,而是倡导进行重大的法律变革,其中许多变革会加大司法对于董事会行为的审查范围与频率,与此同时就会增加董事与高管的责任风险。

　　当他们越来越意识到此种风险后,许多著名的公司高管站出来,强烈反对《公司治理原则:分析与建议》的早期版本。他们毫不迟疑地让公司律师明白他们的想法。的确,据称"公司雇用了美国法律协会的成员,在该机构考虑问题时代表他们的利益,而且他们将法律业务及合伙人从律所中撤走,只要那些律所赞成美国法律协会支持诉讼的立场"。⑤

　　如果1970年的危机氛围持续下去,则或许无论是商业社会还是公司律师协会,都无法阻止摧枯拉朽的改革。然而,在美国法律协会开始起草《公司治理原则:分析与建议》时,危机的氛围基本上解除了。改革者们盯上了其他目标,或者安身于舒适的合伙人席位及教职。没有他们的推动,联邦的干预看起来不再可能发生。的确,一些事件看似几乎排除了近期联邦干预的可能性。Santa Fe一案的裁决,或多或少地清除了法院会根据10b-5规则,创造事实上的联邦公司法的威胁。⑥共和党控制了白宫和参议院,终结了联邦立法干预的威胁。

　　《公司治理原则:分析与建议》的政治基础既已消失,商事共同体可以自由地运用其话语体系来评估草案了。这是反对派开始积聚力量的转折点。与绝大多数美国法律协会的项目不同的是,公司治理项目直接影响着公司高管的权力与收入。因而,来自公司律师协会的反对声音如期而至,也就是理所当然了。

　　商事共同体及公司律师协会的反对,获得了学界的尊重及法律经济学学
57　者紧急机构的政治关注。总体而言,法律经济学界反对强制性规则,质疑独立董事的有用性,抵制扩大对公司经营行为的司法审查范围。随着严肃的学术评论对该项目日益猛烈的抨击,他们在美国法律协会里的力量越来越强,

---

　　⑤　Jonathan R.Macey, Naderite Mossbacks Lose Control Over Corporate Law, Wall Street Journal, June 24, 1992, at A19.

　　⑥　在20世纪70年代早期,证券与交易委员会的10b-5规则赋予越来越宽泛的解读,彼时甚至可能促成联邦普通公司法的出台。参见 Stephen M.Bainbridge, The Short Life and Resurrection of SEC Rule 19c 4, 69 Wash。U.L.Q. 565, 613(1991)。在一系列案件中,联邦最高法院踩了刹车,参见 Santa Fe Industries, Inc. v. Green, 430 U.S. 462(1977)。最高法院认为,联邦证券法的主要目的是确保全面披露。同上,第477—478页。一旦进行了完整的披露,交易条款如何设计及结果是否公允,基本上都不是联邦证券法的事,而是州公司法的事了。同上,第478—480页。最高法院清楚地表明,它将规则第10b-5条用作一种手段,来将公司法联邦化。参见,同上,第478—479页。

以及公司律师协会的投票支持,这些学者开始逐渐赢得了关注。例如,尽管《公司治理原则:分析与建议》《试行草案第 2 号》强烈反对"市场力量自身会创造出有效的监督制度"的观点,该原则的最终版本极大地软化并缩小了对市场力量的讨论范围。

最 终 的 原 则

为了回应针对《公司治理原则:分析与建议》(《试行草案第 1 号》)的尖锐批评,后面的多个版本在很多方面予以了修订。其中的一些变革仅仅是装饰性的。例如,尽管"监督"这个词不再出现于该原则关于董事会功能的描述中,监督与管理功能的根本区别仍然保留在新的表述之中。因而,《公司治理原则:分析与建议》仍然鼓励公司由其主要高管来管理,并宣称选任和监督那些高管是董事会的基本职责。

而更有意义的一项变革在于,将所建议的董事会构成与功能的强制性规则,转变为纯粹推荐性的公司治理规则。例如,《公司治理原则:分析与建议》(《试行草案第 1 号》)禁止大型公众公司的董事会负责公司的日常经营,后来的《公司治理原则:分析与建议》恢复了董事会这方面传统的职权。再如,《公司治理原则:分析与建议》(《试行草案第 1 号》)要求独立董事在大型公众公司董事会中占有多数席位,后来的《公司治理原则:分析与建议》则仅仅将此种董事会的构成作为一种公司实践来推荐。《公司治理原则:分析与建议》明确表明,此种关于公司实践的推荐,"并不打算成为法律规则,不遵守并不会带来责任"。[47]

监督模式成为了最佳实践

事实证明,美国法律协会关于法律的著名重述,影响深远。法院通常会将它们作为重要法律条款的权威阐述。特拉华州在公司法方面的独特作用,淡化了美国法律协会的项目在这一领域的作用,使得其影响力不如被其重述的其他法律领域,然而,《公司治理原则:分析与建议》(《试行草案第 1 号》)最初的强制性规则,如果原封不动保留的话,本来会产生一些法律改革的效果。但是,十余年间历经变迁,终极版的《公司治理原则:分析与建议》尘埃落定,最终确保了有关董事会功能与组成的规则,仅仅具有最佳实践的指引功能。

58

---

[47] 《试行草案第 2 号》第 83 页。

因而,《公司治理原则:分析与建议》不得不与其他富于影响力的最佳实践指引相互竞争。

然而,时来运转,监督型模式迅速"成为了世俗的认知,获得了证券与交易委员会主席、公司律师协会,甚至是商业圆桌会议的认可"。[48]若干重要的最佳实践渊源都认可了这一模式。例如,1978 年,美国律师协会商事法专业委员会发布《公司董事指南》,采用了爱森伯格式的模式,公司的管理与对管理的监督相分离,监督的职责委任给主要由外部董事组成的董事会。[49]商业圆桌会议的一份正式声明,也类似地采用了监督模式。[50]

把监督模式当成广为接受的最佳实践,盛行于整个 1990 年代。[51]因而,直到 1997 年,爱森伯格可以宣称"监督模式的关键结构要素——包括至少大多数成员由独立董事构成的董事会,以及审计、提名和薪酬委员会——已经确立起来了"。[52]董事会未能遵守最佳实践,并不违反公司法,对于这一点,特拉华州最高法院费了半天劲,终于讲明白了。[53]

将监督模式写进法律

1977 年,迈出了将监督模式转换成法律的最初几步,彼时,纽约证券交易所修订了上市标准,要求国内上市公司的董事会下设审计委员会,完全由独立于管理层的董事组成。这一要求的驱动力,与促使美国法律协会起草《公司治理原则:分析与建议》的驱动力如出一辙,都是社会的动荡与纷扰。正如证券与交易委员会在批准纽约证券交易所规则的变更时所称,"支持设立独立于管理层的审计委员会"的呼声源自"近期披露的存疑及非法公司支

59

---

[48] Gordon,前注㉖,第 1518 页。

[49] ABA Section of Corporation, Banking and Business Law, Corporate Director's Guidebook, 33 Bus. Law. 1591, 1619—1628(1978).

[50] Statement of the Business Roundtable: The Role and Composition of the Board of Directors of the Large Publicly Owned Corporation, 33 Bus. Law. 2083(1978).

[51] 参见 Ira M.Millstein & Paul W.MacAvoy, The Active Board of Directors and Performance of the Large Publicly Traded Corporation, 98 Colum. L. Rev. 1283, 1288—1289(1998)(审视了最佳实践指引)。

[52] Melvin A.Eisenberg, The Board of Directors and Internal Control, 19 Cardozo L. Rev. 237, 239(1997).

[53] 例如,参见 Brehm v. Eisner, 746 A.2d 244, 256(Del. 2000)("良好公司治理实践的理想抱负……非常值得拥有,而且往往有益于股东……但公司法对它们并没有要求,而且它们也并没有界定责任标准")。

付事件越来越多"。^⑤

在《萨班斯—奥克斯利法案》中发现监督模式

在安然公司丑闻爆发后,该公司的董事会委派了一个特别调查委员会,后者完成的报告称,高管"得到了他们不该获得的巨额利益,这笔钱总共达数千万美元之多"。^⑤该报告将大量的罪责归咎于安然公司的董事会,后者"未能……履行监督职责",给"安然公司、雇员及其股东带来了严重后果"。^⑥不幸的是,安然公司并非孤例。正如一份纽约证券交易所的报告所指出的,后网络泡沫期间,由于董事及高管人员"勤勉、伦理与控制能力沦丧,大量的公司'崩溃'"。^⑤

《萨班斯—奥克斯利法案》的立法历史清楚地表明,国会也存在这些担忧。例如,在制定《萨班斯—奥克斯利法案》之前,国会对安然和世通公司丑闻进行调查,"发现董事与公司管理人员及其董事同僚存在广泛的社会与专业联系,伤害了他们公正的能力,削弱了他们对董事及高管行为进行充分制约的能力"。^⑤另外,即便只是匆匆浏览该法律的文本,也会发现里面有大量的关于公司治理的联邦新规则,包括董事与管理者的责任,审计师和公司律师的义务,其中的很多条款打算明确增强董事会——特别是独立董事——相对于管理层的权力。^⑤其中的许多规则"看起来旨在降低利益冲突或者减轻人际关系压力,以使董事成为管理层的裁判型监督者,而不是互惠型同事"。^⑥还有其他条款"要求董事遵守一些程序,这些程序可以提升其自

60

---

^⑤　In re NYSE, Exchange Act Release No. 13,346, 11 SEC Docket 1945(1977 年 3 月 9 日)。

^⑤　William C. Powers, Jr., et al., Report of Investigation by the Special Investigative Committee of the Board of Directors of Enron Corp. 3(Feb. 1, 2002).

^⑥　同上,第 22 页。

^⑤　NYSE, Corporate Governance Rule Proposals Reflecting Recommendations from the NYSE Corporate Accountability and Listing Standards Committee, as Approved by the NYSE Board of Directors(August 1, 2002).

^⑤　Lisa M. Fairfax, The Uneasy Case for the Inside Director, 96 Iowa L. Rev. 127, 149 (2010).

^⑤　See Larry E. Ribstein, Market vs. Regulatory Responses to Corporate Fraud: A Critique of the Sarbanes-Oxley Act of 2002, 28 J. Corp. L. 1, 26(2002)(解释到,"公司改革者已经强调将独立董事作为解决内部人滥权的一种方法")。

^⑥　Robert Charles Clark, Corporate Governance Changes in the Wake of the Sarbanes-Oxley Act: A Morality Tale for the Policymakers Too, 22 Ga. St. U. L. Rev. 251, 267(2005).

觉和勤勉,或者因为这些程序提升了董事代表公众股东勤勉行事的能力与激励"。[61]

该法的前半部分设置了下列强制性要求:董事会中的独立董事应当占多数席位,审计委员会完全由独立董事构成,颁布新的伦理守则与委员会章程,财务报告清晰易懂。该法的后面部分设置了试图解决管理层与董事会之间信息不对称的规则,例如,关于审计师与董事会的关系、法律顾问与董事会关系的新规则,以及董事会关于内部控制的新义务的规则。总体看来,这些规则毫无疑问地表明,国会希望,《萨班斯—奥克斯利法案》能够改变一种动因,该动因使得独立的董事会成员沦为纯粹的管理层代言人。因而,监督模式在《萨班斯—奥克斯利法案》中居于核心地位。

在《多德—弗兰克法案》中发现监督模式

与《萨班斯—奥克斯利法案》不同,《多德—弗兰克法案》背后的故事,并不是普通公司的董事会表现卓著。相反,正如我们在前面一章中所看到的,盘踞在股东活跃分子周围的特殊利益群体成功地绑架了立法进程,来追寻与房产泡沫和信贷危机无关的目标。他们所做的这些,绝大多数是以牺牲董事会与管理层为代价来给股东赋权。

例如,要求建立独立的薪酬委员会,就将源于爱森伯格著作中的监督模式这一长期以来的最佳实践,上升为强制性要求了。类似地,CEO与董事会主席分别由不同的人来担任,也是该著作的副产品。或许最为重要的是,爱森伯格的《公司的结构》一书,早在 1976 年即倡议,运用公司的委托书应当成为股东提名董事这一不容置疑的权利中的必要的安排。[62]《多德—弗兰克法案》中的运用委托书规则,为实施爱森伯格模式中的该部分设想,提供了法律框架。

61　　　　　　评估监督模式

我们会在随后数章中,仔细分析《萨班斯—奥克斯利法案》和《多德—弗兰克法案》中的绝大多数相关条款。然而,在逐条分析个中优劣之前,对董事

---

[61]　Id.
[62]　Eisenberg,前注㊱,第 114 页。

会的地位及其扮演的压舱石功能的种种变革进行评估,看起来是合适的。由于它们依赖于监督模式所提供的智识基础,关于该模式的评价对于评估危机之后的公司治理状况,是至关重要的。

回想一下,我们确认了董事会的三个作用:监督、提供建议和搭建网络。这三种作用存在着内在的冲突。假如 CEO 就提议的项目征求董事会的意见,董事会建议 CEO 推进该项目,但该项目后来不幸失败了。在最初的决策中,董事会的作用不可避免地包含了它的评估能力,而且,如果必要的话,还要约束 CEO。监督模式力图将董事会的监督作用置于首位,从而规避这一问题。

然而,在这样做时,监督模式带来了自身的问题。我们确实不想让董事会承担建议和服务功能吗? 我们能否确实将这些功能与监督功能切割开来? 聚焦监督功能是否会带来自身的成本?

监督与管理能够区分吗?

爱森伯格关于公司法的理论多少有些特别,可以当成宪法的一个分支了。⑬如果我们要做类比的话,则他提出来的监督模式可以理解为分权原理。董事会与管理层都是公司的独立部门,职责明晰,必须予以严格遵守以维持权力的制约与平衡,而后者正是组织责任及组织的合法性安身立命的根本。

然而,在实践中,管理与监督的界限最多也只是含糊不清的。之所以这样,是因为尽管董事会的主要职责是监督高管的绩效,该职责必然涉及其他种种活动,这些活动最好被描述为管理公司的行为。

如果董事会因为公司绩效不佳而终止 CEO 的职务,我们可以将其称为纯粹的监督功能。如果董事会相信,公司绩效不佳源于 CEO 作出的糟糕政策决定,从而终止 CEO 的职务,这一行为仍然可以被称为监督,但它同时开始带有管理的色彩。如果董事会认定,新的 CEO 的政策偏好与董事会相一致,从而推动了董事会聘任该 CEO 的进程,则该项行动的管理职能色彩更为浓重。在新的常任 CEO 到位之前的空白期,对临时的 CEO 提供领导与指引,被认为是董事会通常的功能之一,但再一次地,这更多的是管理职能而不是监督职能。

62

---

⑬　爱森伯格,前注㊱,第 1 页。

　　当然,并不是所有的约束性行为都会达到终止职务的水平。事实上,看起来非常确定的是,绝大多数都不会达到这一水平。这一点非常重要,因为正如我们所见到的,审查权即等同于决策权。相应地,烈度较低的处罚,几乎无法将其与管理行为区分开来。如果董事会指示 CEO 改变政策,该命令就是一个管理决策,就像是 CEO 指示下属改变政策一样。

　　不仅这两项职能几乎无法分开,而且貌似确切的是,董事会履行管理职责改善了其监督功能。一方面,独立董事出席董事会,公司重大决策必须经其批准,从长期来看,有助于鼓励管理者作出更好的、更可信赖的决策。

　　　　高管知道,作为一种常规安排,他们必须就重要的事项,对听众作出正式的陈述,而董事会成员作为听众,可能会对这些陈述进行追问和批评,而且有权免除他们的职务,仅仅这一事实本身,就激发了大量的有价值的行为。高管更为仔细且完整地收集事实,更为清晰地表达观点和作出判断,预测并处理存在种种竞争性考量的因素,并发现能够经受住内部圈子以外的人们审查的表达方式。所有这些更好地“解释和兜售”高管观点的努力,可以阐明其战略性思考并改善决策……类似地,高管知道他们必须对重大融资、商业并购或者薪酬计划等方案,向董事会作陈述,董事会将提出问题并有权“同意”或“反对”,这样,高管往往就不敢随心所欲地提出议案,在一定程度上迫使他们更可靠地偏向那些有益于股东的议案。此种影响即便并不完美,但却不无价值。[64]

　　另一方面,参与管理使得董事更为知情。当董事会参与政策及商业策略制定时,董事会必须收集赖以作出明智选择的信息,它们不可避免地与董事会对管理层绩效进行总体评价的信息息息相关。

　　因而,在真实世界中,管理与监督不可避免地相互交织在一起。正如我们已经看到的,公司法与判例法都赋予了董事会大量的管理职能,关于公司治理的最佳实践,对董事会的赋权甚至更多。

63　　董事会介入了公司大量的基础决策之中,包括进入和退出重大业务领域、批准证券发行或重大借款、合并和收购、支付股利、风险管理、披露、审计等。当然,在许多情况下,董事会只是审查管理层提交的议案。然而,再一次地,我们回想一下,审查权即等同于决策权。董事会决定议案是否值得实施。

---

　　[64]　Clark,前注[60],第 280—281 页。

在这些决策中,董事会扮演的就是管理和执行的角色,而不是纯粹的监督角色。最终,甚至爱森伯格也承认"董事会也有重要的决策功能"。[65]

监督模式过于程式化

由于监督模式要求董事会扮演着某种裁判功能,这表明,董事会与管理层之间存在着正式的关系,这种关系比应当存在或者在真实世界中存在的关系更为正式。董事会并不是仅仅聘任和解聘 CEO,而通常是承担着丰富得多的职责。例如,董事个人向 CEO 表达对某些事项的关切,然后将反馈意见传递给董事会成员。的确,即便说到约束性行动,真实世界的做法也往往不同于监督模式的程式。例如,董事个人往往并不是去克服阻碍着解聘 CEO 的集体行动问题,而是通过私下的批评来提升管理层绩效。这种看似温和的制约,不像更为正式的约束性行动那样令人羞愧,但往往更为有效。

对风险的监督转化成敌对的监督

在公司董事会的世界里,信息是一切事物的关键。董事会拥有的信息越多,他们就越发能够履行好准管理职能,例如,向高管提供建议,作出重大的政策决定,帮助搭建人脉网络等。当然,更多且更高质量的信息,也使得董事能够更为有效地履行监督职责。

麻烦之处在于,越来越多地运用独立董事——下一章中会提及——意味着外部人员主导了现代董事会。因为这些外部人员缺乏在岗所拥有的正式信息网络,也没有与公司的日常业务往来所获得的信息,现代董事会与高级管理团队之间,存在着固有的信息不对称。正如我们将会看到的,外部人员出于某些需要,越来越多地依赖外部信息源,但在关键信息方面,他们依然依赖管理层。

然而,由于董事会在履行监督职责过程中,可能会利用信息来对管理层构成不利,管理层有动机来策略性地运用其地位,从而形成信息阻滞点。管理者掩盖信息、不让董事会知悉的内在激励,可能会迫使后者必须在两种情境中作出艰难的选择:鉴于公司的特有情形,董事会是弱化监督并强化管理服务,还是强化监督并弱化管理服务?然而,监督模式要求外部董事履行强

64

---

[65] 爱森伯格,前注[52],第 239 页。

势监督职责,董事会无法作出这些折衷安排。相反,它将董事会推向与管理层对立的关系之中,进一步强化了管理层管控信息的激励,能够传递给董事会的信息就更少了。显然,管理者怠于传递糟糕的信息。即便是好消息,也要反复打磨、修改和包装,其目的并不在于帮助董事会作出决策,而是尽最大可能美化管理层。颇具讽刺意味的是,此种极可能源于对监督模式的遵循的敌对关系,不仅使董事会更难于开展其管理职责,还使得他们更难承担有效监督者的角色。

监督模式所构想的咄咄逼人的监督,对于管理层—董事会之间关系的破坏,可能远甚于永远存续的信息不对称。董事会与高管之间存在一定的认知紧张关系,在促进董事会作出关键的评估判断方面,是有益的。过于一团和气的团队,存在着屈从于团队思考的风险,也会存在种种其他的决策错误。⑯如果说,咄咄逼人的监督造就了董事与管理者之间的敌对关系,但这种冲突的有益形式,可能会转化成更为有害的形态。最好的一面是,严格遵循监督模式会将合作与团结的关系变得冷漠与疏远。最糟糕的一面是,它会激化敌对关系,导致破坏性的人际冲突。两大群体之间的敌对关系,往往会鼓励各方孤注一掷,彼此严防死守。它们鼓励的是零和而不是合作的游戏。它们会将精力浪费在毫无收益可言的地方。

没有一刀切的方案

65 前面的评价并不否认,监督是董事会的一项重要功能。它甚至也不否认,监督是董事会的首要职能。相反,它只是表明,这个世界上,并没有一刀切的方案。

公司各异。每一家公司都有其独特的文化、传统和所处的竞争环境。创业起步的公司,企业家欠缺经验,公司需要的是善于提供建议的董事会,而不是监督型董事会。处于危机之中的公司需要的是董事会的领导而不是监督。运营良好、成熟的公司,管理层工作勤勉而忠诚,如果它的董事会能够提供友善的监督及富于同理心的建议,则公司受益最多。

类似地,不同的公司拥有不同的问责机制。监督型董事会毕竟不是评估经营绩效并据此进行奖罚的唯一机制。公司所处的资本和产品市场、管理服

---

⑯ 一般可参见 Stephen M.Bainbridge, Why a Board? Group Decision Making in Corporate Governance, 55 Vand. L. Rev. 1(2002)。

务的内部和外部市场、公司控制权市场、薪酬激励制度以及外部审计师审计制度，也都仅仅是管理团队对其绩效负责的一些方式。在特定的公司中，董事会监督作用的重要性，在很大程度上取决于这些力量被允许发挥多大的作用。例如，拥有强大的反收购措施的公司，就比没有反收购措施的公司更不容易受到公司控制权市场的约束。前者比后者更需要一个强大的监督型董事会。

相应地，有人提议的改革"将董事会的功能缩减至监督，并且将公司的能力限于选任管理型董事会，就会剥夺公司将董事会当成一种资源来全面运用的机会"。[67]遗憾的是，《萨班斯—奥克斯利法案》和《多德—弗兰克法案》所做的正是这样。这两部法律中的董事会规则，无一给私人规则留下任何机会。没有一部法律允许公司特有的董事会在具体情况下，向监督职能而不是其他职能分配资源。其结果是，这样的公司治理，金玉其外，败絮其中。

危机之外的董事会

看起来，几无疑问的是，监督结构已经影响了董事会的行为。在 1995 年，只有八分之一的 CEO 在董事会压力之下辞职或者被解职。然而，到 2006 年，几乎三分之一的 CEO 在非自愿的情况下被解除职务。[68]过去数十年来，CEO 的平均任期下降，这也可以归因于更为活跃的董事会监督。[69]总体说来，董事会"过去一度主要是作为强势 CEO 的橡皮图章而存在，现在则变得更加独立、更为强大，并且在更大的压力下将表现糟糕的领导人赶下台"。[70]

然而，与此同时，董事自身也明白，并不存在一刀切的方案。相反，他们知道，他们的职责远比纯粹的监督来得宽泛。根据对全国公司董事协会（NACD）的一项调查，董事会相信，他们的核心功能包括 CEO 更替的筹划、战略性商业计划及风险管理等事项。[71]

66

---

[67]　Jill E.Fisch, Taking Boards Seriously, 19 Cardozo L. Rev. 265, 268(1997).

[68]　Chuck Lucier et al., The Era of the Inclusive Leader, Strategy & Bus., Summer 2007, at 3.

[69]　Denis B.K. Lyons, CEO Casualties: A Battlefront Report, Directors & Boards, Summer 1999, at 43.

[70]　Lauren Etter, Why Corporate Boardrooms Are in Turmoil, Wall St. J., Sept. 16, 2006, at A7.

[71]　Nat'l Ass'n Corp. Directors, Public Company Governance Survey(2008).

　　不管董事会做什么,他们现在工作的时间更多了。董事会开会的平均次数,从1998年的平均7次,上升至2008年的平均9次。[72]董事会下设的专业委员会开会的平均次数,在2002年《萨班斯—奥克斯利法案》生效之后,迅速增加。[73]当然,更多的会议,意味着更多的时间及精力的投入。2005年的一项调查发现,董事平均每年花在公司事务的时间超过200小时,比《萨班斯—奥克斯利法案》通过之前平均每年100小时至150小时,有了大幅提升。[74]更为仔细地审视这些数据,会得出更多的信息。2006年的一项调查发现,在《萨班斯—奥克斯利法案》通过之前,66%的董事会成员报告称,他们每年花在公司事务的时间不足200个小时。《萨班斯—奥克斯利法案》通过之后,65%的董事会成员报告称,他们每年花在公司事务的时间超过200个小时,30%的董事会成员则报告称,他们花在公司事务的时间每年超过300个小时。[75]与此同时,在《萨班斯—奥克斯利法案》通过之后,平均每个人担任公司董事的数量也下降了。[76]

67　　尽管并未确立因果关系,但这些数据的确表明,至少在《萨班斯—奥克斯利法案》通过和董事会成员的投入之间,存在着关联关系。看起来,董事增加投入的时间,很多都用于监督,这与以下假定相一致,即《萨班斯—奥克斯利法案》强化了监督模式的影响力。如果是这样的话,董事多投入的时间和精力,可能会带来重要的成本。回想一下,我们前面提到过,这种监督存在异化为董事会与管理层之间没有效益的敌对冲突的风险。正如彼得·沃利森(Peter Wallison)所言,"国会背书的"《萨班斯—奥克斯利法案》对监督模式予以加持,因而"可能会制造管理层与董事会的敌对关系,久而久之,会伤害公司的冒险精神,进而影响经济增长"。[77]

　　即便公司的董事会与管理层保持着适当平衡的关系,《萨班斯—奥克斯利法案》所诱发的董事多投入的时间与精力,可能也不会带来积极的效应。沃利森认为,董事会现在"更加关注是否合乎标准与规则,而不是公司如何获取竞

---

[72]　Report of the Task Force of the ABA Section of Business Law Corporate Governance Committee on Delineation of Governance Roles and Responsibilities, 65 Bus. Law. 107, 130—131(2009)(省略脚注)。

[73]　James S.Linck et al., Effects and Unintended Consequences of the Sarbanes-Oxley Act on Corporate Boards(May 16, 2006).

[74]　Ed Speidel & Rob Surdel, High Technology Board Compensation, Boardroom Briefing, Spring 2008, at 25.

[75]　Peter D.Hart Research Associates, A Survey of Corporate Directors(Feb. 2006).

[76]　Linck et al.,前注[73],第16—17页。

[77]　Peter J.Wallison, Capital Punishment, Wall St. J., Nov.4—5, 2006, at A7.

争优势"。⑱如果董事实际上花了大把的时间用于遵循《萨班斯—奥克斯利法案》对其设定的义务,又把剩下的大把时间用于监督公司是否遵守《萨班斯—奥克斯利法案》的规定,则其花在董事会其他的传统功能的时间,就相对少得多了。

因而,作出以下推断并非没有合理性:在后《萨班斯—奥克斯利法案》时代,关注合规的冷酷无情的需求,在某些小小的层面,助推了该年度末期金融危机的形成。金融机构的董事必须将重心放在内控与信息披露方面,而诸如风险管理监督等工作,就不再受到重视了。如果确乎如此,那么,意外产生的这部法律,的确可以称为是划时代的牺牲品了。

为什么是董事会?

正如我们在贯穿本章中可以看到的,董事会长期以来——并且现在仍然在许多方面——有着负面报道。2009 年,证券与交易委员会抱怨,金融危机"使得许许多多的人对一些公司及其董事会的责任心与工作热忱,产生了严重的怀疑……"。⑲著名的加拿大公司治理评论人士斯蒂芬·贾里斯洛夫斯基(Stephen Jarislowsky)称,公司董事会对于 2007—2008 年的金融危机,"负有重大责任"。⑳

考虑到人们有一个感觉,董事会经常被证明过于消极、懒散及容易妥协,或者总是处在帝王般的 CEO 的掌控之下,人们会疑惑,为什么国会不考虑推出更为激进的改革措施呢? 例如,劳伦斯·米切尔(Lawrence Mitchell)建议,应当由股东、债权人和雇员来直接选任 CEO,每类群体按类别进行投票。㉑米切尔认为,"监督型董事会的模式没有效果……尽管在后安然时代,学术界和民众呼吁改革董事会的呼声一浪高过一浪,但绝大多数建议只是触及这一功能失常的机构的边缘"。㉒米切尔确信无法改造董事会,呼吁索性在法律上认可这一现实,即"公司权力的宝座掌握在 CEO 手中"。㉓

尽管人们认为,在上一年代的两次危机之时,董事会普遍失败,但此一激

68

㉘　Id.

㉙　Facilitating Shareholder Director Nominations, Exchange Act Rel. No.60,089(June 10, 2009).

㉚　Janet McFarland, Jarislowsky Blames Financial Mess on Lax Governance Rules, The Globe & Mail(Toronto), Oct. 24, 2008, at B12.

㉛　Lawrence E.Mitchell, On the Direct Election of CEOs, 32 Ohio N.U. L. Rev. 261(2006).

㉜　同上,第 261 页。

㉝　同上,第 262 页。

进的建议并没有赢得关注,这并不令人吃惊。毫无疑问,这种对基础性公司治理原则的重大调整,更不用说此种架空州法的做法,对于国会而言,可谓贪多嚼不烂,即便在数千页之厚的《多德—弗兰克法案》的背景下,也无法处理这一问题。或许国会保持及强化董事会制度的种种努力——尽管在细节上可能存在种种问题——在原则上也是可行的。

董事会的功用源于以下事实:它将集体而不是董事个人置于公司层级的首位。董事会的相关法律规则重视集体行为而不是个人行为,其程度之深令人吃惊。[84]正如《代理行为重述》(第二版)所称,董事"无权自行代表公司,只是作为以董事会名义出现的董事整体的一员"。[85]《示范商事公司法》有关董事会会议规则的评述进一步解释:

> 《示范商事公司法》接受的一条牢固确立的普通公司法原则是,除非法律有明确授权,董事只能通过会议而行事。基础性理论在于,磋商与交换意见是董事会运行整体的一部分。[86]

69　　对集体行动的强调,会闹出一个陈年的笑话,即把一匹马的设计交给一个委员会,出来的会是一头骆驼,尽管这样,《示范商事公司法》的"基础理论"完全体现在有关公司董事会的法律规则之中。[87]看起来,起草者的直觉是,集

---

[84] 许多州一度实际上要求董事会至少拥有三名成员,当然绝大多数州删除了该项要求。《示范商事公司法》第8.03(a)条。

[85] 《代理行为重述》(第二版)第14C条。

[86] 《示范商事公司法》第8.20条。Jeffrey Gordon, Shareholder Initiative and Delegation: A Social Choice and Game Theoretic Approach to Corporate Law, 60 U. Cin. L. Rev. 347(1991). 另一种解释是,Jeffrey Gordon富有说服力地表明,公司内部的投票必须遵守Arrow的不可能性理论,即对公司日常政策的绝大多数事项进行投票,会导致多数票的循环往复。尽管与Gordon相比,我们对董事会职权的解释,更多地依赖以信息和激励为基础的见解,Gordon的确提供了一个富有说服力的观点,即作为董事会制度基础的公司法,其职权在很大程度上可以解释为一种机制,可以限制所有者的话语权,避免出现循环往复的问题。

[87] 此类家务管理的规则,毫无疑问,很多看起来有些形式主义,甚至有一点点笨,但要求董事会在集体开会之后再做出行动,实际上是有强大的经济学支撑的。实验心理学的研究已经发现,在一定条件下,集体决策比个人决策更为优越。在研判复杂问题需要作出重大判断时,证据显示,团体的整体表现,优于该团队内部成员的平均表现。那些针对种类繁多的工作绩效的实验,确认了这一结果。例如,参见Larry K.Michaelsen et al., A Realistic Test of Individual Versus Group Consensus Decision Making, 74 J. App. Psych. 834(1989)(针对团队学习的背景进行了测试);Marjorie E. Shaw, A Comparison of Individuals and Small Groups in the Rational Solution of Complex Problems, 44 Am. J. Psych. 491(1932)(puzzle solving);一般可参见,Gayle W.Hill, Group Versus Individual Performance: Are N + 1 Heads Better than One?, 91 Psych. Bull. 517(1982).

体总是比单个的寡头更能履行好董事会职责。

作为苛刻评估者的董事会

行为经济学的研究已经发现，有偏见的决策带来了诸多普遍的认知错误。若干已被确认的决策偏见，特别是所谓的过于自信偏见，看起来特别适合管理层决策。古老的骆驼笑话，真切地反映了以下有效的实证观察：在对创造性有一定要求的事项方面，个人往往优于团队。例如，对于作为决策过程的头脑风暴的研究确认，独自工作的个人比团队所产生的想法要多得多，特别是当委派的任务是"虚构的"而不是"现实的"之时。[88]然而，个人通常忠实于自己的想法，但却无法认可其他人可能会发现的缺点。相反，一个广为接受的观点是，团队更擅长评估任务。团队决策可以通过提供苛刻的评价和其他观点，制约个人过于自信的行为。

这一见解确认，集体的科层制优于个人。试着回想一下，董事会拥有三大基础功能：管理、监督与服务。董事会服务功能的核心，就是向高级管理团队，特别是向 CEO 提供建议和顾问服务。介于董事会的服务与监督功能之间的，是提供另类的视角与观点。董事会的政策制定功能，通常是指从下属提供的一大堆选项中进行评估和选择。相应地，董事会的所有基础功能，均强调进行苛刻的评估判断，这也正是团队强于个人的原因。

70

作为对有限理性进行适应性反应的董事会

将决策权授予团队而不是单个的个人，这是对有限理性问题的高附加值适应性反应。出于以下四个目的，必须运用稀缺的资源来作出决策：（1）观察，或者收集信息；（2）记忆，或者存储信息；（3）计算，或者运用信息；以及（4）交流，或者传送信息。[89]团队如何最小化相较于个体决策者的交易成本？多元信息来源或许可以降低信息成本，但貌似不太可能每个人都以董事身份做大量工作来推动观察进程。另外，这方面节约的成本，往往会被增大的沟通成本所抵消。由于分散了信息通道和决策权，团队决策对资源有额外的要求，并且会额外耽误决策的进程。

---

[88]　Gayle W. Hill, Group Versus Individual Performance: Are N ＋ 1 Heads Better than One?, 91 Psych. Bull. 517, 527(1982).

[89]　Roy Radner, Bounded Rationality, Indeterminacy, and the Theory of the Firm, 106 Econ. J. 1360, 1363(1996).

因而,团队决策的相对优势往往就产生于记忆或者计算方面。就记忆而言,团队生成了某种共同的记忆,这种记忆不仅是每一个人记忆的汇总,而且是谁知道这些信息的自觉和体认。其结果是,当组织被构造成一个团队,而不仅仅是个人的集合时,这种组织的记忆是最好的。另外,实验证据表明,团队的共同记忆拥有更高质量的产出。[90]例如,团队成员看起来在记忆复杂的重复性任务方面更为专业。

71　　至于团队决策和基于计算的成本,行为主体可以通过以下两种方式节约有限的认知资源。其一,采用制度化的治理结构以推进更有效率的决策。其二,运用一些捷径,例如,运用启发式问题解决和决策程序。在这里,我们聚焦前面这种方法,假定团队决策提供了一套机制,聚集了知识、兴趣和技能各不相同的个人,他们为这个团队投入了经验和智慧。诸多研究表明,团队受益于信息的交汇,以及为成员提供彼此纠正错误的机会。[91]因而,在公司语境下,董事会是作为一种制度性治理机制,抑制着组织决策程序的有限理性带来的不利影响。

作为代理成本约束力量的董事会

个人总是容易受到偷懒或者自我交易的诱惑。然而,团队治理的内生动力,制约着团队成员个人的自我交易与偷懒行为。就此而言,团队决策拥有两个维度的结构。在纵向维度,在公司科层中,就监督下属而言,团队比单个寡头或许表现更为出色。在横向维度,团队内部的治理结构有助于制约科层顶端的偷懒与自我交易。

纵向监督。假定占据公司科层顶端的是个人寡头而不是董事会,在此情况下,将产生双向监督问题。一方面,寡头必须监督其下属。另一方面,一些人必须监督寡头。在理论上,如果公司法将最终决定权授予寡头个人,则其下属可以监督CEO。例如,经济学家尤金·法马(Eugene Fama)主张,层极更低的管理者监督层级更高的管理者。[92]

然而,看起来这种向上监督的事情不太可能经常发生,或者不太可能以

---

[90]　Susan G. Cohen & Diane E. Bailey, What Makes Teams Work: Group Effectiveness Research from the Shop Floor to the Executive Suite, 23 J. Mgmt. 239, 259(1997).

[91]　参见 Gayle W. Hill, Group Versus Individual Performance: Are N + 1 Heads Better than One?, 91 Psych. Bull. 517, 533(1982)。

[92]　例如,参见 Eugene F. Fama, Agency Problems and the Theory of the Firm, 88 J. Pol. Econ. 288, 293(1980)。

足够系统的方式来对上级管理层提供有意义的约束。无论如何,这种监督机制并没有充分运用专业优势。法马和詹森在其他地方指出,对于代理成本的一种反应是,将"决策管理"与"决策控制"相分离,也就是说,将"发起和实施决策"与"批准及监督决策"相分离。[93]此种分离是 M 型公司(M-form corporation)的中枢办公系统的典型特征。[94]这里所描述的监督机制,可以通过一种简单的金字塔式层级来实现,此种层级可见于 U 型公司(U-form corporation)。M 型公司在此种结构中加入了决策权的理性安排,即中枢办公系统处理一定的任务,而运营部门处理其他任务,从而通过专门化、更为精准地定义目标及信息成本的节约,提高了监督的有效性。[95]特别是,中枢办公系统的关键决策者——董事会及高管——专精于决策控制。因为中低层级的管理者专门从事决策管理,因而,期望他们去监督更高层级的管理者,就相当于要求他们去完成并不适合他们的任务。

72

　　对法马假设的另一项批评,源于与会议行为相关的证据。在地位层级参差不齐的团队中,地位更高的比地位更低的成员话多。例如,在商业会议中,经理们就比下属说得更多。[96]此种差异导致地位更高的成员往往会更多地提出动议,并对团队的最终决策施加更大的影响。其结果是,董事会的一项核心功能是为所有高级管理者提供平等的地位。[97]鉴此,公司法坚持董事会在形式上高于经理层,就开始显得确有道理了。就法律塑造了社会标准而言,无可否认地,一项有争议的假定是,在彼此的地位关系中,公司法通过创造更

[93]　Eugene F.Fama & Michael C.Jensen, Separation of Ownership and Control, 26 J.L. & Econ. 301, 315(1983).

[94]　M 型公司(M-form corporation)这一术语,是指以设立多个部门的方式来组织商事活动的企业。企业通常由关联领域内的多家企业组成,在一个更大的组织框架内运营。这种状况,通常是由于推行收购多元化的相关企业的战略而形成。在 M 型公司内部,运营活动往往分权给部门层级,而监督和服务则集中于公司层面。M 型公司可能会组建成正式的控股结构,拥有一家母公司和多家子公司,或者组建成一体化的企业,包括一家公司,其下属的运营单位组建成部门而不是独立的子公司。绝大多数经济学家相信,M 型公司的表现往往优于更为古老的 U 型公司。例如,参见 Oliver E.Williamson, Markets and Hierarchies: Analysis and Antitrust Implications 135—138(1975)。相反,U 型公司(U-form corporation)则是"单一公司"(unitary corporation)这一术语的缩写。此类公司组建成功能性而不是运营性部门。同上,第 133 页。例如,此类企业的所有销售功能集中于一个单一的部门。同上。

[95]　Oliver E.Williamson, The Economic Institutions of Capitalism 320(1985).

[96]　Sara Kiesler & Lee Sproull, Group Decision Making and Communication Technology, 52 Org. Behav. & Human Decision Processes 96, 109—110(1992).

[97]　Robert J.Haft, The Effect of Insider Trading Rules on the Internal Efficiency of the Large Corporation, 80 Mich. L. Rev. 1051, 1061(1982)(describing the board as "a peer group—a collegial body of equals, with the chief executive as the prima inter pares").

有利于董事会的法律地位，来赋权董事会，从而使其更有效地约束高管。

73   水平监督。谁来监督监督者？由于公司科层的所有成员——包括我们假定的寡头——都是代理人，都有着偷懒的动机，必须有或者创建一套机制，以监督他们的生产率及降低其偷懒激励，从而终结监督者监督层级更低的监督者这一无限循环。正如我们已经看到的，阿尔奇安与德姆塞茨提供了一个模式，将最终的监督权授予公司财产的索取权人，从而解释了这一问题。然而，不幸的是，尽管普通股东是公司剩余索取权人，他们基本上无权对管理层的行为，实施有意义的监督。

其结果是，公司法与公司治理必须对剩余索取权人的监督，提供替代性方案。那种治理结构只考虑到纵向监督的个人组成的科层，一如上文所假设的，无法解决谁来监督监督者的问题。然而，增加横向监督的维度，将团队置于科层的顶端，对该问题提供了一个解决方案。当寡头个人拥有相当大的自由来偷懒或者自我交易时，团队治理的内部活力可以通过团队成员个人，以及在可能的情况下甚至通过团队整体来约束自我交易及偷懒行为。例如，在一个生产团队内部，相互监督及同辈压力，为构建于信任及其他非契约社会标准之上的人际关系，提供了一套强有力的约束。[98]其中，特别相关的是工作与合作标准。[99]正如古谚所说，"亲不敬，熟生蔑"（familiarity breeds contempt），彼此之间很熟悉，事实上可以对行为产生深深的影响。随着人们越来越熟悉，他们的行为往往会得到改善："我们彼此熟稔，这使得我们做什么都可以，但一

74 些行为在其他人看来违背了道德准则时，却不可能使这些纯粹的自利行为具有正当性"；相反，"我们希望，我们的行为在其他人看来——以及我们自身看来——其动机是适当的"。[100]小规模的团队，通过以下若干方式强化了这一

---

    [98]   生产团队传统上被界定为"个人的集合，这些个人在工作中互相依存，对结果共同负责，（而且）他们将自身视为，且被他人也视为完整的社会主体，嵌入一个或者更多更大的社会制度之中……"。Susan G.Cohen and Diane E.Bailey, What Makes Teams Work: Group Effectiveness Research from the Shop Floor to the Executive Suite, 23 J. Mgmt. 239, 241(1997). 还可参见 Kenneth L.Bettenhausen, Five Years of Groups Research: What have we Learned and What Needs to be Addressed?, 17 J. Mgmt. 345, 346(1991)（将团队界定为"完整的社会组织，在组织背景下承担一项或者多项任务"）。Williamson 的产业组织矩阵认定了此种团队可以采取的两种形态：原始型与关系型。在这两种形态中，团队成员承担着不可分割的任务，彼此的区分是，此类成员所拥有的特定于公司的人力资本的程度，有所区别。在原始型团队，成员几乎不拥有此类资本；而在关系型团队中，他们拥有大量的此类资本。绝大多数的董事会可能符合关系型团队的特征。

    [99]   除了代理成本之外，社会标准也与决策的其他方面息息相关。例如，团队标准中的对等原则，有利于推动团队内部共识的形成。

    [100]   James Q.Wilson, What is Moral and How do we Know It?, Commentary, June 1993, at 37, 39. See also Kenneth L.Bettenhausen, Five Years of Groups Research: What have we Learned and What Needs to be Addressed?, 17 J. Mgmt. 345, 348(1991).

直觉。首先,他们以声誉和其他社会约束塑造了激励。因为紧密的团队关系满足了人们的归属感,被排除在外的威胁赋予团队以强大的制约手段来实施团队标准。由于关系紧密的团队构建的是长期存续的关系,在未来交往中遭受处罚的威胁,能够遏制某些在一次性交易中容易产生的欺诈问题。[100]因为人们在意与他们关系紧密的人如何看待自己,公共生活见证着谁的看法倍受推崇。我们不愿意让那些人失望,因而努力使自身言行与公共标准相一致。因而,工作勤勉的标准会促使董事会成员不是仅仅走过场,而是对其工作投入更大的认知努力。最终,交易成本经济学解释着信任型关系中亲近感的重要性。关系紧密的团队彼此熟悉,降低了监督成本,因而进一步鼓励大家服从团队标准。正因为如此,关系紧密的团队的成员,往往能够将团队标准内部化。

因而,团队决策是对代理成本的强大约束。它创造了强大的动机来遵循勤勉及合作标准。这一分析对于解释规制董事会决策的州公司法中的程式规则,无疑大有裨益。[102]

---

[100] 一般可参见,Oliver E. Williamson, The Economic Institutions of Capitalism 48(1985)("非正式的同辈团队压力,可以用来制约怠惰疏懒行为……最轻慢的行为,包括哄骗或者嘲弄。如果同辈压力失效,则会动用说服悖反者的最有效方式。团队会通过撤回群体能够提供的社会利益,从而施加处罚。最后,将公然动用高压与放逐手段")。

[102] 此种情形的优点,也不宜过分强调。关系紧密的团队会受到固有的认知偏见的影响,这会制约其有效性。一个广为援引的例子是所谓的危险的转移现象。看起来,团队决策存在极化效应,这使得讨论后的共识比讨论之前的个人判断更为极端。参见 Norbert L. Kerr, Group Decision Making at a Multialternative Task: Extremity, Interfaction Distance, Pluralities, and Issue Importance, 52 Org. Behav. and Human Decision Processes 64(1992)。然而,就我们的目的而言,最为重要的团队偏见是"团队思考"现象。高度团结的团队拥有强大的文化与合作标准,与他们在对其他备选方案进行现实评估后作出的决定相比,更为珍视共识的价值。Irving Janis, Victims of Groupthink(1972)。在此类团队中,团队思考是对团队团结面临的挑战所带来的压力所作出的适应性反应。为规避此种压力,团队会努力争取团结一致,哪怕以牺牲决策的质量为代价,也在所不惜。就团队思考推动了社会标准的形成而言,它促进了董事会的监督功能。它可能与董事会的其他功能有关,例如,就提升了团队精神而言,它有利于获取资源。然而,不利的一面是,它会侵蚀决策的质量。维系团结的意愿,会使人们不愿作出苛刻的判断。因而,团队思考的不利后果包括不审查其他选项、在收集信息方面过于挑剔,无法进行批评与自我批评。例如,对于会议行为的研究得出结论称,人们往往倾向于选择明显更受欢迎的方案。Sara Kiesler & Lee Sproull, Group Decision Making and Communication Technology, 52 Org. Behav. & Human Decision Processes 96(1992)。在公司场景下,董事会的文化经常鼓励着团队思考。董事会注意礼貌与谦让,牺牲了监督的功能。CEO可以通过控制信息流、奖励共识、阻却麻烦制造者再次当选,来培育和引导团队思考。因而,要解决团队思考问题,就必须密切关注公司治理的多样性,但这些问题,绝大多数都与接下来要讨论的董事会的构成直接相关。

75 总　　结

帝王般的 CEO 将董事会取而代之,从来不会是个选项。相反,《萨班斯—奥克斯利法案》和《多德—弗兰克法案》都努力强化董事会相对于 CEO和其他高级管理团队的权力。鉴于委任给董事会的那类事务,团队决策优于个人决策,这一目标是值得嘉许的。然而,不幸的是,《萨班斯—奥克斯利法案》和《多德—弗兰克法案》达成这一目标的手段,经常被证明存在严重的缺陷。随后数章将会详细阐明,过分强调董事会的监督功能,只是种种缺陷的端倪。

第三章　独立董事

随着监管模式开始主导人们对董事会角色的思考，董事会的构成也不可避免地浮出水面。由内部人员组成的董事会在监督 CEO 方面处于不利地位。对群体决策的研究表明，在混合身份群体中，地位高的人比地位低的人拥有更多话语权。例如，经理们在商务会议上谈论得比下级更多。这种差异导致地位较高的小组成员更倾向于提出倡议，对小组的最终决定有更大的影响。[1]因此，集团动态有助于确保 CEO 对内部董事的支配地位。另外，作为一个实际问题，CEO 通常担任董事会的主席，使他在新董事的选择和董事会的议程上有很大的控制权。因此，董事独立性是企业改革者（尤其是与监管模式学派有关联的企业）的长期目标，这并不奇怪。

即使在《萨班斯—奥克斯利法案》和伴随而来的证券交易所名单（stock exchange list）标准变化强制要求大多数上市公司拥有一个占多数的独立董事之前，对监管的日益重视也导致董事会内部人员比例的长期下降，如表 3.1 所示。

在过去 10 年的危机之后，随着美国国会和其他监管机构任命独立董事为资本主义的"骑兵"，并让他们负责拯救金融体系，董事会独立性的趋势加速发展：

---

① Sara Kiesler & Lee Sproul, Group Decision Making and Communication Technology, 52 Org. Beh. & Human Decision Processes 96(1992).

　　独立董事的比例从 1998 年的 78% 上升到 2008 年的 82%（鉴于"独立性"的定义更加严格，这些统计数据低估了这种变化的幅度）。

78　**表 3.1　1950—2000 年公司内外部董事比例**

年　份	平均内部董事百分比	十年变化百分比
1950	49%	n/a
1955	47%	
1960	43%	− 12%
1965	42%	
1970	41%	− 5%
1975	39%	
1980	33%	− 20%
1985	30%	
1990	26%	− 21%
1995	21%	
2000	16%	− 38%

　　资料来源：Jeffrey N. Gordon，The Rise of Independent Directors in the United States，1950—2005：Of Shareholder Value and Stock Market Prices，59 Stanford Law Review 1465，1473 n.9(2007). Used by Permission。

　　独立董事现在负责提名程序（根据交易所上市要求），通常在董事猎头顾问的协助下进行，这导致他们越来越依赖外部资源来招聘董事。2008 年，60% 的新董事提名来自猎头公司，21% 来自独立董事，CEO 推荐的董事比例为 9%，低于 2005 年的 14%。
　　现在，活跃的 CEO 和其他类似的高管在董事会中任职的人数减少了，只有 31% 的新独立董事同时担任活跃的 CEO、首席运营官、董事长、总裁或副董事长，低于 1998 年的 49%。②

　　董事独立是这十年来公司治理成功的故事。然而，尽管传统观点认为董事独立近乎盲目崇拜，但仔细研究后发现，独立并非解决公司治理问题的万灵药。此外，几乎可以肯定的是，与允许公司自行选择最优董事独立性程度

---

　　②　Report of the Task Force of the ABA Section of Business Law Corporate Governance Committee on Delineation of Governance Roles and Responsibilities，65 Bus. Law. 107，130—31 (2009)(footnotes omitted).

的授权方式相比,董事独立性法则越来越具有放之四海而皆准的特性。

州法中的独立董事 79

州公司法对董事会的组成问题只字未提。至于董事会规模、董事资格和独立性等问题,则留给私人来决定。如果州公司法是最重要的,那么公司就可以自由选择最适合其独特情况的董事会结构和组成。

州公司法确实为公司提供了一些激励措施,鼓励公司在董事会中至少包括一些独立董事。例如,长期以来,以无利害关系的独立董事和独立董事的多数票批准关联方交易和其他利益冲突的交易,通过援引有利于被告的商业判断规则作为审查标准,有效地使这类交易免于司法审查。③关于控股股东发起的私有化交易,特拉华州最高法院呼吁董事会设立"由其外部董事组成的独立谈判委员会,与'买方'公平交易"。④事实上,法院接着将"在这种情况下的公平性"等同于"理论上完全独立的董事会就其所处理的事项采取行动的行为"。同样,关于反收购抗辩,法院认为,这种抗辩的有效性"就像这里的情况一样,如果支持该提案的董事会的大多数成员是由外部独立董事组成,那么这种抗辩的有效性就会大大增强"。⑤这些由司法机构设立的安全港与公司法其他领域的类似决定结合起来,为董事会和管理层提供了大量的激励措施,使他们倾向于董事的独立性。

然而,尽管如此,州法律通常更关注董事的无私,而非独立性。以美国特拉华州关于股东派生诉讼请求豁免的法律为例。在格兰姆斯诉唐纳德(Grimes v. Donald)⑥一案中,特拉华州最高法院找出了三个理由来为其请求开脱:(1)董事会多数成员拥有重大的经济或家庭利益;(2)董事会过半数成员因支配或控制等其他原因不能独立行事;或者(3)潜在的反行为不是有效的商业判断的产物。⑦至于第一个方面,董事们感兴趣的是,他们是否在被质疑的交易中拥有个人财务股份,或者是否会受到董事会行动的重大影响。 80 因此,例如,特拉华州衡平法院(Delaware Chancery Court)以董事利益为由,

---

③ Marciano v. Nakash,535 A.2d 400,405 n.3(Del. 1987)(认为"完全知情、无私的董事根据第 144(a)(1)条的规定批准……允许援引商业判断规则,并将司法审查限制在对攻击交易的一方负有举证责任的赠与或浪费问题上")。

④ Weinberger v. UOP, Inc.,457 A.2d 701,709 n.7(Del. 1983)。

⑤ Moran v. Household Intern., Inc.,500 A.2d 1346,1356(Del. 1985)。

⑥ 673 A.2d 1207(Del. 1996)。

⑦ Id. at 1216.

免除了董事利益要求,9 名董事中有 5 名批准了一项可能有利于他们的股票升值权利计划。⑧

尽管第二个方面是关于独立性的,但它与董事是否通常独立于管理层无关。例如,尽管被公司聘用会妨碍董事在《萨班斯—奥克斯利法案》和《多德—弗兰克法案》的规定下被视为完全独立,但这并不妨碍发现董事在州法律下是独立的。部分原因是,州法从交易的角度而不是从地位的角度看待独立。另一个关键的区别是,国家法律将基础交易中的独立性与私利联系在一起。因此,仅仅因为原告提名了董事会的多数成员为被告,就不能为要求辩护开脱。⑨事实上,即使声称大多数董事会成员赞成、默许或参与了这项受到质疑的交易,也是不够的。⑩换句话说,仅仅被列为被告或参与者并不会使委员会在法律上无法客观地评估诉讼前的要求,因此也不能成为这种要求的借口。相反,在这种情况下,只有在交易中持有个人财务股份的人主导或控制了多数董事会成员的情况下,需求才可以得到原谅。⑪

因此,州法无法满足拉尔夫·纳德(Ralph Nader)或梅尔文·爱森伯格(Melvin Eisenberg)等改革者所追求的更为严格的独立标准。相反,改革者们希望以地位来定义独立。一般来说,董事与公司或公司最高管理层之间的任何实质性关系都将不能被视为独立董事,而独立董事是公司希望被定义的。

证券交易所上市标准和
《萨班斯—奥克斯利法案》中的独立董事

81

《萨班斯—奥克斯利法案》对改革董事会的自我执行作用相对较小。除了对董事披露股票交易等规则作了一些细微的调整外,该法案本身唯一起作用的实质性变化是针对董事会审计委员会的。

相反,国会和美国证券与交易委员会把董事会改革的重任留给了证券交易所。三大交易所——纽约证券交易所、纳斯达克和美国证券交易所

---

⑧　Bergstein v. Texas Int'l Co., 453 A.2d 467, 471(Del. Ch. 1982).

⑨　See Rales v. Blasband, 634 A.2d 927, 936(Del. 1993)(认为与诉讼有关的个人责任的"纯粹威胁"是不够的,尽管与之有关的个人责任的"重大可能性"将为要求提供借口)。

⑩　Aronson v. Lewis, 473 A.2d 805, 817(Del. 1984)("在特拉华州,仅仅是董事批准一项交易,缺乏支持违反受托责任要求的具体事实,或以其他方式证明多数董事缺乏独立性或无私,都不足以成为要求……的理由")。

⑪　See id. at 814(如果高管和董事受到影响,使他们丧失了自由裁量权,他们就不能被认为是代表公司进行诉讼的合适人选)。

（AMEX）——修改了它们的公司治理上市要求，要求大多数上市公司的董事会成员必须独立于管理层。这三家公司还采用了新的规则，使用非常严格的明线规则来定义独立性。最后，三者都显著扩大了独立董事的职权范围。

交易所上市标准的重要性

将一家公司的股票在著名的股票市场（如纽约证券交易所）上市交易，将为该公司及其管理层带来重大利益。上市证券相对于场外交易市场的流动性更大，降低了上市发行人的资本成本。[12]上市也会给公司及其管理者带来相当大的声誉。因此，上市公司希望保持这种状态，而许多非上市公司则把获得上市资格作为首要目标。由于证券交易所有权设定上市公司必须遵守的上市标准，因此它们对上市公司的治理拥有相当大的权力。事实上，在许多方面，公司治理的许多强制性细节现在都来自证券交易所上市标准，而不是更模糊、更有利的州法律。

上市标准须经美国证券与交易委员会根据《1934 年证券交易法》第 19（b）条（经修订）（15U.S.C. §78S（2001））批准。然而，根据第 19（b）（2）条，证券与交易委员会在公司治理相关上市标准方面的权力相当有限。如果拟议的上市标准符合《1934 年证券交易法》及其相关规则的要求，则美国证券与交易委员会"应批准该标准"。由于《交易所法案》中没有任何条款支持交易所通过上市标准来监管公司治理，因此，这样做的提议与《交易所法案》并不矛盾。因此，由于法规中没有任何条款考虑任何形式的价值审查，证券与交易委员会必须有效地批准这些提议。[13]然而，尽管如此，由于证券与交易委员会与交易所之间的特殊关系，委员会自然会对交易所规则的制定施加相当大的

82

---

⑫ See Gary C.Sanger & John J.McConnell, Stock Exchange Listings, Firm Value, and Security Market Efficiency: The Impact of NASDAQ, 21 J. Fin. & Quant. Anal. 1(1986); Note, Stock Exchange Listing Agreements as a Vehicle for Corporate Governance, 129 U. Pa. L. Rev. 1427, 1437 n.48(1981)(citing unpublished SEC study).

⑬ See Stephen M. Bainbridge, Revisiting the One Share/One Vote Controversy: The Exchange's Uniform Voting Rights Policy, 22 Sec. Reg. L.J. 175, 183(1994). 有一种观点认为，交易所采用公司治理上市标准的权力至多是不确定的，可能仅限于"与证券市场的运作有实质性关系，以增强投资者的信心和提供可靠性"的条款，但，see American Bar Association Section of Business Law Committee on Federal Regulation of Securities, Special Study on Market Structure, Listing Standards and Corporate Governance 70—71(May 17, 2002) available at http://www.abanet.org/buslaw/fedsec/nosearch/20020517.pdf[hereinafter cited as ABA Committee Report]。

非正式影响。已故的唐纳德·施瓦茨(Donald Schwartz)恰如其分地将这种影响称为证券与交易委员会的"扬眉"权力。⑭

纽约证券交易所《萨班斯—奥克斯利法案》之前的上市标准

长期以来,纽约证券交易所一直要求所有上市公司至少有三名独立董事。⑮董事被视为独立的,除非:(1)该名董事在过去三年受雇于该公司或其附属公司;(2)该董事有一名直系亲属,在过去三年内曾受雇于该公司或在其附属公司担任高管;(3)这位董事与公司有直接的业务关系;(4)董事是与公司有业务关系的组织的合伙人、控股股东或执行董事,除非公司董事会在其业务判断中确定该关系不妨碍董事的独立判断。

纽约证券交易所《萨班斯—奥克斯利法案》生效前的上市标准还要求,上市公司必须有一个仅由独立董事组成的审计委员会。委员会必须至少有三名成员,他们都必须具备"财务知识"。至少有一名委员会成员必须具有会计或财务管理方面的专业知识。

在安然危机达到顶峰之际,纽约证券交易所任命了一个由华尔街上层人士组成的"蓝丝带"小组,评估新环境是否要求改变该交易所的公司治理上市标准。该委员会报告了一些拟议的新治理标准,包括要求独立董事在任何上市公司的董事会中占多数。⑯该交易所将这些提议提交给证券与交易委员会批准。然而,就在那时,上市标准提案陷入了围绕《萨班斯—奥克斯利法案》的更大立法程序之中,有关该提案的最终行动被推迟到该程序完成之后。

《萨班斯—奥克斯利法案》,独立董事和交易所

《萨班斯—奥克斯利法案》只在第 301 条中明确提到了董事会组成的问

---

⑭　Donald E.Schwartz, Federalism and Corporate Governance, 45 Ohio St. L.J. 545, 571 (1984). 在 1990 年代中期,美国证券与交易委员会利用这一权力胁迫交易所采用统一的表决权上市标准。See Stephen M. Bainbridge, Revisiting the One-Share/One-Vote Controversy: The Exchanges' Uniform Voting Rights Policy, 22 Sec. Reg. L.J. 175, 183—186(1994)(批评美国证券与交易委员会主席阿瑟·莱维特在交易所采用投票权上市标准方面所扮演的角色)。

⑮　NYSE, Listed Company Manual § 303.01, http://nysemanual.nyse.com/lcm/.

⑯　Report of the NYSE Corporate Accountability and Listing Standards Committee 6(June 6, 2002) [hereinafter cited as NYSE Committee Report].

题,该法案要求证券与交易委员会规定各交易所针对审计委员会采用新的规则。审计委员会的具体职责和权力将在第五章讨论。就目前的目的而言,请注意第 301 条要求审计委员会的每个成员都是独立的,其中定义为,董事不能"(1)接受发行人的任何咨询、顾问或其他薪酬;或(2)成为发行人或其任何子公司的关联人"。

　　第 301 条对审计委员会的关注与《萨班斯—奥克斯利法案》的主旨大体一致,该法案总体上主要涉及会计和审计问题。美国国会很清楚即将出台的交易所规则制定提案,可能会满足于将细节交给证券与交易委员会和各交易所,只要最终的上市标准符合审计委员会的最低要求。2003 年 11 月,当证券与交易委员会最终批准了有关董事独立性的修订上市标准时,这一过程宣告结束。[17]

多数独立董事

　　根据证券与交易委员会的批准,纽约证券交易所的上市标准现在要求,所有上市公司"必须拥有多数独立董事"。[18]此外,我们将在下面看到,纽约证券交易所已经授权使用几个由独立董事组成的董事会委员会。最后,纽约证券交易所的《上市公司手册》规定:"为了使非管理层董事能够更有效地监督管理层,每家上市公司的非管理层董事必须在没有管理层的情况下定期召开高管会议。"[19]上市公司的表格 10-K 必须披露担任强制执行会议主席的独立董事的身份。虽然该规则并没有说明外部董事每年必须召开多少次会议才能满足这一要求,但最新的最佳实践表明,应该在每次定期召开的董事会全体会议的同时召开这样的会议。

　　纳斯达克和美国证券交易所的标准大体相似。一个问题是,纳斯达克明确规定,外部董事的执行会议每年至少召开两次。值得注意的是,这三家交易所都免除了控股公司——即那些一个或多个股东共同控制公司股票 50% 或 50% 以上投票权的公司——拥有多数独立董事的义务。

独立董事是谁?

　　正如我们所看到的,《特拉华州普通公司法》提出了一个非常简单的问题

84

[17]　Exchange Act Rel. No.48,745(Nov.4,2003).
[18]　NYSE Listed Company Manual §303A.01.
[19]　Id.,§303A.03.

来阻止——我的问题是,董事是否独立:也就是说,董事是否"通过个人或其他关系"对管理层负有义务。[20]相比之下,交易所上市标准采用多部分明线标准来震慑董事的独立性。例如,纽约证券交易所就制定了 5 个此类标准,考察上市公司与董事及其直系亲属之间的关系。例如,如果董事"在过去三年内是或一直是上市公司的雇员,或其直系亲属在过去三年内是或一直是上市公司的执行人员",则该董事将不具有独立性。[21]纳斯达克和美国证券交易所也有类似的标准。

经济测试的问题在于,它们未能捕捉到个人可能对他人有偏见的无数其他方式。许多名义上独立的董事在其他公司担任高管,或在律师事务所或金融机构等商业服务公司担任合伙人。董事往往是白人男性,在排名前 20 的商学院接受过教育,并有许多其他的社会关系。当他们的董事同事陷入困境时,这些名义上独立的董事的反应可能是宽大处理,他们的动机是"除了上帝的恩典,我没有别的选择"。[22]

然而,问题不只是过度的同理心。社会关系对董事行为具有威慑作用,这种威慑作用与经济关系同样重要,甚至更重要。正如特拉华州副首席大法官里奥·斯特恩所言:

> 坦率地说,公司董事通常是那种深深融入社会机构的人。这些机构有规范和期望,这些规范和期望或明或暗地影响和引导那些参与其运作的人的行为。有些事情"只是没有完成",或者只是付出了代价,这些代价可能不像失去职位那么严重,但可能会导致机构中地位的丧失。我们的法律对这一因素相当敏感,但我们也不能假定——缺乏某些证据——公司董事通常是具有非凡社会勇气的人,他们不顾社会规范对普通人产生的约束而行事。[23]

不幸的是,将这一观点付诸实施是很有问题的。

纽约证券交易所对独立性的定义,或许是为了解决这个结构性偏见的问题,方法是规定"除非董事会明确认定,董事与上市公司没有任何实质性关

---

[20] Aronson v. Lewis,473 A.2d 805,815(Del. 1984).

[21] NYSE Listed Company Manual § 302A.02(b)(i).

[22] Zapata Corp. v. Maldonado,430 A.2d 779,787(Del. 1981).

[23] In re Oracle Corp. Derivative Litigation,824 A.2d 917,938(Del. Ch. 2003).

系,董事才有资格成为'独立董事'"。㉔该部分的评注解释了这一点:

> 不可能预测或明确规定所有可能暗示潜在利益冲突的情况,或可能与董事和上市公司关系的重要性有关的情况……因此,作出"独立性"决定的董事会最好全面考虑所有相关事实和情况。特别是,在评估董事与上市公司关系的重要性时,董事会不仅应站在董事的立场上考虑问题,还应站在与董事有联系的个人或组织的立场上考虑问题。物质关系可以包括商业、工业、银行、咨询、法律、会计、慈善和家庭关系等。

因此,评注打算进行一次足够广泛的调查,既包括经济关系,也包括社会关系(广泛考虑所有相关事实)。然而,有人怀疑这样的调查充其量也只是表面的,主要集中在客观因素上,而不是对社会关系的软偏见上。

当然,关键的问题是,是董事会而不是外部公正的裁决者在作出独立的决定。这些董事之间可能至少有阶级关系,甚至可能有社会关系,他们与候选人之间也可能有关系,而候选人的独立性是要受到震慑的。因此,事实的发现者在结构上对寻找结构偏差有偏见。对这个问题没有可行的解决办法。

董事会委员会

纽约证券交易所《上市公司手册》规定董事会必须设立三个委员会:提名和公司治理委员会、薪酬委员会和审计委员会。这三个委员会必须全部由独立董事组成。因此,它们大大延长了由独立于管理层的董事主导的董事会的任期。我们将在下面的各章中审查这三个委员会的工作。

独立董事的不确定性

正如我们所看到的,董事会有三个基本职能。首先,虽然董事会很少参与日常运营决策,但大多数董事会至少有一些管理职能。其次,董事会提供网络和其他服务。最后,董事会监督和约束最高管理层。

独立性可能与董事会的所有三个职能有关。对于前两个,外部董事既提供自己的专业知识,又与各种联系网络相互联系。对于后者,至少根据传统

㉔　NYSE Listed Company Manual §303A.02(a).

智慧,董事会独立性是约束代理成本的重要手段。然而,仔细研究一下就会发现,董事会独立性的任何理由,都不足以证明交易所应国会和证券与交易委员会的要求而采取的那种一刀切的做法是正确的。

独立性、连锁和决策制定

让外部董事进入董事会,可以与各种潜在的战略合作伙伴建立有价值的关系。这不仅与董事会的资源收集职能有关,而且也与董事会的监测和服务职能有关。复杂的业务决策需要会计、财务、管理和法律等领域的知识。提供获取这些知识的途径可视为董事会资源收集职能的一部分。外部董事会成员可以自己拥有这些专业知识,也可以获得可靠的外部资源。

依赖外部专家是对有限理性的理性回应。一个领域的专家通过限制专家所专攻的领域的宽度来限制必须处理的信息的数量,从而最大限度地利用他有限的能力来吸收和掌握信息。在企业环境中,更多样化的董事会和更强的外部代表可能包含更多的专家,因此应该从专业化中获得更大的好处。[25]

然而,尽管如此,一名全职的高级雇员相对于那些只把一小部分时间和精力投入公司的外来者,还是有其他信息上的优势的。至少,外部人员进入董事会会增加决策成本,因为这个过程需要更长的时间。外部人员显然需要更多的信息,而且可能比内部人员需要更长的时间来说服他们。[26]更微妙的是,或许更重要的是,长期雇员会对公司特有的人力资本进行重大投资。任何晋升到高级管理层的员工都必须投入大量的时间和精力来学习如何更有效地完成自己的工作。这些知识中的大部分是特定于员工所在的公司的,比如当其他公司没有做类似的工作,或者员工所在的公司有独特的企业文化

87

---

[25] 然而,相反地,请注意,由于他们的决定是公开可见的,董事会成员有强烈的动机遵从专家意见。因为即使是一个好的决策者也会受到众所周知的"天意"的影响,所以声誉市场评估决策者的方式是在作出判断之前观察结果和行为。如果出现了一个糟糕的结果,但该行为与经过批准的专家意见是一致的,那么决策者的声誉受到的打击就会减少。实际上,听从专家的意见,一个在有限理性条件下运作的决策者,是在为一个糟糕的结果买保险。在一个协作的、多参与者的环境中,青睐交易的潜力会进一步鼓励尊重。一个特定领域的专家比一个非专家更有可能对一个特定案例的结果有强烈的感觉。通过遵从专家的意见,非专业人士可以在与其有更大利害关系的其他情况下赢得专家的投票。这样的青睐交易不必是明确的,尽管它至少有时是明确的,但它可以是一种以牙还牙的合作游戏的形式。因此,在董事会决策中,尊重引发了一种互惠的规范,这种规范允许非专业人士依靠专家对其他事项的投票。

[26] Michael P. Dooley & E. Norman Veasey, The Role of the Board in Derivative Litigation: Delaware Law and the Current ALI Proposals Compared, 44 Bus. Law. 503, 533(1989).

时。在这两种情况下,员工为公司工作的时间越长,员工的人力资本就越具有公司针对性。即使假设他们手头的决策信息水平相同,这样的员工可能也会比外部人员为公司作出更好的决策。内部人员可以把这个决定放在更广阔的背景下考虑,把它与公司的关系和联系作为一个整体。 88

由于大公司决策的性质,内部人员获取信息的渠道尤为重要。回顾一下,公司是一个典型的以权力为基础的决策结构的例子,其特征是存在一个中央机构,所有有关的信息都传送给这个机构,这个机构被授权作出对整体有约束力的决定。与许多其他组织不同,公司的中央机构不是一个单独的独裁者,而是一个由多个成员组成的机构——董事会——它通常以协商一致的方式运作。换句话说,董事会最好被理解为一个以共识为基础的决策机构。因为共识在团队成员拥有相同的信息和相似的兴趣时最有效,内部人员可能比外部人员更容易达成共识。内部人员比外部人员更有可能获得类似的信息和兴趣。内部人员在组织内部有许多非正式的联系,这既促进了团队的形成,也为他们提供了更好的获取信息的途径。因此,如果有效的决策是公司治理的目标,那么独立性可能就不可取了。相反,这些因素表明,一个完全由内部人员组成的董事会可能是更好的选择。

独立性和代理成本

公司法提供了一系列旨在限制代理成本的问责机制。其中最主要的是董事会,尤其是独立董事。可以肯定的是,外部人员既没有时间也没有必要的信息来参与公司日常管理的细枝末节。然而,外部人员可以做的是监督高管,并替换那些表现欠佳的管理者。因此,监测模式的支持者一直是董事独立性的最强有力的支持者之一。

然而,我们并不清楚,为什么独立董事会成为管理层逃避责任或自我交易的有效约束。监督公司管理人员和员工的表现是一项艰难而耗时的工作。此外,大多数外部董事在其他地方有全职工作,这吸引了他们的大部分注意力,并提供了他们大部分的金钱和精神收入。因此,独立董事可能更喜欢悠闲地工作,而不是监督管理层。正如三个世纪前亚当·斯密所言:

> 然而,(股份制)公司的董事们,与其说是管理自己的钱,不如说是管理别人的钱,因此不能指望他们会像私人合伙公司的合伙人那样,对自己的钱严加看管。就像富人的管家一样,他们也会把注意力放在一些小 89

事上，认为这不是为了他们主人的荣誉，并且很容易就放弃了这种荣誉。因此，在管理这样一家公司的事务时，或多或少总会有疏忽和挥霍。㉗

其他因素也妨碍独立董事监督管理，即使他希望这样做。尽管现在董事会开会的频率和时间都比《萨班斯—奥克斯利法案》颁布前要长，但相对于内部人员在一起的时间而言，董事会会议仍然很少，而且时间也很短。此外，外部董事通常依赖管理层提供信息。

集体行动问题也妨碍了董事会有效监测和训练管理人员的能力。尽管忠实的监督可能符合个别董事的利益，但他可能会认为，其他董事将会努力找出表现欠佳的董事，从而让搭便车者推脱责任。与任何搭便车的情况一样，这往往会导致监控水平低于最佳水平。此外，即使在管理业绩明显低于平均水平的情况下，其他集体行动问题也可能妨碍董事会采取必要的补救措施。一些董事必须站出来，开始建立多数人支持的意见，以取代现有的管理者，这再次引发了搭便车的问题。此外，如果董事积极进步，他不仅必须克服惯性和偏见的力量，而且还必须在受到威胁的管理者积极反对的情况下这样做，这些管理者将作出试图切断向董事会的信息流，试图裁撤联席主席董事会成员等破坏既有公司内部约束程序的举动。董事会成员很可能与 CEO 和其他管理人员建立了良好的个人关系，而这些人反过来又会培养这种感情。这些关系使得董事会很难解雇高管，尤其是当长期的个人友谊在起作用的时候。此外，一些董事会成员将负责聘用这些管理者，为了解雇这些管理者，他们需要在认知上承认自己的错误。

最后，内部人员可能有效地控制名义上的独立董事。正如我们所看到的，长期以来，公司外部董事通常包括律师和银行家（包括投资和商业类型的），他们正在为公司提供服务，或可能希望在未来提供服务。再举一个常见的例子，大学教师或行政人员可能要感谢控制企业对其所在机构捐款的内部人员。这些外部人员都不可能恩将仇报。

即使独立董事实际上并不偏向内部人员，但他们往往倾向于后者。如上所述，外部董事往往是与内部董事观点和价值观相同的公司高管或退休人员。由于外部董事是由现任董事会成员提名，并由股东被动选举产生的，因此，结构性偏见仍是公司治理中一个无法解决的关键难题。

㉗ Adam Smith, The Wealth of Nations 700(Modern Library ed. 1937).

危机前的实验性证据

《萨班斯—奥克斯利法案》和《证券交易所董事会合并规则》(stock exchange board composition rules)的逻辑是,独立董事将是对公司所有权与控制权分离所固有的代理成本的有效约束。然而,正如我们刚刚看到的,理论预测独立董事不太可能有效地做到这一点。在独立董事成为有效的管理监督者之前,制度必须付出代价来弥补外部与内部之间的信息不对称。它还必须承担防止外部董事会成员逃避责任的成本。换句话说,雇用代理人去观察其他代理人可能会增加而不是减少代理成本。

当《萨班斯—奥克斯利法案》被采用时,关于董事会构成与公司绩效之间关系的经验证据充其量是不具说服力的。如果独立董事有效地限制了代理成本,人们就会期待有证据表明,独立外部人员在董事会的存在与公司业绩之间存在相关性。但事实并非如此。

的确,一些早期的研究发现独立性和表现之间存在正相关。例如,罗森斯坦和怀亚特发现,当管理层任命独立董事时,股东财富会增加。[28]韦斯巴赫(Weisbach)研究了董事会作出的撤换 CEO 的决定,发现与内部控制的董事会相比,主要由独立董事组成的董事会更有可能将撤换决定建立在业绩不佳的基础上,也更有可能撤换表现不佳的 CEO。他还发现,由外部主导的董事会撤换 CEO 会增加公司价值,而由内部主导的董事会撤换 CEO 则不会。[29]贝辛格(Baysinger)和巴特勒(Butler)发现,随着独立董事比例的增加,公司的财务业绩趋于上升(在一定程度上)。[30]科特发现,由外部人员主导的董事会从收购要约中获得了更高的股东收益。[31]

然而,麦卡沃伊等的其他研究发现,董事会构成对盈利能力没有影响。[32]

91

---

[28]　Stuart Rosenstein & Jeffrey G. Wyatt, Outside Directors, Board Independence, and Shareholder Wealth, 26 J. Fin. Econ. 175(1990).

[29]　Michael S. Weisbach, Outside Directors and CEO Turnover, 20 J. Fin Econ. 431(1988).

[30]　Barry D. Baysinger & Henry N. Butler, Revolution Versus Evolution in Corporation Law: The ALI's Project and the Independent Director, 52 Geo. Wash. L. Rev. 557, 572(1984).

[31]　James F. Cotter et al., Do Independent Directors Enhance Target Shareholder Wealth During Tender Offers? 43 J. Fin. Econ. 195(1997).

[32]　Paul MacAvoy, et al., ALI Proposals for Increased Control of the Corporation by the Board of Directors, in Statement of the Business Roundtable on the American Law Institute's Proposed "Principles of Corporate Governance and Structure: Restatement and Recommendations" C-1(Feb. 1983).

克莱因同样也没有发现公司业绩与董事会构成之间存在普遍联系的证据,但他发现,董事会财务和投资委员会内部人员的存在与公司业绩之间存在正相关关系。[33]罗森斯坦和怀亚特发现,当公司宣布内部人员被任命为董事会成员时,公司内部人员持有公司超过 5% 的股份,股票市场对这一消息的反应非常积极。[34]

1999 年对该领域众多研究的分析得出结论,没有令人信服的证据表明,独立董事占多数的公司表现优于其他公司。它进一步得出结论,有一些证据表明,"中等数量"的内部人员与较高的绩效相关。[35]1998 年的一项分析也同样没有发现董事会构成影响财务业绩的证据。[36]

瓦格纳等人的文献综述进一步复杂化了实证结果,[37]他们对 63 个相关的元分析发现,平均而言,增加董事会中的外部人员数量与公司业绩的提高呈正相关。另外,增加董事会内部人员的数量也有同样的效果。换句话说,董事会的同质化程度越高则公司业绩越高,这与《萨班斯—奥克斯利法案》的支持者预言的情况不同。

激励的无党派人士

一个简单的轶事很好地说明了董事会独立性的不确定性。安然审计委员会的负责人罗伯特·杰里克(Robert Jaedicke)是斯坦福大学的会计学教授,他是这份工作的最佳人选。[38]我们都知道安然公司发生了什么。

---

[33]　April Klein, Firm Performance and Board Committee Structure, 41 J.L. & Econ. 275 (1998).

[34]　Stuart Rosenstein & Jeffrey G. Wyatt, Outside Directors, Board Independence, and Shareholder Wealth, 26 J. Fin. Econ. 175(1990).

[35]　Sanjai Bhagat & Bernard Black, The Uncertain Relationship Between Board Composition and Firm Performance, 54 Bus. Law. 921, 922(1999).

[36]　Dan R. Dalton et al., Meta-Analytic Reviews of Board Composition, Leadership Structure, and Financial Performance, 19 Strategic Mgmt. J. 269(1998). 最近一项对澳大利亚公司的研究发现,公司董事会"由非执行董事担任主席,并由非执行董事在整个董事会中占主导地位,薪酬委员会在执行 CEO 按公司业绩支付薪酬方面,并不比执行董事占主导地位的董事会更擅长"。Alessandra Capezio et al., Too Good to be True: Board Structural Independence as a Moderator of CEO Pay-for-Firm-Performance, 48 J. Mgmt. Stud. 487(2011).

[37]　John A. Wagner et al., Board Composition and Organizational Performance: Two Studies of Insider/Outsider Effects, 35 J. Mgmt. Stud. 655(1998).

[38]　Special Report, Corporate Governance—Designed by Committee, The Economist, June 15, 2002, at 69, 71.

然而,除了金融危机后法律上的变化外,近年来的一些发展可能使独立董事具有更强的能力来监督管理层,并有更强的动机这样做。接下来的章节梳理了这些变化是否强化了人们在后危机时代对独立性的迷恋。

薪　酬　制　度

激励人们把工作做好的最基本的方法就是付钱给他们。然而,奇怪的是,公司处罚董事的行为长期以来都是违法的。[39]由于当时的董事会主要由与公司有联系的人组成,如创始人、内部人员或大股东代表,他们在公司的股份为公司的良好表现提供了另一种激励。然而,随着不持有此类股份的独立董事越来越普遍,立法机构和法院认识到,薪酬是一种必要的激励,于是修改了法律,允许这种做法。到 1970 年代中期,几乎所有的上市公司都向董事支付了薪酬,随后几年,董事薪酬迅速增长。

1990 年代中期,著名的公司治理专家查尔斯·埃尔森开始辩称,现行的现金薪酬标准未能充分激励董事。实际上,他辩称,不断增长的现金薪酬和管理层对董事会提名过程的控制,"使外部董事的利益与当前管理层一致,而不是与股东一致……"。"如果董事的薪酬与公司业绩无关,他们就没有什么个人动机去挑战管理层的管理受益人。"[40]

正如我们将在下面看到的,当其他改革家专注于提名过程时,埃尔森却提出了对董事薪酬形式的根本性变革:

> 为了确保董事们将从企业的最大利益出发来审查执行计划,外部董事必须成为大股东。为了促进这一点,董事费用应主要以公司股票支付,这些股票在其任期内不得转售。不应允许任何其他形式的补偿,因为这种补偿损害了他们脱离管理的独立性。其目标是在每位董事内部建立一种以个人为基础的观察机制,以便从公司生产的最大利益出发,积极地监督管理层,并消除管理层任命和基于现金/利益的收费所造成的监管障碍。[41]

93

---

[39]　See Charles M. Elson, Director Compensation and the Management-Captured Board—The History of a Symptom and a Cure, 50 SMU L. Rev. 127, 135—148(1996).

[40]　Id. at 162—164.

[41]　Id. at 165.

　　1996 年，NACD 蓝丝带小组采纳了埃尔森的许多想法，修正了基于股票的薪酬的使用，并进一步提出，董事个人应向公司股票投入足够大的金额，以使董事的财务利益与管理层的利益脱钩。[42]尽管很少有公司会取消所有的现金薪酬和福利，但核心理念很快就流行起来。根据世界大型企业联合会（Conference Board）2007 年的一份报告，90% 的受访公司向董事支付了某种形式的基于股票的薪酬，38% 的公司以股票形式支付全部或部分基本保留金。[43]

　　从理论上讲，董事会薪酬实践的这种变化应该使董事激励与股东利益相一致。然而，卢西恩·拜伯切克和杰西·弗里德（Jesse Fried）声称，由此产生的激励作用微乎其微：

　　　　以拥有公司 0.005% 股份的董事为例。假设董事正在考虑是否批准 CEO 要求的一项薪酬安排，该安排将使股东价值减少 1 000 万美元。考虑到董事在总股份中所占的比例，如果 CEO 的要求得到批准，董事所持股份的价值仅会减少 500 美元。这样的成本，甚至是几倍的成本，都不太可能克服向董事施加压力以支持 CEO 要求的各种因素。[44]

　　拜伯切克和弗里德的批评之所以缺乏说服力，有几个原因。首先，虽然拜伯切克和弗里德在其他地方引用了关于社会和心理因素的行为研究来支持各种论点，但在这里他们没有考虑到行为研究表明大多数个体是厌恶损失的。由于董事是厌恶损失的，在其他条件相同的情况下，董事股票投资组合的小损失比 CEO 提供的小激励具有更大的心理分量。其次，拜伯切克和弗里德假设的持股比例，尽管可能不是一个普遍水平，但未能考虑到这样一种可能性：对于许多董事而言，他们在其任职的公司所持的股份，将构成该董事净资产的很大一部分。换句话说，重要的不是董事持有的股份占公司流通股的比例，而是这些股份占董事个人资产的比例。一位拥有 100 万美元投资组合的董事，其中 10 万美元由问题公司的股票组成，无论公司的流通股规模是

　　[42]　National Association of Corporate Directors, Report of the NACD Blue Ribbon Commission on Director Professionalism(1996).

　　[43]　The Conference Board, Directors' Compensation and Board Practices in 2006 6—8 (2007).

　　[44]　Lucian Bebchuk & Jesse Fried, Pay Without Performance: The Unfulfilled Promise of Executive Compensation 34(2004).

10亿美元还是1 000亿美元,他都有保持股价上涨的动机。

杰弗里·戈登提出了一个更严重的问题:基于股票的薪酬。他认为,基于股票的薪酬可能会对董事产生某种反常的激励,就像安然公司著名的对经理的激励一样。[45]然而,重要的是,许多基于股票的董事薪酬是以限制性股票而非股票期权的形式发放的。一些经济学家认为,与股票期权的接受者相比,限制性股票的接受者不太可能从事收益管理和其他形式的财务欺诈。[46]不管这种说法正确与否,股票期权只在股价上涨时才会对期权的接受者有所回报,而限制性股票的持有者则有上涨和下跌的可能。因为防止下行风险成为现实,与促进潜在上行收益一样,都是监管工作的一部分,限制性股票似乎有可能实现正确的激励平衡。

基于股权的薪酬实际上是否为独立董事提供了不逃避责任的激励? 2000年富兰克林发表的一篇文献综述确定了五项研究,为增加董事持股有助于董事作出更好的决策这一命题提供了实证支持。[47]随后,2005年的一项研究发现,支付高比例股票薪酬的银行表现出了比强调现金薪酬的竞争对手更高的业绩和增长率。[48]因此,我们似乎可以得出这样的结论:向董事支付股票薪酬的趋势,往往使独立董事激励与股东利益更好地结合在一起。

声 誉 问 题

股东维权人士内尔·米诺(Nell Minow)称,上市公司董事是"世界上对名誉最敏感的人"。[49]当然,作为一个糟糕的公司管理者的名声会对董事的自尊、他与同事的关系以及他与其他公司的就业能力产生不利影响。因此,董事有强烈的动机去关心自己的声誉。事实上,业绩低于平均水平的董事从未面临过比现在更大的被公众诽谤的风险。

[45] Jeffrey N. Gordon, The Rise of Independent Directors in the United States, 1950—2005: Of Shareholder Value and Stock Market Prices, 59 Stan. L. Rev. 1465, 1488(2007).

[46] See, e.g., Natasha Burns & Simi Kedia, The Impact of Performance-Based Compensation on Misreporting, 79 J. Fin. Econ. 35(2006).

[47] R. Franklin Balotti et al., Equity Ownership and the Duty of Care: Convergence, Revolution, or Evolution? 55 Bus. Law. 661, 672—77(2000)(summarizing studies).

[48] David A. Becher et al., Incentive Compensation for Bank Directors: The Impact of Deregulation, 78 J. Bus. 1753(2005).

[49] David A. Skeel, Jr., Shaming in Corporate Law, 149 U. Pa. L. Rev. 1811, 1812 n.3 (2001).

戴维·斯基尔(David Skeel)指出了所谓的"羞辱性制裁"(shaming sanctions)在公司治理中发挥作用的多种方式,其中有几种完全适用于独立董事。[50]首先,检察官所钟爱的"游街示众"不仅使某一案件中的个别被告蒙羞,而且也使其他考虑类似不当行为的人不寒而栗。其次,刑事定罪使被告受到法律的制裁。最后,斯基尔指出,维权股东公开指认那些被认为表现不佳的公司和/或个别管理者和董事。加州公务员退休基金(CalPERS)的年度重点关注名单中,被指公司治理不善的公司是这一现象最著名——或许也是最成功——的例子。斯基尔表示,来自加州公务员退休基金的关注经常"促使(上榜的)公司立即做出改变,比如将 CEO 和董事会主席职位分开,或者增加独立董事"。

在斯基尔的列表中,我们可能添加 24/7 媒体环境。如今,"商业新闻的受众比以往任何时候都多,传播能力也更强"。[51]有线电视网络、报纸、网站和博客提供不间断的报道。尽管这类报道往往相当于为名人摇头摆脑,但安然事件后"高管薪酬过高、津贴过高、贷款被豁免、董事们互相挤眉弄眼,或只是视而不见"的"鼓声",为商业媒体提供了耸人听闻的素材。[52]花了数年时间才建立起来的声誉,现在可以瞬间化为乌有。

最后,作为美国公司法的主要中心,特拉华州法院在通过命名建立行为规范方面发挥了重要作用。正如爱德华·洛克(Edward Rock)所说:

> 特拉华州法院首先制定了法律行为标准(它影响着董事、管理人员和律师的社会规范的发展),主要是通过"公司法训诫"来实现的。"这些内容丰富、判断力强的事实叙述,加上明确的判断结论,有时会受到法律制裁,但令人惊讶的是,往往不会。作为一个整体,特拉华州的意见可以被理解为提供了一组抛物线——有教育意义的故事——关于好的管理者和坏的管理者,好律师和坏律师,这些集合在一起,填补了这些关键角色的规范性工作描述……这些行为准则由公司法律顾问传达给管理人员,并且……在(非法律)行为规范的演变中起着重要的作用。"[53]

---

⑤⓪　David A. Skeel, Jr., Corporate Shaming Revisited: An Essay for Bill Klein, 2 Berkeley Bus. L. J. 105(2005).

⑤①　Gregory J. Millman, No Longer Just Gray: Business Journalism Takes Off, Fin. Exec., Oct. 1, 2006, at 18.

⑤②　Tom Horton, Integrity, Directors & Boards, Jan. 1, 2003, at 10.

⑤③　Edward B. Rock, Saints and Sinners: How Does Delaware Corporate Law Work? 44 UCLA L. Rev. 1009, 1016—17(1997).

芝加哥大学商学院苏拉吉·斯里尼瓦桑（Suraj Srinivasan）的一项研究证实了声誉制裁的有效性。斯里尼瓦桑研究了 409 家在 1997 年至 2001 年间重申收益的公司，以确定是否对外部董事有影响。斯里尼瓦桑发现，对于那些将收益向下重述的公司，董事流动率更高，而且董事流动率的可能性与重述的严重程度成正比。斯里尼瓦桑还发现，那些将收益再次下调的公司的董事，往往会失去他们在其他公司的董事职位。斯里尼瓦桑的结论是，有证据表明，外部董事，尤其是那些在审计委员会任职的董事，因为财务报告失败而在劳动力市场上遭受了巨大的声誉损失。[54]

一项关于无竞争董事会选举的研究为声誉效应提供了进一步的证据。作者发现，出席董事会会议少于 75% 的董事和那些接受 ISS 负面建议的董事得到的投票分别比他们的同行少 14% 和 19%。尽管作者无法确定投票减少对董事声誉的直接影响，但至少他们的自尊似乎受到了损害。无论如何，投票权的减少有几个积极的间接影响，包括更高的 CEO 更替率和更低的高管薪酬。[55]

97

司法上对知情决策的坚持

长期逃避职责的独立董事几乎不需要担心法律后果。正如耶鲁大学法学教授约瑟夫·毕晓普（Joseph Bishop）在 1968 年《法律评论》（law review）一篇被广泛引用的文章中所指出的那样，"寻找工业公司董事在派生诉讼中因疏忽而被追究责任的案例，而不涉及自我交易，无异于大海捞针"。[56]然而，在 20 世纪 80 年代，特拉华州最高法院和衡平法院开始强调，董事们需要"在作出商业决定之前，充分利用他们能够合理获得的所有重要信息"。[57]至少在理论上，当董事未能如此告知自己时，他们现在面临着用个人货币负债的

---

[54]　Suraj Srinivasan, Consequences of Financial Reporting Failure for Outside Directors: Evidence from Accounting Restatements and Audit Committee Members, 43 J. Accounting Research 291(2005).

[55]　Jie Cai et al., Electing Directors(May 2007), available at http://papers.ssrn.com/sol3/papers.cfm?abstract_id=910548.

[56]　Joseph W.Bishop Jr., Sitting Ducks and Decoy Ducks: New Trends in the Indemnification of Corporate Directors and Officers, 77 Yale L.J. 1078, 1099(1968).

[57]　Aronson v. Lewis, 473 A.2d 805, 811(Del. 1984); see also Smith v. Van Gorkom, 488 A.2d 858, 872(Del. 1985). 除了一个明智的决定外，还有许多其他的先决条件必须满足，以使董事会的决定或行动符合商业判断规则而免受司法审查。See generally Stephen M.Bainbridge, Corporation Law and Economics 270—283(2002)(discussing preconditions).

前景。

尽管处理这一新生职责的案件被恰当地描述为"司法上对需要更明智的董事的一种迟到已久的肯定",[58]但它们往往出现在特定的交易环境中。因此,例如,法院希望董事在合并或其他收购中出售公司时,收集有关公司价值的所有合理可得的重要信息。这一系列的案件产生了一个问题,即什么标准适用于董事会的更一般的监督作用,在这种作用下,对管理的监测是在特定的交易范围之外进行的。

98　　在1996年影响深远的凯马克(Caremark)决定中,特拉华州财政大臣威廉·艾伦(William Allen)明确表示,董事会的"知情义务"延伸到了其总体监督职责。具体而言,艾伦认为,董事的注意义务包括一项肯定的义务,即确保"适当的信息将作为正常操作的事项及时得到其注意"。[59]在凯马克,公司没有内部控制程序来确保公司在运作中遵守关键的联邦法规。当公司违反了其中一条法规,并被迫支付一大笔罚款时,一场派生诉讼则等待着董事们。为了评估和解方案,艾伦在审查该索赔要求的优点时,驳斥了被告的论点,即"公司董事会没有责任确保管理层建立适当的信息和报告系统……"。[60]相反,他规定了管理层和董事会执行内部控制制度的肯定义务。尽管考虑到本案的有利立场,艾伦的分析只是一种意见,但特拉华州最高法院随后确认,凯马克阐明了评估董事监督责任的必要条件。[61]

在古特曼诉黄(Guttman v. Huang)案中,特拉华州副首席大法官里奥·斯特恩指出凯马克"被正确地看作是促使管理者在监督他们公司是否遵守法律标准时更加小心谨慎的一个促进因素"。[62]在那起案件中,斯特恩将凯马克应用于对董事会未能充分监督公司内部会计控制的指控,如果有证据表明"公司缺乏审计委员会,公司的审计委员会只是偶尔开会,而且显然没有足够的时间来开展工作,或者审计委员会对严重的会计违规行为有明确的通知,只是选择忽视它们,或者更糟糕的是,鼓励它们继续存在"。[63]

诚然,作为一个实际问题,独立董事面临的责任风险可能仍然很低。[64]

---

[58]　Krishnan Chittur, The Corporate Director's Standard of Care: Past, Present, and Future, 10 Del. J. Corp. L. 505, 543(1985).

[59]　In re Caremark Int'l Inc. Deriv. Litig., 698 A.2d 959, 970(Del. Ch. 1996).

[60]　Id. at 969—970.

[61]　Stone v. Ritter, 911 A.2d 362, 365(Del. 2006).

[62]　Guttman v. Huang, 823 A.2d 492, 506(Del. Ch. 2003).

[63]　Id. at 507.

[64]　See Bernard Black et al., Outside Director Liability, 58 Stan. L. Rev. 1055(2006).

"尽管如此,董事对风险的感知似乎在这段时间内有所增强,这可能是由于律师们的抱怨,可能是责任保险公司散布谣言,也可能是由于像安然和世通公司这样的例外案例的显著性,在这些案例中,外部董事自掏腰包来解决索赔问题。"⑥因此,对诉讼的恐惧鼓励董事会建立一种"高层调子",鼓励诚实、正直和遵守法律要求。特别是,董事会成员要注意不要被动地依赖管理层和外部顾问。虽然董事会成员不是负责进行公司间谍活动以侦查不法行为的私人调查员,但他们有义务在接受管理层和外部顾问提供的报告之前进行坦诚的调查。正如特拉华州最高法院在史密斯诉范科姆(Smith v. Van Gorkom)一案中指出的那样,董事会在评估他人提供的信息时,必须"以批判性的眼光进行评估"。⑥

99

新的衡量标准

在一篇颇具煽动性的文章中,杰弗里·戈登认为,过去 50 年见证了"一种新的公司治理范式的兴起,这种范式将股价视为衡量多数事物的标准"。⑥这种模式的出现是因为股价的信息含量越来越高。根据证券与交易委员会不断变化的规定,公司必须披露大量信息。由于会计准则的改进,财务披露变得更加透明。随之而来的是向市场提供的信息的数量和质量的改善,这些信息本身也变得更加具有流动性和效率,使市场价格成为衡量管理业绩的一个日益准确的指标。

戈登认为,这种发展从根本上简化了独立董事的任务。外部人员不再需要与他们和管理层关系中固有的信息不对称作斗争,因为"股票市场信号的信息量和价值的增加"使他们能够依赖"股票价格最大化作为管理成功的衡量标准"。⑥

然而,股市表现是一个完全基于产出的指标。至少在某些情况下,基于输入的度量可能更合适。即使我们认为监测是委员会的唯一适当职能,情况也是如此。

董事会的监督职能可有效地细分为两大类。首先,董事会评估最高管理团队的能力和努力。虽然这是一个持续的过程,但在招聘、晋升和薪酬决策

⑥ Gordon, supra note 45, at 1484.
⑥ Smith v. Van Gorkom, 488 A.2d 858, 872(Del. 1985).
⑥ Gordon, supra note 45, at 1472.
⑥ Id. at 1470—1472.

方面最为突出。在后一种情况下,董事会可以将主要精力放在监督产出上。具体来说,董事会将重点关注企业的绩效指标。单纯以产出作为衡量标准,无论如何都是不准确和不公平的。即使是最有能力、最敬业的管理团队,也可能会因为临时性的条件而使企业业绩出现偏差。不幸的是,利用投入来监督管理能力和努力是出了名的困难。许多管理工作涉及不可分割的团队生产形式,在这种情况下,团队成员个人的贡献无法单独衡量。

其次,董事会负责监督管理层的行为。在这里,董事会审查个人管理决策和行为的不当和渎职。这种形式的监测不可避免地集中于投入。如果董事会只知道公司盈利能力很强,却不知道大规模的违法行为是盈利能力的基础,那么董事会就不能成为一个有效的监督者。

因此,基于股价的指标可能会让独立董事的日子好过一些。目前还不清楚他们是否让独立董事成了更好的监督者。

证 据 确 凿 吗?

有一些证据表明,后萨班斯法案时代的监管变化和影响独立董事的新市场力量已经产生了作用。罗伯特·费尔顿(Robert Felton)对后萨班斯法案时代董事会研究的回顾发现,董事所在董事会的平均公司数量有所下降,可能是因为董事会和委员会开会更频繁,需要处理更多信息。审计委员会成员的服务时间尤其增加了,因为他们有大量的新职责。总体而言,"美国上市公司董事的平均工作时间从 2001 年的每月 13 小时增加到 2003 年的每月 19 小时(然后在 2004 年下降到每月 18 小时)"。[69]然而,这是否加强了董事独立性是值得怀疑的,因为在前面几节中讨论的许多因素可能导致由内部控制的董事会作出类似的努力。

迈克尔·尤西姆(Michael Useem)和安迪·泽勒克(Andy Zelleke)对治理实践的调查提供了更有力的证据,表明对独立性的迷恋至少产生了一些有益的影响。他们发现,董事会越来越多地认为,授权给管理层是谨慎和自觉决策的恰当主题。接受调查的董事会成员承认,他们并不是每天都在经营公司,而是寻求提供更有力的监督和管理。越来越多的董事会正在制定书面协议,以便在董事会和管理层之间分配决策权,尽管这些协议从框架的详细全

---

⑥⑨　Robert F. Felton, A New Era in Corporate Governance, McKinsey Q., 2004 No. 2, 28, 60.

面到简略有限差异很大。尤西姆和泽勒克的结论是,高管们仍然在很大程度上决定着董事会的决策议程。与此同时,他们发现,近年来,董事会越来越强调自己的主权,一种明显的表现是要求管理层留意董事会希望听到什么,以及董事会认为自己应该作出什么决定。[70]

当然,董事会获取信息一直是一个关键问题。恩里切塔·拉维纳(Enrichetta Ravina)和波拉·萨皮恩扎(Paola Sapienza)对独立董事交易结果的研究提供了间接证据,证明独立董事现在能够很好地获取信息。作者发现,独立董事在交易公司股票时获得了可观的正异常回报。更有趣的是,他们的业绩与同一公司高管的业绩之间的差异相对较小,而在治理机制较弱的公司,这种差异会扩大。[71]似乎可以从这些证据中推断,外部人员现在可以很好地获得有关公司业绩的重要信息;事实上,他们获得这些资料的机会与高管相当。[72]

一种标准适合所有人吗?

后萨班斯法案时代的监管环境建立在这样一种传统观念之上:董事会具有独立性是一件纯粹的好事。然而,正如前面内容所表明的,关于董事会独立性优点的经验证据是混杂的。因此,尽管我们有理由认为,独立董事终于受到了适当的激励,因此变得更加有效,但从上述分析中得到的最明确的教训仍然是:一种标准并不适合所有人。

这个结果并不令人惊讶。一方面,企业对管理问责机制没有统一的需求。问责的必要性取决于逃避责任的可能性,而这又取决于管理者的品位,取决于每个公司独特的文化、传统和竞争环境。我们都知道,经理们的偏好包括努力、忠诚的工作。在企业文化中,这种管理者占主导地位的公司对外部问责机制的需求较少。

另一方面,企业有广泛的问责机制可供选择。独立董事并不是监督管理层业绩的唯一机制。相反,各种力量共同作用,限制了管理层逃避责任的动

102

---

[70]　Michael Useem & Andy Zelleke, Oversight and Delegation in Corporate Governance: Deciding What the Board Should Decide, 14 Corp. Gov.: An Int'l Rev. 2(2006).

[71]　Enrichetta Ravina & Paola Sapienza, What do Independent Directors Know? Evidence from Their Trading(December 2006), available at http://ssrn.com/abstract=928246.

[72]　请注意,这使人怀疑独立董事在多大程度上依赖基于股价的指标。如果独立董事的业绩与内部人员一样好,可以认为,前者与内部人员一样,能够获得重要的非公开信息。

机:公司运作所需的资本和产品市场;管理服务的内部和外部市场;公司控制权市场;激励性薪酬体系;外部会计师审计;其他力量。独立董事在公司中发挥监督作用的重要性在很大程度上取决于允许这些其他力量发挥作用的程度。例如,与没有接管防御的公司相比,拥有强大的接管防御的公司的管理者受公司控制市场的影响较小。前者比后者更需要一个强大的独立董事会。

提供最佳问责水平所需的独立董事的临界数量也将根据选择的外部人员的类型而有所不同。强大、积极的独立董事很少容忍疏忽或过失行为。一个有少数这样的董事的董事会,比一个有许多名义上独立但实质上逃避监督义务的董事的董事会更有可能充当忠实的监督者。

然而,后萨班斯法案的标准将所有上市公司捆绑在一个单一的公司治理模式中。新规则对董事独立性作出了高度限制性的定义,并要求这些董事同时控制董事会及其所需的委员,但却没有考虑到公司之间的多样性和差异。因此,新规则满足了我们对"庸医"公司治理的定义。他们所要求的"一刀切"的模式应该被废除,取而代之的是允许每个公司开发最适合其个人需求的特定的监控和管理组合。不幸的是,正如我们在回顾危机后的联邦监管计划时所看到的那样,国会和证券与交易委员会都没有对私人命令原则作出任何让步。

我们失去了什么?

对董事会独立性的迷恋是有代价的。其中两者是外部人员和内部人员之间的信息不对称,以及那些需要激励外部人员去执行的。第三个是内部代表的价值损失。

103   奥利弗·威廉姆森(Oliver Williamson)认为,董事会的职能之一是"维护公司和管理层之间的合同关系"。[73]内部董事会的代表可能是执行这一职能的必要条件。许多不利的公司结果超出了管理层的控制。但是,如果委员会限于监测管理,特别是限于对业绩的客观衡量,委员会可能无法区分天灾、厄运、无能和自私。因此,厌恶风险的经理人可能会要求更高的回报,以补偿董事会无法作出此类区分的风险。或者,管理者可以减少他们在企业特定人力资本上的投资,以最小化不可分散的就业风险。董事会的内部人员代表可以通过提供更好的信息和深入了解不利结果的原因来避免这些问题。

---

[73]   Oliver E. Williamson, The Economic Institutions of Capitalism 298(1985).

内部人员在董事会的代表也将鼓励内部人员与外部人员之间的相互信任。因此,董事会中的内部人员代表为董事会提供了一个可靠的信息来源,这是对管理层业绩进行准确的主观评估所必需的。然而,除此之外,它还是公司和高层管理团队之间的纽带。内部董事想必会为自己和其他经理人的利益着想。因此,董事会代表提供了一些保护,防止因管理层控制之外的不利结果而被解雇。

这些考虑可能解释了克莱因的发现,即董事会委员会内部人员的存在与公司绩效之间存在正相关关系。[74]它们也有助于解释瓦格纳等人的发现,即董事会内部人员数量的增加与公司绩效正相关。[75]

对独立性的迷恋让我们失去了这些来自内部代表的潜在好处。国会拒绝允许"私人订餐"意味着那些成本最高的公司无法选择一刀切的解决方案。

对独立性的迷恋导致了金融危机吗?

格兰特·柯克帕特里克(Grant Kirkpatrick)在为经合组织撰写的一份重要报告中指出,有证据表明,对独立性的迷恋可能是导致2007—2008年金融危机的原因之一。[76]新的独立性条款中嵌入了严格的利益冲突规则,这使得金融机构很难找到具有本行业专长的独立董事。例如,一项针对美国八家主要金融机构的调查发现,三分之二的董事没有银行工作经验。考虑到内部人员与外部人员之间固有的信息不对称,董事会专业知识的缺乏,大大加剧了金融机构董事会在危机前时期无力有效监控其公司的情况。更多的专家委员会本来可以利用他们拥有的资料做更多的工作,此外,本可以更好地确定其中需要填补的空白。

此外,寻找独立董事的需要强调要以牺牲能力为代价来避免利益冲突。换句话说,问题不仅在于对独立性的新定义排除了许多具有行业专长的候选人,而且还在于强调冲突的客观特征主导了选择过程,从而排除了对候选人基本能力和良好判断力的重视。因此,金融危机在一定程度上似乎是《萨班

104

[74] See April Klein, Firm Performance and Board Committee Structure, 41 J.L. & Econ. 275(1998).

[75] See John A. Wagner et al., Board Composition and Organizational Performance: Two Studies of Insider/Outsider Effects, 35 J. Mgmt. Stud. 655(1998).

[76] Grant Kirkpatrick, The Corporate Governance Lessons from the Financial Crisis, 2009 Fin. Mkt. Trends 1.

斯—奥克斯利法案》的意外后果。

关于 CEO/董事长二元性的说明

根据交易所上市标准，如果上市公司的 CEO 担任董事会主席，则需要任命一名独立的首席董事。首席董事可能主持独立董事的执行会议。由于首席董事的身份和关联信息必须披露，他还充当了股东关系的关键人物。首席董事应在制定董事会议程方面有发言权，以检查 CEO/董事长对董事会会议的控制。在危机时刻，首席董事应该成为其他独立董事的凝聚点，尤其是那些涉及 CEO 解聘或继任的董事。

首席董事一职是与那些希望交易所委任非执行董事长的评论人士达成的妥协。然而，支持分拆 CEO 和董事会主席职位的人继续推进这一想法，并试图利用《多德—弗兰克法案》作为实现这一目标的工具。然而，最终，《多德—弗兰克法案》第 973 条只是要求证券与交易委员会采用一项新规定，要求报告公司披露同一个人或不同的人是否担任 CEO 和董事会主席。⑦无论哪种情况，公司都必须披露这样做的原因。

立法史明确指出，该法案"不支持或禁止任何一种方法"。⑱然而，即便如此，一些政策企业家似乎仍希望，该条款将使企业感到羞愧，从而将这两个职位分离开来：

> 加州公共雇员退休系统的首席投资官约瑟夫·迪尔（Joseph Dear）先生，他代表机构投资者委员会（Council of Institutional Investors）在参议院银行委员会（Senate Banking Committee）的证词中写道："应该鼓励董事会将董事长和 CEO 的角色分开，或者解释为什么他们采用了另一种方法来确保董事会的独立领导。"⑲

如果这是第 973 条最后得出的结论，那么在实证文献中就没有有力的支持。可以肯定的是，独立的董事会主席正变得越来越普遍：

> 大约 16% 的标普 500 指数公司现在有一个独立的主席；标准普尔

---

⑦　Dodd-Frank § 953.

⑱⑲　S. Rep. No.111—176, at 147(2010).

中、小型股公司的这一比例更高(分别为 23% 和 27%)。2008 年,标普 500 指数成分股公司中 95% 的董事会有独立的首席董事,而 2003 年这一比例仅为 36%。[80]

当然,后一个数字代表了交易所上市标准的影响,因此不应被视为有利于非执行董事长的证据。真正的问题是,拥有如此独立董事长的公司数量相对较少,是由于市场失灵,还是反映了董事会的最佳设计?

奥卢布米·法莱伊(Olubunmi Faleye)的一项研究发现,企业在其独特的环境中积极衡量替代领导结构的成本和收益这一假设得到了支持,并得出结论称,要求用一种一刀切的模式将 CEO 和董事长职位分开,可能适得其反。[81]詹姆斯·布里克利(James Brickley)、杰弗里·科尔斯(Jeffrey Coles)和格雷格·贾雷尔(Gregg A. Jarrell)的一项研究发现,几乎没有证据表明合并或分离这两个头衔会影响公司业绩。[82]同一作者随后的一项研究发现,"对大多数公司来说,分离的成本大于收益这一假设初步成立"。[83]

106

正如约翰·科茨(John Coates)对这一领域的总结,各种证据充其量不过是喜忧参半:

> 在过去的 20 年里,至少有 34 项独立的研究,研究了拥有分离和统一 CEO/董事长职位的公司业绩的差异,其中包括两项"元研究"。"……从这些研究中得出的唯一明确的结论是,CEO/董事长结构的分裂没有长期趋势,而且董事会领导结构的变化已经持续了几十年,甚至在英国也是如此,在那里,CEO/董事长结构的分裂是一种常态。"[84]

尽管科茨的结论是,通过立法拆分 CEO 和董事长职位"对大公司来说可

---

[80] ABA Section of Business Law Task Force Report, supra note 13, at 131.

[81] Olubunmi Faleye, Does One Hat fit All? The Case of Corporate Leadership Structure (January 2003).

[82] James A. Brickey et al., Leadership Structure: Separating the CEO and Chairman of the Board, 3 J. Corp. Fin. 189(1997).

[83] James A. Brickley et al., Corporate Leadership Structure: On the Separation of the Positions of CEO and Chairman of the Board, Simon School of Business Working Paper FR 95-02 (Aug. 29, 2000), http://ssrn.com/abstract=6124.

[84] John Coates, Protecting Shareholders and Enhancing Public Confidence through Corporate Governance (July 30, 2009), http://blogs.law.harvard.edu/corpgov/2009/07/30/protecting-shareholders-and-enhancing-public-confidence-through-corporate-governance/.

能是个好主意",但他进一步暗示,强制拆分"对所有上市公司来说显然不是一个好主意"。⑧

支持设立强制性非执行董事长的人夸大了拆分这些职位的好处,却低估甚至忽视了这么做的成本。迈克尔·詹森(Michael Jensen)在1993年向美国金融协会(American Finance Association)发表的主席演讲中指出了这种做法的潜在好处,他指出:"董事长的职能是主持董事会会议,监督招聘、解聘、评估和付酬CEO的过程……因此,为了让董事会更有效率,将CEO和董事长职位分开是很重要的。"⑧然而,事实上,监督"招聘、解聘、评估和付酬CEO的过程"是董事会全体成员的工作,而不仅仅是董事长的工作。

可以肯定的是,在许多公司里,董事长有召集特别会议、制定董事会议程等特殊权力。⑧在这样的公司里,双重CEO兼董事长的确会行使权力,可能会妨碍董事会对他的表现进行监督。然而,在这样的公司里,问题不在于一个人同时担任两个职位,问题是独立董事把太多的权力委托给了董事长。解决办法是制定规章制度,允许独立董事召开特别会议,要求他们在管理者在场的情况下定期开会,等等。

107

实际上,执行董事长的影响力甚至可能不是问题。布里克利、科尔斯和贾雷尔(Brickley, Coles and Jarrell)的结论是,头衔的分离和组合是自然继承过程的一部分。一个成功的CEO会从公司得到各种各样的奖励,其中一个可能是更花哨的头衔。如果合并头衔带来的权力是对持续的高绩效的奖励,那么这种权力实际上可能会给公司带来好处。

从利益的角度来看,这是一个成本方面的问题,即使拆分职位可以让董事会更容易监督CEO,但董事会现在面临的新问题是,如何监督一位有实权的非执行董事长。董事会现在必须作出努力,确保这样的董事长不会利用职务之便向公司收取租金,而且,董事长还必须作出必要的努力,以便有效地履行该职位的职责。董事会还必须确保董事长和CEO之间不会出现功能失调的竞争,这两个人想必都是雄心勃勃、能力很强的人。换句话说,如果问题是"谁在监督监督者?","把两个位置分开只会产生另一个必须被监

⑧　Id.

⑧　Michael C.Jensen, Presidential Address: The Modern Industrial Revolution, Exit and the Failure of Internal Control Systems, 48 J. of Fin. 831, 866(1993).

⑧　James Verdonik and Kirby Happer, Role of the Chairman of the Board 2(解释说:"主席的职责之一是召集董事会和股东会议……董事长经常为董事会制定议程"), http://www.directorsforum.com/role-of-the-chairman-verdonik-happer.pdf.

督的监督者"。

此外,非执行董事长不可避免地将不如 CEO 消息灵通。因此,这样的非执行董事长在领导董事会履行其咨询和联络职能方面的能力将会减弱。同样,这样的董事长在领导董事会监督 CEO 以下的高层管理者方面的效率也会降低,因为董事长不像 CEO 那样熟悉这些管理者。

第 973 条符合庸医式的公司治理的所有标准。它提出了一组重要的政策企业家的长期议程项目,尽管没有达到他们希望的程度。这些利益集团在联邦层面很强大,但在特拉华州则不然。尽管反对者设法避免了完全的先发制人,但它还是侵犯了国家公司法。经验证据没有为披露提供任何真正的理由,更不用说把这两个位置分开了。这是庸医式公司治理。

第四章　高管薪酬

　　在这两次危机之后，高管薪酬成了一个热点问题。政界人士、权威人士、监管机构、维权股东以及许多其他意见领袖和普通民众都抱怨说，在经济陷入困境的时候，公司里的"肥猫"越来越富了。例如，在 2008 年总统大选期间，参议员约翰·麦凯恩（John McCain）"抨击了贝尔斯登领导人接受的'离谱'和'不合理'的奖励"。尽管出现了信贷危机，但全国金融公司（Countrywide Financial Corp.）仍然给高管发放高额薪酬。①当时的参议员巴拉克·奥巴马的一则政治广告也同样抨击了"CEO 们在 10 分钟内挣的钱比普通工人一年挣的钱还多"。②

　　因此，《萨班斯—奥克斯利法案》和《多德—弗兰克法案》都包括了新的高管薪酬规定，也就不足为奇了。一个关键问题是，这些条款是针对实际的公司治理失败，还是只是为了安抚民粹主义者的愤怒。在这两种情况下，人们还必须问问新的限制措施是否可能有效。

我们为什么要关心？

　　毫无疑问，大多数美国大型上市公司都会给 CEO 们丰厚的薪酬。2008 年国会的一份报告指出，在 2005 财

---

　　①②　Joann S.Lublin, U.S. News: Candidates Target Executive Pay, Wall St. J., Apr. 12, 2008, at A4.

政年度,1 400 家大公司的 CEO 的平均薪酬为 1 351 万美元,比 2004 财政年度增长了 16%。③但为什么这是一个涉及立法或监管的问题呢?有几个可能 110 的答案不言自明。

"没有人能一年挣 100 万美元"

在经济低迷时期,人们抱怨高管薪酬过高已不是什么新鲜事。例如,在 1930 年代的大萧条时期,一场挑战高管奖金的诉讼引发了一句格言:"没有人能一年挣 100 万美元。"④这种抱怨至少在一定程度上不是基于高管薪酬相对于公司业绩过高的观点,而是基于高管薪酬实在太高的观点。

围绕过去 10 年危机的言论中,也充斥着类似的民粹主义主题。例如,2008 年美国国会的一份报告指出,"1991 年,大公司 CEO 的平均收入大约是普通工人的 140 倍;2003 年,这一比例约为 500∶1"。⑤特拉华州副首席大法官里奥·斯特恩在 2007 年《法律评论》的一篇文章中指出,工人和投资者都"觉得 CEO 们自私,拿着离谱的薪水,而其他美国人却在经济上没有保障"。⑥时任上市公司会计监督委员会(PCAOB)主席的威廉·麦克唐纳(William McDonough)抱怨道:

> 我们看到……薪酬的爆炸式增长让这些超级明星 CEO 们实际上相信,他们的薪酬是普通员工的 400 多倍。20 年前,他们的平均工资是普通工人的 40 倍,所以这个倍数从 40 增加到 400——在 20 年里增加了 10 倍。这在所有的经济推理中都是完全不合理的,而且,在我看来,这也是不道德的。⑦

阶级斗争的花言巧语使经济政策的基础很差。然而,作为监管高管薪酬

---

③　House Report 110-088，at 3(2008).

④　Harwell Wells, "No Man Can Be Worth $1,000,000 a Year": The Fight Over Executive Compensation in 1930s America, 44 U. Rich. L. Rev. 689，726(2010).

⑤　House Report 110-088，at 3.

⑥　Leo E.Strine, Jr., Toward Common Sense and Common Ground? Reflections on the Shared Interests of Managers and Labor in a More Rational System of Corporate Governance, 33 J. Corp. L. 1，10—11(2007).

⑦　William J.McDonough, The Fourth Annual A.A. Sommer, Jr., Lecture on Corporate, Securities & Financial Law, 9 Fordham J. Corp. & Fin. L. 583，590(2004).

的理由,这一点尤其不恰当。首先,为什么要挑选上市公司的高管进行监管?

111 如今,许多职业的回报甚至更高。例如,2006 年华尔街薪酬最高的投资银行家是高盛的劳埃德·布兰克费恩(Lloyd Blankfein),他"在工资、现金、限制性股票和股票期权方面赚了 5 430 万美元",[8]大约是前一年 CEO 薪酬中值的 4 倍。一些私人对冲基金经理的薪酬甚至比这个数字还要高。例如,对冲基金经理詹姆斯·西蒙斯(James Simons)2006 年的收入为 17 亿美元,而另外两名对冲基金经理当年的收入也达到了 10 亿美元。[9]当然,更不用说顶级运动员和演艺人员的巨额收入了。

其次,监管高管薪酬可能会触及公众的民粹主义之痒,但对解决收入和财富的不平等问题却收效甚微。可以肯定的是,正如布雷特·麦克唐奈(Brett McDonnell)观察到的,"有钱有势的 CEO 已经成为这个国家收入和财富不平等急剧增加的典型代表"。[10]然而,即使假定纠正这种不平等现象是适当的社会政策,也不是有效的社会政策,为 CEO 的薪酬设定上限或削减也不是有效的手段。

卡普兰(Steven Kaplan)和乔舒亚·劳(Joshua Rauh)确定,在调整后总收入最高的 0.01% 的个人中,非金融性公司的高管只占 5% 多一点。对冲基金经理、投资银行家、律师、私营公司高管、高薪医生、独立富裕的个人和名人构成了高收入阶层的大部分。他们进一步发现,顶级企业高管的比例一直保持不变,CEO 的实际薪酬与股票表现高度相关。因此,他们得出的结论是,"糟糕的公司治理或对股东的管理权力,只是收入不平等加剧的一小部分,即便是在收入分配的最高端也是如此"。[11]

麦克唐奈(McDonnell)对乔舒亚·劳和卡普兰的论文在诸多方面持批评态度,但即便如此,他也承认,"投资银行家、对冲基金和私人股本基金经理以及公司律师在日益加剧的不平等问题中所扮演的角色,至少与上市公司高管一样重要,这一点似乎确实很有道理"。[12]如果是这样,针对上市公司高管的监管不公平地缺乏包容性。此外,这种监管将产生严重的扭曲效应。如果

---

[8][9]　Jenny Anderson & Julie Creswell, Top Hedge Fund Managers Earn Over $240 Million, N.Y. Times, Apr. 24, 2007.

[10]　Brett H.McDonnell, Two Goals for Executive Compensation Reform, 52 N.Y.L. Sch. L. Rev. 586, 587(2008).

[11]　Steven N.Kaplan & Joshua Rauh, Wall Street and Main Street: What Contributes to the Rise in Highest Incomes, NBER Working Paper No.13, 270(July 2007).

[12]　McDonnell, supra note 10, at 594.

上市公司 CEO 的薪酬低于其他领域,那么最优秀、最聪明的人将把职业生涯转向薪酬更高的工作。

总之,我们不需要在这里决定社会中的财富和收入不平等是否值得立法关注。在这两种情况下,监管高管薪酬都是应对这一更广泛的社会问题的不恰当和不公平的方法。因此,CEO 和员工薪酬的差异,并不能证明《萨班斯—奥克斯利法案》和《多德—弗兰克法案》对高管薪酬的影响是正当的。

112

薪酬没有绩效

监管高管薪酬的一个更有力的理由是,正如参议院委员会对后来成为《多德—弗兰克法案》的报告所指出的那样,"经济危机表明,尽管公司业绩非常糟糕,但企业高管却获得了很高的薪酬"。[13]根据这一观点,高管薪酬丑闻并不是因为近年来管理层薪酬的快速增长,而是薪酬计划未能仅针对表现最好的员工发放高薪酬。

这条论证基于两个前提。第一,高管薪酬不是通过独立谈判确定的。相反,高管实际上控制了名义上决定薪酬的董事会。[14]第二,管理者利用他们对公司董事会的影响力,通过使薪酬与业绩大幅脱钩的安排来获得更高的报酬。[15]

高管薪酬的公平谈判模式

文献指出了股东和管理者利益可能产生分歧的四种特殊方式。第一,也是最明显的,管理者可能会用"闲"代替"努力"来逃避责任——这是一个通俗的说法。[16]第二,管理者如果对公司特定的人力资本进行大量的不可分散投资,并持有未分散的投资组合,其中其雇主的股权占比高得多,他们会设法将

---

⑬　S.Rep. No.111—176, at 133(2010).

⑭　Lucian Bebchuk & Jesse Fried, Pay Without Performance: The Unfulfilled Promise of Executive Compensation 5(2004)(arguing that "directors have been influ- enced by management, sympathetic to executives, insufficiently motivated to bargain over compensation, or simply ineffectual in overseeing compensation").

⑮　Adolf A.Berle & Gardiner C.Means, The Modern Corporation and Private Property 6 (1932).

⑯　Michael C.Jensen, A Theory of the Firm: Governance, Residual Claims, and Organizational Forms 144(2000).

113 　股东通过分散投资消除的公司特定风险降到最低。⑰因此,管理者通常比股东更倾向于规避风险。第三,管理者对公司的权利要求仅限于其在公司的任期,而股东的权利要求则是无限期的。因此,管理者和股东将使用不同的时间范围来评估现金流;特别是,管理者会对任期结束后可能收到的现金流给予较低的估值。⑱第四,CEO 可能会被规模所吸引,因此也会被增长所吸引,因为规模越大,带来的好处和权力就越大,即使增长(尤其是市场份额的增长)可能以利润(投资回报)为代价。

　　从理论上讲,使公司管理者的利益与股东的利益保持一致的高管薪酬计划可以改善这些利益分歧。然而,事实上,在三种最常见的高管薪酬形式中,有两种是加剧了这一问题。

　　高管薪酬通常被归纳为三种基本类型。

　　(1)不取决于公司业绩的工资和福利;(2)基于公司股价表现的期权和其他激励性报酬;(3)根据特定的会计指标,基于公司业绩的奖金和其他激励性报酬。薪酬和其他非绩效报酬计划缺乏激励机制,无法使管理者和股东的利益一致;而且,从理论上讲,它们会使这些利益进一步背离。以公司资产的固定债权作为补偿的管理者希望降低风险,因为他们更看重资产的保全,而不是创造新的财富。同样,他们也会倾向于保留公司内部的收益,而不是支付给股东。

　　由于会计指标可以被分解以反映公司内特定部门的业绩,奖金和其他基于会计的薪酬方案是激励中层管理人员的重要工具,他们的贡献仅限于公司的特定领域。相反,支付给高管的奖金实际上可能会导致适得其反的结果。大量实证研究表明,基于奖金的薪酬会影响会计技术的选择,管理者更倾向于那些将收入转移到当期的会计技术。⑲奖金的其他问题还包括许多董事会设定的不严格的业绩目标,当管理层似乎无法达到发放奖金所必需的目标时,就降低业绩目标,以及在公司收购时发放不必要的奖金。⑳

114 　　相应地,文献倾向于以公司股票市场业绩为前提的股票期权和其他形式的激励报酬。与现代委托—代理理论最接近的经济学家迈克尔·詹森(Michael Jensen)认为,这种补偿形式"很适合于控制努力和期限问题,因为股票

---

⑰　Id. at 144—145. 一般来说,通常认为持股会使经理人的风险厌恶降低到一定程度,直到他们持有"太多"的股权。

⑱　Id. at 145.

⑲　Id. at 147(summarizing studies).

⑳　Bebchuk & Fried, supra note 14, at 124—130.

的市场价值反映了整个未来预期现金流的现值"，[21]这一命题已经足够成立，以至于它已经从学术文献中找到了自己的方向，并进入了案例法。[22]

当然，股票期权及其同类产品的逻辑是，公司只按业绩付费。例如，理想的情况是，一家目前股票市场价格为 10 美元/股的公司可能会授予其 CEO 100 万份期权，在两年内归属，行使期为两年，行使价为 20 美元/股。为了让 CEO 从这些期权中获得回报，公司的股价必须在未来 4 年内翻一番，这将使 CEO 的股价大幅上涨。相反，公司可能会授予 CEO 100 万份可立即行使的价内期权，这将带来财务上的暴利，但激励效果却微乎其微。前一种类型的绩效薪酬计划更有效，还是后一种类型的薪酬计划占上风，主要取决于董事会制定薪酬的过程。

尤其是期权的支持者，以及当前的高管薪酬体系认为，总体而言，薪酬方案是管理者"试图为自己争取尽可能最好的待遇"与董事会"寻求为股东争取尽可能最好的待遇"之间"公平谈判的产物"。[23]因此，忠于公平交易模式的金融经济学家认为，薪酬方案通常是有效的，而法院通常会遵从董事会的决定。

根据公平交易模式的支持者的说法，高管薪酬的实质数额与高管薪酬方案有效解决委托—代理问题的主张并不矛盾。恰恰相反，这种薪酬的数额被认为是解决委托—代理问题的证据。根据这一理论，当公司要求管理者接受基于业绩的可变薪酬，而不是固定的工资和福利时，公司会增加管理者的风险敞口。因为风险和回报是正相关的，管理者将要求获得更高的服务回报，以补偿额外的风险。换句话说，公司必须向管理者支付风险溢价，以诱使他 115 们接受基于业绩的可变报酬，而不是固定工资。反过来，随着对业绩报酬的依赖性的增加，总薪酬也会增加，这与 1990 年代观察到的模式是一致的，在这一时期，高管薪酬的绝对值和股票期权的百分比都有所增加。[24]

管理者的权力模式

另一学派认为，高管薪酬不是公平交易的产物，而是受到其所谓的代理

---

[21]　Jensen，supra note 16，at 146.

[22]　See，e.g.，Carlton Inv. v. TLC Beatrice Intern. Holdings, Inc., 1996 WL 189435 at ＊4 (Del. Ch. 1996)（指出，"股票期权授予理论的前提是相信其对员工有利的激励作用"）。

[23]　Bebchuk & Fried，supra note 14，at 2.

[24]　See John C.Coffee，What Caused Enron? A Capsule Social and Economic History of the 1990s，89 Cornell L. Rev. 269，297(2004).

成本的影响。根据这种观点,董事会——即使是那些名义上独立于管理层的董事会——有强烈的动机默许向经理人支付租金的高管薪酬(即超过管理层在与他们进行公平交易的情况下所获得的薪酬)。㉕其中包括:董事通常是由CEO挑选的。一旦董事进入董事会,薪酬和其他激励措施会让董事对再次当选产生浓厚兴趣;反过来,由于CEO对董事会成员的选择具有相当大的影响力,这就给了董事一种动机,让他们站在CEO的一边。最后,与最高管理层密切合作的董事会对这些管理人员产生忠诚和喜爱之情,并被灌输了共事和团队精神的规范,从而诱使董事们"顺势而为",享受到高额的薪酬待遇。㉖

管理权模式的支持者承认,高管薪酬受到一些限制,但认为这些限制基本上是无效的。董事持股只是弱化了董事和股东的利益,使董事会成员不愿意在浮夸的薪酬方案得到批准时承担金钱和社会成本。"资本市场、公司控制权和管理劳工市场"据称适用的限制条件"几乎不严格","允许大幅偏离公平交易"。㉗

相反,管理权理论家认为,高管薪酬的主要制约因素有可能招致"愤怒"的风险。"当董事会批准了一项薪酬方案,根据该方案,CEO或其他高管将获得租金,只有当该方案被外部人员(他们的观点对董事和高管很重要)视为负面时,他们才会为此付出代价。"㉘为了避免这种约束,管理者和董事花了相当多的精力来掩饰高管薪酬的水平和对业绩的不敏感性。

哪一方是对的?

领先的管理权力理论家卢西恩·拜伯切克和杰西·弗里德承认,他们批评的一些薪酬做法甚至发生在拥有大量股份的公司。他们认为,即使在拥有大股东的公司中,管理者也保留着相当大的权力,从而歪曲了这些发现,但这种说法缺乏说服力。为什么控股股东会允许管理者以公司为代价收取租金?大股东之所以容忍受到挑战的薪酬做法,是因为它们符合股东利益,而不是代表管理层获取与股东财富最大化不一致的租金的能力,这难道不是更有道

㉕ See Bebchuk & Fried, supra note 14, at 62 (defining the concept of "rents" for their purposes).

㉖ Id. at 31—34.

㉗ Id. at 4.

㉘ Id. at 5.

理吗？一项研究为这种解释提供了支持，该研究发现，"当公司规模较小或管理裁量权受到的环境约束较少时，高薪 CEO 的技能更强"。如果有一个"大股东"来监督管理层，那么薪酬与技能之间的这种联系就会特别强烈。[29]因此，有人观察到，所谓有问题的薪酬做法既发生在所有权分散的公司，也发生在所有权集中的公司，这可能表明，在这两类公司中，这种做法都是管理权力以外的现象造成的。

事实上，有很多证据表明，高管薪酬待遇是按公平原则进行谈判的，而且设计得很好，以协调管理层和股东的利益。例如，考虑一下广受诟病的管理津贴的做法。如果管理者的权力作为薪酬做法的一种普遍解释，那么人们会认为，有证据表明，提供福利与股东利益之间没有任何关联。然而，事实上，一项关于高管津贴的有趣研究发现，情况正好相反。

国际货币基金组织的首席经济学家拉古拉姆·拉詹（Raghuram Rajan）和沃顿商学院的朱莉·伍尔夫（Julie Wulf）研究了 1986—1999 年间 300 多家大公司是如何向高管发放福利的。事实证明，无论是现金充裕、低增长的公司，还是治理不力的公司，都没有给高管发放异常丰厚的福利。然而，作者确实发现有证据支持两种不同的解释。

首先，与结构较为扁平化的公司相比，组织层级较高的公司在样本中对高管的福利待遇更高。为什么会这样？因为津贴是显示地位的一种廉价方式。就像军队配给勋章一样，企业也会对企业地位的显眼标志进行配给。

其次，津贴是提高高管工作效率的一种廉价方式。总部位于通勤时间较长的地方的公司更倾向于给老板配备专车接送。离大机场较远的公司更倾向于乘坐企业专机。[30]

换句话说，高管津贴似乎是在考虑股东利益的情况下制定的，这与管理层权力提供一个统一的高管薪酬领域理论的可能性是不一致的。

托德·亨德森（Todd Henderson）和詹姆斯·斯宾德勒（James Spindler）对拜伯切克和弗里德所批评的一些薪酬做法进行了分析，其中包括福利待

[29]　Robert Daines et al., The Good, the Bad and the Lucky: CEO Pay and Skill 5(Nov. 2004)(emphasis supplied).

[30]　In Defence of the Indefensible, Is Showering the Boss With Perks Good For Shareholders?, The Economist, Dec. 2, 2004.

遇、公司贷款、鼓励高管的显性消费等,为这一主张提供了更多的支持。③简而言之,他们假设公司试图阻止高管存钱,以避免当这些雇员积累了足够的财富来为奢侈的退休生活提供资金时出现的最后期限的问题。这类员工储蓄的减少鼓励他们继续找工作,从而消除了最后期限的问题,并为他们提供了持续的激励措施,防止他们逃避责任。通过鼓励当前的消费,向顶级员工提供慷慨的津贴和贷款的做法,实际上最大化了管理者和股东的共同福利。

一些详尽的文献综述认为,管理者权力假说的证据远没有其支持者所称的那么有说服力。例如,伊曼·阿纳塔维(Iman Anabtawi)的结论是,"只有有限的证据表明,管理者对董事会施加影响,使其薪酬与业绩脱钩"。③凯文·墨菲(Kevin Murphy)同样提供了"与管理权假说不一致的证据"。③富兰克林·斯奈德(Franklin Snyder)的结论是,拜伯切克和弗里德认为需要我们假设管理者的主导地位的大多数结果,事实证明与一个不那么邪恶的解释是一致的。③霍尔姆斯特罗姆和卡普兰指出,许多观察家抱怨说,高管薪酬方案"是股东财富无偿转移到高管身上,即使有任何有益的激励作用,也是有限的",但他们对证据进行了回顾,提出了"对这些结论持怀疑态度的几个理由"。③例如,他们报告说,1980 年至 2003 年间 CEO 的薪酬增长了 6 倍,完全可以归功于同期美国大公司的市值增长了 6 倍。换句话说,CEO 们变得更富有,因为他们的股东更富有了。事实上,美国公司的股东即使在支付给管理层后也获得了更高的回报,这一事实并不支持美国高管薪酬制度设计效率低下的说法;如果说有什么问题的话,美国的高管薪酬制度似乎比其他国家的高管薪酬制度更好。③

总之,《萨班斯—奥克斯利法案》和《多德—弗兰克法案》的高管薪酬条款所依据的管理权力主张,是基于极具争议性的证据之上的。因此,这些

③ M. Todd Henderson & James C. Spindler, Corporate Heroin: A Defense of Perks, Executive Loans, and Conspicuous Consumption(2005).

③ Iman Anabtawi, Overlooked Alternatives in the Pay Without Performance Debate 39 (Dec. 21, 2004).

③ Kevin J. Murphy, Explaining Executive Compensation: Managerial Power versus the Perceived Cost of Stock Options, 69 U. Chi. L. Rev. 847, 868(2002).

③ Franklin G. Snyder, More Pieces of the CEO Compensation Puzzle, 28 Del. J. Corp. L. 129, 165(2003).

③③ Bengt R. Holmstrom & Steven N. Kaplan, The State of U.S. Corporate Governance: What's Right and What's Wrong?, 15 J. App. Corp. Fin. 8, 12(2003).

条款提供了另一个例子,说明政策企业家如何利用民粹主义的愤怒来推进他们的议程。

是高管薪酬政策导致了危机吗?

联邦对高管薪酬进行监管的最有力的理由是,有人声称,不理智的薪酬做法是过去十年经济危机的罪魁祸首。事实上,有一些证据表明情况确实如此。然而,仔细研究一下,这些证据并不支持联邦监管所采取的形式。

1990 年代末的高管薪酬和网络欺诈

1994 年,公众对高管薪酬快速增长的普遍抱怨,促使比尔·克林顿总统和国会爆发了一阵金融民粹主义,他们修改了税法,规定公司可扣除的高管薪酬的上限为 100 万美元。然而,基于绩效或激励的薪酬形式,最明显的是股票期权,却被免除了这一上限(现在仍然如此)。其结果是高管薪酬从现金薪酬向股票期权的急剧转移。1990 年代末的股市泡沫并没有起到任何作用,因为不断上涨的股票价格使得股票期权似乎成了必然的事情。

补偿性股票期权的发行价格通常与期权发行日公司股票市场价格相等。如果公司股价随后上涨,高管可以行使期权并以较高的市价出售股票。从理论上讲,由此带来的潜在利润,使股东和管理者的利益趋于一致,从而激励高管实现公司股价的最大化。

但实际上,股票期权给管理者带来了巨大的压力,无论公司的实际经营情况如何,都要保持股价上涨。CEO 坚持要求公司业绩必须达到或至少达到"一定数字"(即分析师对公司季度盈利的共识预测)。如果一家公司没有做到这一点,那么它的股价就会因为分析师的抱怨和投资者的跳槽而大幅下跌,从而对公司高管的股票期权价值造成灾难性的后果。在这种逼不得已的情况下,许多管理者无法忍受,从而采用会计欺诈手段。

补偿措施是否鼓励过度冒险?

在 2008 年信贷紧缩之后,很多人都在关注高管薪酬在住房泡沫及其后果中所扮演的角色。正如故事中所说,高管们几乎没有面临下行风险。有限责任制意味着公司高管和董事与股东一样,不需要为公司的债务或其他义务承担责任。此外,许多高管都有"黄金降落伞"或其他有利可图的遣散费。[37]

与此同时,期权和其他形式的基于激励的薪酬给高管带来了潜在的巨大收益。只要股价不断上涨,期权的价值就会不断上升。要保持股价持续上涨,就需要不断增加回报。然而,由于风险和回报是正相关的,这意味着要承担越来越大的风险。这至少在一定程度上解释了为什么银行如此热衷于向高风险的次级贷款人放贷。这也解释了为什么即使在住房泡沫破裂后,银行仍继续放贷。由于最初的利率仍然很低,借款人继续要求贷款,这反过来又意味着银行可以继续发行抵押贷款支持证券(MBSs),从而保持高利润。

相对于抵押贷款的长期限而言,补偿性股票期权的归属期相对较短,这意味着银行在奖励高管获得短期回报的同时,并不要求他们承担长期风险。有风险的抵押贷款会以高利率来补偿贷款人承担的违约风险。因为违约将在 30 年的抵押贷款寿命内分散,而不是前置,所以贷款在早期很可能会有收益。对于多笔贷款的组合来说,肯定会出现这种情况。

由于股东有长期的投资眼光,他们更喜欢能使股价持续升值的风险回报政策。因此,他们会对这种借贷做法持怀疑态度。然而,股票期权给了管理层一个短期的投资前景,从而产生了"推动股价上涨的动力,但不一定是以可持续的方式"。[38]例如,一项以股票期权支付的黄金矿业公司高管的案例研究发现,与薪酬波动较小的公司高管相比,他们采取的对冲明显风险的措施较少。[39]同样,如果一位银行高管在退休前还有几年的时间,而他的期权的兑现期很短,那么他就有动力去冒险,而有长期眼光的投资者会认为这样做是不明智的。[40]

对于这种激励结构是否导致了住房或信贷紧缩,学者存在分歧。格兰特·柯克帕特里克认为,激励性薪酬鼓励了高水平的冒险行为。[41]理查德·波斯纳(Richard Posner)认为,高管薪酬的结构鼓励管理层紧紧抓住房地产

[37] Richard A.Posner, A Failure of Capitalism 93(2009).

[38] Michel Crouhy et al., The Essentials of Risk Management 87(2006).

[39] Danielle Blanchard & Georges Dionne, Risk Management and Corporate Governments 5—6(September 2003).

[40] 管理者利益和投资者利益之间的这种分歧,是一些人认为管理者权力理论中的高管薪酬理论与认为薪酬助长了危机的观点一致的原因。他们认为,按公平原则谈判的薪酬方案会使管理者面临更多的长期风险。

[41] Grant Kirkpatrick, The Corporate Governance Lessons from the Financial Crisis, 2009 Fin. Mkt. Trends 1, 2.

泡沫不放,并"抱最好的希望"。[42]相比之下,彼得·马尔伯特认为,经验证据并不支持将薪酬作为一个主要的因素。[43]然而,似乎很清楚的是,这个问题仅限于金融业。无论金融机构高管薪酬的做法是否导致了此次危机,都没有证据表明,普通企业的高管薪酬造成了危机。

国家公司法下的高管薪酬

公司与其一名高管之间的薪酬合同与本节所审议的法规所涵盖的任何其他利益冲突交易没有实质上的区别。如果无利害关系的董事在充分披露后,本着诚意批准合同,则该交易将受到商业判断规则的保护。[44]因此,股东对高管薪酬的成功挑战通常涉及未获得无利害关系董事批准的公司。

121

长期以来围绕迈克尔·奥维茨(Michael Ovitz)在华特—迪士尼公司(Walt Disney Company)短暂任期内的薪酬所引发的诉讼,有力地说明了股东在让高管或董事为据称过高的高管薪酬承担责任方面存在的困难。迪士尼 CEO 兼董事会主席迈克尔·艾斯纳(Michael Eisner)聘请奥维茨加入迪士尼,成为艾斯纳的副手和可能的继任者。在加入迪士尼之前,奥维茨曾是强大的 CAA 好莱坞人才经纪公司的负责人。

奥维茨获得了一份为期五年的雇佣合同,包括工资、股票期权和遣散费,特拉华州最高法院称这些福利"非常丰厚"。仅仅 14 个月之后,很明显——至少对艾斯纳来说是这样——雇用奥维茨是个错误。奥维茨从事的行为可能被认为是终止合同的理由。然而,在执行副总裁兼首席法律顾问桑福德·利特瓦克(Sanford Litvack)的建议下,艾斯纳决定放弃这一选择。利特瓦克说,这是一个"无需考虑的选择"。相反,艾斯纳无故解雇了奥维茨。迪士尼董事会事先被告知了这一决定,但没有正式投票决定是否解雇奥维茨,也没

---

[42] Posner, supra note 36, at 93.

[43] Peter O.Mulbert, Corporate Governance of Banks After the Financial Crisis: Theory, Evidence, Reforms(ECGI Law Working Paper No.130/2009, Apr. 2010).

[44] See, e.g., Zupnick v. Goizueta, 698 A.2d 384(Del.Ch.1997)(在认为无利害关系的董事批准了基于股票期权的补偿计划,将举证责任转移到原告身上,以证明浪费的责任,法院进一步认为:"在没有争论董事之间的利益关系或股东的批准不适当的情况下,要说明浪费的可承认的申诉,必须有充分的控诉指控,才能说明浪费。"在没有争论董事有利益关系或股东的批准是以不正当方式获得的情况下,要提出可予承认的浪费索赔,起诉书中提出的指控必须支持这样的结论,即"没有一个普通的、健全的商业判断力的人不会说,期权所获得的对价是对所授予的期权的公平交换")。

有确定原因是否存在。

奥维茨的离职金价值约为 1.3 亿美元。如果奥维茨是因故被解雇或辞职,那么这笔钱就会少得多。股东们提出了派生诉讼,认为迪士尼董事会在雇用和解雇奥维茨时违反了其信托责任,而且奥维茨在任职期间的行为违反了其作为高管的职责。

特拉华州最高法院在一份冗长且高度以事实为依据的意见书中裁定,迪士尼董事在处理聘用奥维茨并随后无过错解雇奥维茨的过程中,既没有违反他们的注意义务,也没有恶意行事。[45]它还认为,奥维茨没有违反他的职责。

法院强调,即使是在"信息和决策过程不那么整洁"的情况下,即使是在董事"遵循'最佳实践'(或'最佳情况')的情况下"或"不符合最佳实践的建122 议"的情况下,商业判断规则也会保护董事的决定。[46]此外,法院认为,董事会的薪酬委员会有权批准奥维茨的薪酬方案,而无需将此事提交给全体董事会,并且在这样做的时候已经采取了应有的谨慎。全体董事会有权依赖艾斯纳和薪酬委员会。最后,法院驳回了股东的论点,即奥维茨的薪酬方案给了他被解雇的动机,因此本质上是浪费。[47]该交易具有合理的商业目的,即诱使奥维茨离开其在 CAA 的高利润职位。没有证据表明该交易"非理性地激励了奥维茨被解雇"。[48]

迪士尼案明确指出,如果没有证据表明存在自我交易,《特拉华州普通公司法》将几乎只关注确定高管薪酬的过程,而不是这种薪酬的数额或形式。正如法院在早先的一项裁决中对冗长的诉讼案的解释。

> 法院不对董事的判断进行衡量、权衡或量化。在这种情况下,我们甚至不决定这些判断是否合理。决策中的应有的谨慎只是过程上的应有的谨慎……
>
> ……因此,董事的决定将得到法院的尊重,除非董事与决定有利害关系或缺乏独立性,不善意行事,行为方式不能归因于合理的商业目的,或以严重疏忽的方式作出决定,包括没有考虑到所有合理可得的重要事实,否则董事的决定将得到法院的尊重。[49]

---

[45]　In re The Walt Disney Co. Derivative Litigation, 906 A.2d 27(Del. 2006).

[46]　Id. at 56.

[47][48]　Id. at 75.

[49]　Brehm v. Eisner, 746 A.2d 244, 264(Del. 2000).

因此，董事会实际上可以通过聘请有能力的法律顾问就适当的决策过程提供咨询意见，并聘请专家顾问就确定适当的薪酬形式和薪酬水平提供咨询意见，从而避免在这方面承担赔偿责任。当然，董事会不会向这些专家支付报酬，而是从公司财富中支付。实际上，董事会可以用股东的钱给自己买诉讼保险。

《萨班斯—奥克斯利法案》和《多德—弗兰克法案》下的高管薪酬监管制度

《萨班斯—奥克斯利法案》载有若干项高管薪酬条款，而与之相配套的证券交易所上市标准修订案又增加了更多的条款。《多德—弗兰克法案》的高 123 管薪酬条款重新审视了《萨班斯—奥克斯利法案》中的一些规则。因此，本部分将从功能上而不是从法规的角度来研究危机后的联邦薪酬制度。

限 制 薪 酬

奥巴马总统在谈到银行救助时说："我竞选总统不是为了帮助华尔街的一群'肥猫'银行家。"[50]他的批评反映了真正的、广泛的民粹主义的愤怒，这些机构尽管欠下了联邦财政部的债务，但却向高管们支付了数百万美元的奖金，这反映了对问题资产救助项目（TARP）基金接受者金融机构的真正和广泛的民粹主义愤怒。正如奥巴马总统所言，如果问题资产救助项目受益人能够"支付得起巨额奖金"，他们也应该能够"把每一分钱都还给纳税人"。[51]

最后的问题资产救助项目制度包含了一系列的高管薪酬限制，包括对薪酬方案的规模设置了事实上的上限。问题资产救助项目接受者，其通过该计划获得的不良资产总额超过 3 亿美元，不能扣除支付给高管的薪酬超过 50 万美元。SEO 的定义包括公司的 CEO、CFO 和其他三名高薪高管。每个 SEO 的 50 万美元的扣除限额包括所有形式的报酬，例如期权、奖金和其他基于绩效的薪酬。

---

[50]　Derrick Henry, Obama Decries "Fat Cat Bankers," N. Y. Times, Dec. 14, 2009.

[51]　Jesse Lee, The President to Wall Street："We Want Our Money Back, and We're Going to Get It," White House Blog, Jan. 14, 2010, http://www.whitehouse.gov/blog/2010/01/14/president-wall-street-we-want-our-money-back-and-were-going-get-it.

此外,问题资产救助项目接受者被禁止向受保员工支付奖金、留用奖金或奖励性报酬。受禁止的雇员人数取决于公司收到的问题资产救助项目资金的数额。例如,如果公司获得的问题资产救助项目援助金额不足 2 500 万美元,那么只有报酬最高的员工才会受到禁止。但是,如果该公司获得了 5 亿美元或更多的问题资产救助项目资金,则该公司的 SEO 和其他 20 名高薪员工也在禁止范围之内。对处于这两个极端之间的公司采用了一个滑动比例表。

最后的规则还禁止向 SEO 和问题资产救助项目接受者的其他 5 名高薪雇员支付"黄金降落伞"。"黄金降落伞"的定义非常宽泛,基本上涵盖了所有离职安排。

124 问题资产救助项目的事实上的薪酬上限是有问题的,原因有几个。第一,我们对高管薪酬在 2007—2008 年金融危机中的作用的分析表明,如果有的话,问题在于薪酬的形式而不是金额。因此,至少如果这种限制能解决薪酬计划激励经理人追求短期回报最大化而不考虑长期风险的问题,那么对基于业绩的计划进行限制是有道理的。没有任何理由对薪酬数额实行"一刀切"的上限,全面禁止所有基于业绩的薪酬,不论结构如何,也没有理由禁止离职计划。相反,这些限制是为了迎合群众。这些限制的动因是,人们认为纳税人的资金被用来资助那些据说是把经济推入水深火热的华尔街"肥猫"们的大笔工资,从而引发了政治风暴。

第二,高管薪酬限制扭曲了潜在的问题资产救助项目接受者的决策。对大型金融机构的一项研究发现,薪酬做法与接受问题资产救助项目资金的决定之间有明显的联系。[52]一般来说,那些高管更有可能受到问题资产救助项目薪酬限制影响的公司不太可能接受这些资金。[53]

第三,补偿规则歪曲了金融服务行业中个人的决策。有传闻和调查证据表明,不受问题资产救助项目限制的金融机构能够从问题资产救助项目接受者那里聘请高管。[54]在银行业亟须留住最优秀和最聪明的人才的时候,禁止再就业奖的禁令似乎特别不明智。

第四,我们的分析表明,问题不在于 SEO 的报酬,而是交易员和其他相对较低级的员工的报酬待遇,从是否发放贷款到是否交易某种昂贵的衍生

[52] Brian Cadman et al., Executive Pay Restrictions: Do They Restrict Firms' Willingness to Participate in TARP? (Aug. 2010).

[53][54] Id. at 2.

品,这些交易员和其他相对较低级别的员工实际上每天都在作出决定。正是他们为了短期利益而承担超额风险的动机,使许多金融机构陷入困境。然而,问题资产救助项目的重点完全集中在工资最高的管理层。

禁止向董事和高管提供贷款

《萨班斯—奥克斯利法案》第 402 条禁止公司直接或间接向其董事和高管提供贷款。与传统观念相反,第 402 条并不禁止向内部人员提供所有贷款。重要的豁免交易类别包括向员工发放的公司信用卡、员工向第 401(k) 条中账户借款、经纪公司向员工提供的保证金贷款以及金融机构向员工提供的贷款。另外,第 402 条不仅禁止公司向其内部人员提供贷款,而且还禁止公司安排"扩大信贷"。因此,雇主不能再安排银行向其内部人员贷款。因此,即使是像以前许多雇主在高成本地区(如硅谷)开办的房屋抵押贷款援助计划这样的无害交易也不再被允许。

当《萨班斯—奥克斯利法案》刚生效时,有许多与第 402 条相关的问题。特别是,《萨班斯—奥克斯利法案》没有对两个关键的操作术语进行定义:"个人贷款"和"信贷展期"。例如,根据州公司法赔偿法规,公司经常(在某些情况下必须)向被保险人和董事预支法律费用。考虑到禁止"信贷扩张"的笼统措辞,一些观察人士认为,第 402 条实际上禁止了任何此类资金扩张。为了支持这一解释,他们引用了特拉华州的判例法,该法律认为预支费用"本质上只是一个预支贷款的决定"。[55]然而,在 Envirokare Tech 有限责任公司诉帕帕斯(Envirokare Tech, Inc. v. Pappas)一案中,[56]联邦法院显然认为第 402 条并未阻止公司根据国家赔偿条例向高管或董事预付费用:

> 第 402(a)条在《1934 年证券交易法》中增加了一个新的第 13(k)条,规定报告公司直接或间接地以个人贷款的形式向或为该发行人的任何董事或高管提供或维持信贷、安排提供信贷或延长信贷延期,均属"非法"。Envirokare 公司声称,这项规定排除了报告公司向高管和董事预支费用的可能性,因为这些预支的费用,虽然由其章程和国家法律授权,但都是被禁止的信贷扩展。Envirokare 公司赢得了满分的创造力,但这

---

⑤ Advanced Min. Systems, Inc. v. Fricke, 623 A.2d 82, 84(Del. Ch. 1992).
⑤ 420 F.Supp.2d 291(S.D.N.Y. 2006).

一论点是没有说服力的。

《萨班斯—奥克斯利法案》是在几年前的公司丑闻之后颁布的,其中包括某些公司向其高管提供巨额贷款,最值得一提的是 WorldCom 公司向其现已被定罪的前 CEO(Bernard Ebbers)提供了 4 亿美元的贷款。Envirokare 公司没有提请法院注意哪怕是暗示国会关心的是停止根据附则和州公司章程向公司管理者预支辩护费,法院也没有注意到这一点。此外,如果国会打算采取如此激进的步骤,禁止这种预支费用,肯定会以明确的措辞表明其目的。

这一结论因采纳 Envirokare 公司的立场所产生的荒谬后果而得到加强。正如科菲教授(Coffee)所指出的,对法规的这种解释"从表面上看,将禁止向即将飞往伦敦为其公司完成一笔交易的副总裁预支 2 000 美元的旅费"。这将使公司管理者从零用金中提取几元钱购买邮票,用于邮寄公司的报税单给国税局,这同样是违法的。⑤⑦

于是,常识就占了上风。遗憾的是,尽管《萨班斯—奥克斯利法案》已经出台十年,但许多问题仍然没有解决。例如,第 402 条是否禁止某些形式的无现金期权的行使,仍然存在广泛的争议。

同样,禁止高管贷款本身是否有必要仍有待商榷。正如帕帕斯案法院所指出的那样,国会所关注的是向高管提供的大量贷款。这种贷款可被用来掩盖高管薪酬。从税收的角度来看,工资和红利对接受者来说是要交税的,但贷款的收益不属于应税收入。从会计的角度看,贷款是企业资产,所以从某种意义上说,这笔钱留在账面上,而公司必须从资产中扣除工资和股利。

然而,不清楚的是,全面禁止——而不仅仅是加强对内幕贷款的披露——是否合适。第 402 条直接取代了州公司法中的利害关系方交易条款,该条款目前允许向董事和高管提供贷款,但条件是贷款须经无利害关系的董事或股东的过半数批准。虽然这一要求可能无法防止每一次滥用的情况,但只有在各州显然已经失败,而联邦的替代方案明显改进的情况下,才应该对州法进行优先购买。这两个条件在这里都没有得到满足。

罗伯塔·罗曼诺根据她对《1934 年证券交易法》实施前的研究报告的审查,得出结论认为,"在一大类案件中,高管贷款很好地达到了其目的,因为它

---

⑤⑦　Id. at 294.

使管理者和股东的利益一致"。[58]因此,她认为,"《1934 年证券交易法》中全面禁止高管贷款"显然是一个公共政策错误。[59]

　　最初的参议院法案中的规定符合传统的联邦监管方式,要求披露高管贷款,而并没有禁止贷款。从股东福利的角度来看,这种做法的问题要比最后的立法结果少得多。它的效果是,通过向投资者强调这些贷款的存在,让他们知道这些贷款最不可能给股东带来好处,从而为终止贷款提供了便利,而投资者可以将取消这些贷款列入公司治理议程(在许多州,由于不需要股东批准贷款,他们不会参与其中)。相反,这项立法是一种忽悠式的做法,禁止所有的贷款,无论这些贷款是否有助于实现股东的目标,即提供所追求的激励效果。[60]

薪　酬　披　露

《多德—弗兰克法案》要求每家报告公司的年度委托代理声明中明确说明高管薪酬与公司的财务业绩之间的关系。它还要求披露"除 CEO 外,公司所有员工的年度总薪酬的中位数、CEO 的年度总薪酬以及两者的比例"。这个要求会带来巨大的负担。

　　这意味着公司必须计算每一位员工的工资、奖金、股票奖励、期权奖励、非股权激励计划补偿、养老金价值的变化和非限制性递延补偿收入,以及所有其他补偿(如福利)。这些信息的收集和分析无疑是非常耗费时间的,这使得拥有数千名员工的公司根本不可能遵守该法的这一条款。[61]

---

[58][59]　Roberta Romano, The Sarbanes-Oxley Act and the Making of Quack Corporate Governance, 114 Yale L.J. 1521, 1539(2005).

[60]　Id. at 1539—1540.

[61]　Warren J.Casey & Richard Leu, United States: New Executive Compensation Disclosures Under Dodd-Frank(August 3, 2010), Mondaq.com, http://www.mondaq.com/united-states/article.asp?articleid=106962. See also Jean Eaglesham & Francesco Guerrera, Pay Law Sparks "Nightmare" on Wall St, Fin. Times, Aug. 31, 2010, at 1(佳利律师事务所合伙人理查德·苏斯科警告称:"该规则的复杂性意味着跨国公司在计算比例时面临着'后勤方面的噩梦',而计算比例必须以所有员工的年薪总额中位数为基础。'对于一家在全球范围内拥有数万名员工的大公司来说,这是不可能做到的。'")。

参议院委员会援引机构投资者理事会（CII）的话说，它支持这项规定。[62]机构投资者理事会实际上是为大型维权投资者设立的贸易协会，这使它成为一个重要的政策性企业家。然而，除了因此成为一个关键利益集团议程的一部分之外，该条款还应该被视为民粹主义反击企业和市场的一部分。"这项法律触及了公众对美国中产阶级收入不振与典型的企业老总基本上不受经济衰退影响的数百万美元的薪酬之间日益扩大的差距的愤怒。"[63]

128

薪 酬 委 员 会

顾名思义，薪酬委员会负责审查和批准（或向董事会全体成员推荐）高管的薪酬，并对公司的薪酬政策进行一般监督。支持由一个单独的薪酬委员会而不是整个董事会来处理这类事项的人认为，内部董事即使回避审议他们自己的薪酬，也不能客观地评估其他高管的薪酬，因为一位高管的薪酬与另一位高管的薪酬之间存在着密切的关系。

根据《纽约证券交易所上市公司手册》第 303A.05 条的规定，所有上市公司的董事会必须有一个薪酬委员会。该委员会必须完全由独立董事组成。只有股东或股东集团共同拥有 50% 或以上股份的上市公司才可豁免这一要求。

纽约证券交易所要求薪酬委员会通过一份书面章程，规定委员会的目的、责任和权力。至少，章程必须赋予薪酬委员会设定 CEO 的业绩目标，根据这些目标评估 CEO 的业绩，并设定 CEO 的薪酬。如果董事会愿意，薪酬委员会可以简单地推荐一个 CEO 的薪酬数字，然后由所有独立董事据此行事。请注意，在这两种情况下，只有独立董事才能参与制定 CEO 的薪酬。薪酬委员会还必须有权就其他高管的薪酬以及任何须经董事会批准的激励或股票薪酬计划向董事会提出建议。聘请、解雇和补偿薪酬顾问的权力必须由薪酬委员会而不是 CEO 来承担。

为了确保薪酬委员会的独立性，纽约证券交易所对独立董事的定义中包含了一条有点奇怪的规定，即如果某人"或其直系亲属在过去三年内受雇担任另一家公司的高管，而该上市公司的任何一位现任高管同时在该公司的薪酬委员会任职，则该人将不被视为独立董事"。比如说，假设简（Jane）是阿贾

62　S. Rep. No.111—176, at 135(2010).

63　Eaglesham & Guerrera, supra note 61.

克斯(Ajax)公司的董事,简也是宙斯(Zeus)公司的CFO。唐娜(Donna)是阿 129
贾克斯公司的首席财务官、宙斯公司的董事会成员、宙斯公司的薪酬委员会
成员。根据纽约证券交易所的规则,由于唐娜是宙斯的薪酬委员会成员,因
此不能将简视为阿贾克斯的独立董事。但是,唐娜可以被认为是宙斯公司的
独立董事,因为连锁规则只适用于一个方向。

《多德—弗兰克法案》第952条包含了一些与薪酬委员会有关的规定,包
括指示美国证券与交易委员会规定自律组织采用上市标准,要求发行人的薪
酬委员会的每个成员都是独立的。有趣的是,对于第952条是否强制规定自
律组织上市标准要求所有上市公司都必须有一个独立的薪酬委员会的问题,
存在着分歧。这个问题具有突出的意义,因为现行的纳斯达克上市标准允许
由独立董事或独立董事的多数成员组成的委员会作出高管薪酬决定。第
952条或立法史中没有明确提到这些标准的地位,因此造成一些不确定性。

我们看到一个由强大的政策企业家(在这种情况下是CII)推动的条款,
该条款认为,该法案应"确保薪酬委员会不存在冲突,并获得不偏不倚的意
见"。[64]我们看到,另一个一刀切的模式被强加给所有上市公司。大多数实证
研究都否定了薪酬委员会的独立性与公司业绩或CEO薪酬实践的改善呈正
相关的假设。[65]

收回条款

推动《萨班斯—奥克斯利法案》通过的主要政治因素之一是2000年和
2001年大规模的公司收益重报浪潮。为了回应人们对最初的披露是由高管
们管理的,以便使其股票期权价值最大化的担忧,国会在《萨班斯—奥克斯利
法案》中加入了第304条。根据该条规定,如果公司因"不当行为"而不得不
重报财务报表,CEO和CFO必须将他们在最初发布重报财务报表后的12 130
个月内收到的任何奖金、奖励或基于股票的报酬,以及他们在这一期间出售
公司股票所获得的任何利润,一并归还公司。

法令中一个关键的含糊不清之处是,CEO/CFO以外的人的不当行为是
否会导致CEO/CFO薪酬受到追偿。在美国证券与交易委员会诉詹金斯

---

[64]　S. Rep. No.111—176, at 135(2010).

[65]　See Iman Anabtawi, Explaining Pay Without Performance: The Tournament Alternative, 54 Emory L.J. 1557, 1582—1583(2005)(reviewing studies).

(SEC v. Jenkins)一案中,一家联邦地区法院接受了美国证券与交易委员会的立场,即"公司高管、代理人或员工在其代理或雇用范围内的不端行为足以满足法规的这一要素"。[66]由于一些高管的大规模欺诈行为,CSK 汽车公司不得不重新公布其财务状况。尽管 CEO 梅纳德·詹金斯(Maynard Jenkins)没有受到任何不当行为的指控,但美国证券与交易委员会还是援引第 304 条收回了詹金斯的薪酬。

利普顿(Wachtell Lipton)的律师约翰·萨瓦雷斯(John Savarese)和韦恩·卡林(Wayne Carlin)表示反对。

> 美国证券与交易委员会决定偏离其先前使用第 304 条的合理克制,这是一个令人遗憾的政策选择。显然,美国证券与交易委员会认为 CSK 汽车公司发生了欺诈行为,但显然找不到任何依据来断言 CEO 在其中负有责任。证券与交易委员会甚至没有对有责任感的高管提出任何较轻的指控,比如以过失为基础的行政案件。在这种情况下,很难说证券与交易委员会认为本案会对情况类似的 CEO 的行为起到什么威慑或鼓励作用。联邦机构是否可以从宪法上剥夺一个没有被指称违反任何法律的人合法获得的赔偿,尤其是在法规的预期范围模糊不清的情况下,这一点也有待观察。[67]

支持证券与交易委员会立场的论点首先是承认,在 1990 年代,重报财务状况变得很普遍。一些公司因采取非常激进的会计立场而臭名昭著。当他们被叫出来的时候,他们只是重述了自己的财务状况,并声称美国证券与交易委员会或私人索赔是没有意义的。

如《萨班斯—奥克斯利法案》的其他条款,如 CEO 和 CFO 认证规则,国会的结论是,太多的 CEO 和 CFO 对下属的不当行为视而不见。回扣规则基本上规定了 CEO 和 CFO 对下属的不当行为要承担严格的责任,可以说是对 CEO 和 CFO 提供了一个强有力的激励,以确保公司内部控制的有效性。

131　　一个相关的论点是,1990 年代的许多公司财务报表欺诈行为,似乎都是为了使最高管理者的股票期权以及其他形式的股权和激励性薪酬的价值最

---

　　[66]　SEC v. Jenkins，718 F. Supp.2d 1070，1075(D. Ariz. 2010).

　　[67]　John F. Savarese & Wayne M. Carlin, SEC Pursues Unprecedented Sarbanes-Oxley "Clawback," Harv. L.Sch. Forum on Corp. Gov. & Fin. Reg.(Aug. 1, 2009), http://blogs.law. harvard.edu/corpgov/2009/08/01/sec-pursues-unprecedented-sarbanes-oxley-clawback/.

大化而做出的努力。或者，至少国会是这么认为的。正是这些形式的补偿，才有了第 304 条的目标。有人可能会说，不应该让 CEO 和 CFO 从下属的不当行为中获益，不管 CEO 或 CFO 是否意识到这种不当行为。任何其他规则都将使睁一只眼闭一只眼的动机永久化。

萨瓦雷斯和卡林（Savarese and Carlin）等批评者认为，严格责任会导致过度威慑。但是，过度威慑什么？我们担心的是过度威慑哪些有价值的行为类型？如果我们假设在这种情况下，威慑力不足会比过度威慑的代价更大，那么，像第 304 条这样的严格责任比过错责任规则更可取。

然而，正如萨瓦雷斯和卡林的论点所暗示的那样，第 304 条忽视了道德上的责任。CEO 和 CFO 不是股东的保险人，有义务对股东可能遭受的任何损失进行赔偿，但这就是第 304 条规定的严格责任，使这些官员在不当行为方面，无论发生在组织结构中的程度如何，都要承担严格的责任。

然而，在目标 CEO 或 CFO 没有实际不当行为的情况下，适用第 304 条的规定在其他方面存在问题。它优先于州法律和董事会对高管薪酬的权力。它没有界定引发偿付义务的不当行为的种类。它将鼓励 CEO 和 CFO 抵制重述有缺陷的财务报表，并在与此类重述相关的薪酬和股票交易时机上做文章。

《多德—弗兰克法案》第 954 条扩展了退赔制度，在《1934 年证券交易法》中增加了新的第 10D 条，由证券与交易委员会指示证券交易所要求其上市公司披露公司政策，要求其上市公司在因重大违反联邦证券法的财务报告要求而重报公司财务状况时，收回支付给现任或前任高管的奖励性补偿。未采取此类政策的发行人必须被除名。[68] 所需的政策必须规定，在发行人有义务发布重报之前的三年内，任何该等高管在三年内获得的任何"超额"补偿必须被收回。超额补偿的定义是指高管获得的报酬与财务数据正确的情况下高管本应获得的报酬之间的差额。[69]

与《萨班斯—奥克斯利法案》第 304 条一样，有些人会认为，第 954 条过于包罗万象。它涵盖了所有高管，而不考虑他们对有关财务报表的责任。因此，一些无辜的高管将不得不放弃大量的薪酬。与此同时，第 954 条的包容性不足。高管包括发行人的"总裁、任何副总裁……负责主要业务的副总裁……负责主要业务单位、部门或职能的任何副总裁……执行决策职能的任何其他人员或执行类似决策职能的任何其他人员……"[70] 正如参议院委员会

132

---

[68][69]　S. Rep. No.111—176，at 135.

[70]　　17 CFR § 240.3b-7.

所承认的那样,该政策因此只适用于"非常有限的员工……"⑦这一限制的问题在于,"个人的决定,如自营交易员,可能不属于"发行人的高管,但"可能会对公司产生不利影响,甚至会使公司破产"。⑦

另一个令人担忧的问题是很有可能出现意想不到的后果。针对《萨班斯—奥克斯利法案》的收回条款,"公司增加了不可取消的固定工资报酬,减少了奖励性报酬,从而为经理人提供了风险增加的保险"。⑦由于目前的联邦政策旨在促进按业绩取酬,因此,强制退税会破坏这一目标。此外,鉴于"立法语言中的许多含糊不清的地方,必须在执行证券与交易委员会的条例中加以澄清,例如,是否具有追溯性,如何计算可收回的金额,必须在什么日期内追回等,因此,还存在着其他意想不到的后果"。⑦

薪 酬 话 语 权

《多德—弗兰克法案》第 951 条规定了新的《1934 年证券交易法》第 14A 条,根据该条规定,报告公司必须至少每三年就特定的高管薪酬进行一次股东咨询投票。至少每 6 年,股东必须就举行这种咨询投票的频率(即每年、每半年或三年一次)进行投票。须经股东投票表决的是《萨班斯—奥克斯利法案》第 402 条规定的薪酬安排,其中包括支付给 CEO、CFO 和其他三位高管的所有薪酬。此外,"黄金降落伞"还需要股东投票表决。这两种投票都必须以表格的形式披露,但都不对董事会有约束力。⑦该投票不应被视为影响董事的受托责任。赋予证监会豁免权,并特别指示证监会评估对小型发行人的影响。

133

会说关于带薪工作吗?

薪酬话语权的有效性备受争议。参议院委员会的报告认为:

---

⑦　S. Rep. No.111—176, at 135.

⑦⑦　Sanjai Bhagat & Roberta Romano, Reforming Executive Compensation: Focusing and Committing to the Long-Term, 26 Yale J. Reg. 359, 366(2009).

⑦　Ben W.Heineman, Jr., Making Sense Out of "Clawbacks," Harv. L. Sch. Forum on Corp. Gov. & Fin. Reg.(Aug. 13, 2010), http://blogs.law.harvard.edu/corpgov/2010/08/13/making-sense-out-of-clawbacks/.

⑦　S. Rep. No.111—176, at 133(2010).

英国已经实施"薪酬话语权"政策。约翰·科茨(John Coates)教授在参议院银行委员会的证词中表示,英国的经验是积极的:"不同的研究者进行过几次此类调查……这些研究结果表明,按薪税立法将对美国的公司治理产生积极影响。虽然这两种法律环境并不完全相同,但现有文献中没有证据表明,这种差异会使在英国的好主意在美国变成坏主意。"[76]

相比之下,杰弗里·戈登教授认为,英国在薪酬问题上的发言权的经验使强制性投票成为一种"可疑的选择"。[77]首先,由于对一万多家美国报告公司的薪酬方案进行单独审查的成本过高,积极的机构投资者很可能坚持采用狭义的薪酬方案,迫使公司采用接近于"一刀切"的模式。其次,由于许多机构投资者依赖代理咨询公司,极少数的看门人将对薪酬施加不适当的影响。这很可能严重削弱了实行薪酬决定权的理由。支持薪酬决定权的人声称,这将有助于提高管理层的责任感,但他们忽略了薪酬决定权真的会将权力从董事会转移到股东手中,而不是转移到像 RiskMetrics 这样的咨询公司。有充分的理由认为,董事会比那些公司更负责任。"最重要的代理顾问公司 RiskMetrics 已经面临着双重角色的冲突问题,它既要为公司治理提供建议,又要对公司进行评级,而当它开始对公司的薪酬计划进行评级时,这种冲突将被大大放大。"[78]具有讽刺意味的是,RiskMetrics 的冲突的唯一制约因素是市场,也就是说,它们可能会失去信誉,从而失去客户——大多数股东权力的支持者声称,在追究管理层的责任时,这种力量并不奏效。

至于英国的经验,戈登对经验证据的回顾发现,股东几乎无一例外地批准了付诸表决的薪酬方案。[79]他进一步发现,虽然有一些证据表明,在英国,对业绩敏感的薪酬有所增加,但高管薪酬继续显著上升。事实上,长期激励计划的增长率一直高于美国。

134

---

[76] Id. at 134.

[77] Jeffrey N.Gordon,"Say on Pay":Cautionary Notes on the U.K. Experience and the Case for Shareholder Opt-in, 46 Harv. J.Legis. 323,325(2009).

[78] Id. at 326.

[79] See id. at 341(解释说,"股东们无一例外地批准了董事薪酬报告,在 6 年的经历中,可能有 8 次转手,横跨数千次投票")。美国在薪酬方面的自愿性发言权有限的经验也是如此。See id. at 339(2008年,提议的数量仅有适度增长,达到 70 个,而股东的支持率保持在同一水平,大约为 42%)。

戈登的结论是,"即使在英国,'薪酬话语权'也有一些弊端,如果简单地移植到美国,这些弊端就会加剧"。[80]他建议,任何联邦规则都应限于选择适用的制度,或者如果某种形式的强制性制度在政治上是必要的,则应仅限于最大的公司。戈登的建议在最近的一项行为经济学实验室实验中得到了支持,该实验发现,与强制执行相比,当公司自愿执行的时候,对投资者的影响更大。[81]然而,正如我们所看到的那样,尽管在薪酬问题上的发言权能否生效存在很大的不确定性,但国会却走向了另一个方向。

董事会中心主义的背离

公司治理中最基本的问题莫过于"谁来决定"? 是将某项特定的决策或监督任务分配给董事会、管理层还是股东? 我们将在第七章中看到,公司法一般采取的是"董事至上"。它将决策权分配给董事会或董事会适当授权的管理者。根据国家法律,高管薪酬也不例外。

当然,《多德—弗兰克法案》中关于薪酬的规定只是一种咨询性的表决。

135 然而,就薪酬问题进行咨询性投票的逻辑似乎与根据第 14a-8 条提出的股东提案的基本逻辑相同。即使股东提案一般不具有约束力,但它们还是会影响到董事的决定。[82]

事实上,2010 年和 2011 年薪酬话语权投票的初步结果强烈表明,薪酬话语权将变成一个俱乐部,维权人士将借此击败董事会。2010 年,当数百家公司自愿就薪酬投票进行表决时,两家投票结果为负面的公司随后遭到诉讼,指控它们浪费和违反了受托责任。[83]鉴于商业判断规则和国会关于薪酬的明确声明应该是非约束性的,很难想象这类诉讼的价值会比妨害价值大得多。即便如此,他们可能会制造负面宣传,并抵制针对董事的投票活动。因此,股东在薪酬方面的发言权可能会产生相当大的成本。

---

[80]　Id. at 367.

[81]　Kendall O.Bowlin et al., Say-on-Pay and the Differential Effects of Voluntary Versus Mandatory Regimes on Investor Perceptions and Behavior(August 16, 2010), http://ssrn.com/abstract=1659862.

[82]　See Randall S.Thomas & Kenneth J.Martin, The Effect of Shareholder Proposals on Executive Compensation, 67 U. Cin. L. Rev. 1021, 1065—1067(1999)(发现一些支持不具约束力的股东提案会影响赔偿结果的说法的理由)。

[83]　Schulte Roth & Zabel LLP, "Say on Pay" at 30 Days—Observations from the First Month(Feb. 25, 2011).

此外，关于薪酬的说法只是股东积极分子议程中的一小部分。正如我们将在第七章中看到的那样，《多德—弗兰克法案》完成了这些议程中的另一个项目，即授权美国证券与交易委员会推进委托代理权的准入。激进派的另一个议程项目是最近实现的，即各州开始修改其公司章程，允许在董事选举中使用多数表决权。[84]

> （总而言之，有）一些重要的发展——包括机构投资的增加、联邦委托代理法的变化、股东咨询服务的建立、激进的对冲基金的兴起，以及可以放大激进分子投票权的金融市场的崛起——这些因素共同作用，使上市公司的权力平衡从高管和董事会转向激进的股东。这种趋势似乎只会随着改革者进一步推动股东权力的增加而持续下去。[85]

因此，用卡多佐（Cardozo）的话来说，薪酬话语权是"个别例外的'瓦解性侵蚀'"的一部分。[86]卡多佐的这一观点正在慢慢削弱董事的主导地位。

股东赋权的逻辑性问题

正如我们看到的那样，监管机构和一些评论家认为，将银行经理人的短期回报作为高管薪酬计划，是2007—2008年金融危机的成因之一。[87]我们也看到，股东积极分子长期以来一直抱怨这些计划只提供薪酬而不提供业绩。这是《多德—弗兰克法案》要解决的公司治理缺陷之一，最明显的是通过薪酬问题来解决。

当然，麻烦的是，在谈到高管薪酬时，股东和社会的目标并不一致。社会希望管理者能够更多地规避风险。股东希望他们不那么规避风险。如果《多德—弗兰克法案》中关于薪酬和其他股东授权条款的发言权获得成功，管理者和股东的利益将进一步趋于一致，这将鼓励前者承担更高的风险，以寻求

[84]　See J. W. Verret, Pandora's Ballot Box, or a Proxy with Moxie? Majority Voting, Corporate Ballot Access, and the Legend of Martin Lipton Re-Examined, 62 Bus. Law. 1007(2007)（讨论了2006年对特拉华州公司章程的修订，授权修订有关董事会多数表决权的附则）。

[85]　Iman Anabtawi & Lynn Stout, Fiduciary Duties for Activist Shareholders, 60 Stan. L. Rev. 1255, 1261(2008).

[86]　Meinhard v. Salmon, 164 N.E. 545, 546(N.Y. 1928).

[87]　Mülbert, supra note 43, at 8.

更高的股东回报。⑱因此,正如克里斯托弗·布鲁纳(Christopher Bruner)恰当地指出,"股东授权的立场似乎是自相矛盾的,实质上相当于声称我们必须赋予股东更多的权力,因为自作主张的管理者们过分关注股东的利益"。⑲

说说报酬问题

薪酬话语权是又一个庸医公司治理的例子。在国会,它得到了机构投资者及其盟友的大力支持,包括机构投资者理事会(CII)、美国消费者联盟(Consumer Federation of America,AFSCME)和投资者工作组(Investor's Working Group)。⑳即使在《多德—弗兰克法案》之前,这也是劳联—产联的长期目标。㉑因此,与其他庸医公司治理的例子一样,"薪酬话语权"是一群强137 大的政策企业家的产物,他们追求的议程与金融危机无关。

像其他庸医的公司治理法规一样,比如关于薪酬的规定,将以前留给州公司法的事项联邦化。它这样做没有强有力的经验支持。它不符合以董事会为中心的模式,而这种模式是美国公司治理体系成功的基础。

---

⑱ See Carl R.Chen et al., Does Stock Option-Based Executive Compensation Induce Risk-Taking? An Analysis of the Banking Industry, 30 J.Banking & Fin. 915, 943(2006)(论证银行业的高管薪酬结构在危机前诱导经理人承担风险); Kose John & Yiming Qian, Incentive Features in CEO Compensation in the Banking Industry, FRBNY Econ. Pol'y Rev., Apr., 2003, at 109(论证了如果高管薪酬诱导经理人的利益与银行的股权利益紧密结合,因为银行是高杠杆机构,管理层将有强烈的动机进行高风险投资)。

⑲ Christopher M.Bruner, Corporate Governance in a Time of Crisis 13(2010), http://ssrn.com/abstract=1617890.

⑳ S. Rep. No.111—176, at 134.

㉑ Doug Halonen, Retirement Policy is Unlikely to be Part of GOP Convention, Pensions & Inv., Sept. 1, 2008, at 3.

第五章　内部控制

2001年10月,安然公司承认,其通过与一个特殊目的实体进行交易,实现了大量债务的"资产负债表外化",致使股东权益减损了12亿美元,由此,该公司的种种恶行暴露于公众视野。安然的历史可以追溯到1930年北方天然气公司的成立。到1990年代初,在多次合并和更名之后,安然公司成了一家大型的、看起来非常成功的电力和天然气分销商,在发电厂、管道和其他能源基础设施方面进行了大量投资。

在1990年代的大部分时间里,这家新的金融巨头看起来取得了巨大的成功。它被广泛认为是美国最具创新精神的公司和最佳雇主之一。但是事实上,安然公司金玉其外、败絮其中。

在1990年代,安然公司主要通过借款的方式实现快速增长和扩张。到1990年代后期,安然已负债累累,但仍依靠持续的举债来扩张和偿债。随着债务的增加,它开始对安然的信用评级构成重大威胁。反过来,由于安然的能源交易业务依赖于该公司维持其债务证券的投资级评级,因此安然的高管开始寻找创新的融资方式。

安然CFO安德鲁·法斯托(Andrew Fastow)想到的解决方案是使用所谓的特殊目的实体,通常是有限责任公司或合伙企业,这些实体与安然进行了复杂的交易。尽管从技术上说,特殊目的实体是独立的公司,但安然公司实际上控制了它们,并将它们筹集的资金用于安然公司的商业投资。

这些交易的基本结构其实很简单,包括建立有限合伙制企业,安然将股票(或其他资产)出售给该合伙制企业。以股票作为抵押品,特殊目的实体会去银行或其他贷款机构借钱来为一些商业投资提供资金。由于特殊目的实体最初没有债务,而安然股票的升值速度如此之快,银行将以非常优惠的条件向这些特殊目的实体放贷。

诀窍在于,根据行之有效的会计准则,只要安然公司以外的其他人拥有特殊目的实体至少3%的股权,安然公司的合并财务报表就不必披露特殊目的实体的资产和债务。因此,这些特殊目的实体投资处于其"资产负债表外"。考虑到自身财务状况日渐堪忧,安然企图通过将债务集中在这些表外特殊目的实体中,来维持较高的信用评级和股价。只要投资者和分析师还蒙在鼓里,这场游戏就可以继续下去。

但是,特殊目的实体不仅仅是一个会计游戏。尽管公司与其某一管理者或董事之间的关联交易存在明显的利益冲突,但安然董事会通常会选择放弃其道德准则,允许法斯托作为特殊目的实体的部分所有者参与特殊目的实体交易。根据后来的内部调查,法斯托从这些交易中获得超过3 000万美元的利润。安然公司的其他几位高管也参与了这些交易,同样赚了数百万美元。在大多数此类交易中,安然公司的内部控制都被证明是不充分的,安然公司的经理们甚至懒得去遵循公司已经建立的会计控制制度。

当调查记者和美国证券与交易委员会终于开始认真研究安然财务的细节时,一切都开始瓦解。安然公司被迫重报1997年至2000年间的盈利,以正确说明与另外两个特殊目的实体之间的特殊目的实体交易。(公司对收益)重述大幅削减了安然的收益,大大夸大了资产负债表上的债务规模,并大幅削减了股东权益,导致安然公司的股价从每股90多美元暴跌到不足1美元。股东和债权人提起了无数诉讼。随后展开了针对安然的刑事和民事欺诈调查。2001年12月,安然公司宣布破产。

2004年,首席财务官法斯托认罪,并与检方达成和解协议,他同意指证安然公司前CEO杰弗瑞·斯奇林(Jeffrey Skilling)和董事长肯尼思·莱(Kenneth Lay)。根据和解协议,法斯托被判处十年监禁。安然前高管迈克尔·科珀(Michael Kopper)和本·格里桑(Ben Glisan)也达成了类似的协议。2006年,莱和斯奇林被判犯有多项证券欺诈和共谋罪。莱于2006年7月去世。2006年10月,斯奇林被判处24年监禁。

尽管安然成为催生改革的典型代表,但它并不是孤立事件。2001年至

2002年的财务报表重述浪潮揭示了,许多公司披露的财务信息普遍存在着基础缺陷。国会得出结论,丑闻背后有两组基本问题。首先,负责内部控制的所有关键参与者,诸如管理层、外部审计师、董事会及其审计委员会,都以各种方式遭遇惨败。在接下来的章节中,我们将研究针对管理层和审计师的改革措施。在这里,我们重点讨论审计委员会的作用,该委员会从《萨班斯—奥克斯利法案》中脱颖而出,成为公司治理的关键参与者。

> 审计委员会曾经是一个简单的董事会委员会,几乎没有什么具体职责,但如今它已成为公司治理的一个关键因素……《萨班斯—奥克斯利法案》颁布后的审计委员会不仅仅是发行人财务职能的监督者……《萨班斯—奥克斯利法案》扩大了其职责,使其成为员工投诉的渠道,成为举报人的热线,并成为所有差错问题的调查者。该委员会已转变为内部监督者,有时几乎像是一个与公司分离的实体。[1]

其次,国会得出结论,安然、世通以及大多数金融界的其他丑闻都是由于内部控制失灵造成的。问题不只在于实施内控机制的人。公司记录、汇总和记载财务数据的过程本身是存在缺陷的。因此毫不奇怪,在随后的改革中,这些控制措施受到了国会相当大的关注。

审 计 委 员 会

公司财务报表中包含的数据是市场上评估公司管理者业绩的最佳工具。然而,由于财务报表是由管理层编制的,市场怎么能相信这些报表能够公平、准确地反映公司的真实财务状况呢? 如果说实话意味着失去工作,管理者真的会这么做吗?

为了确保财务报表的准确性和完整性,美国证券与交易委员会要求公司将这些报表交由独立的注册会计师事务所进行审计。为了防止管理层和外部审计师彼此之间过于亲密,长期以来,在公司董事会中设立审计委员会一直被认为是一种最佳实践。根据《萨班斯—奥克斯利法案》的定义,该委员会"由发行人董事会设立并由其组成,目的是监督发行人的会计和财务报告流

---

[1] Thomas O.Gorman, Critical Issues in the Sarbanes-Oxley Act 1(2009).

程以及发行人财务报表的审计"。②

《萨班斯—奥克斯利法案》的授权

几十年来,纽约证券交易所要求上市公司设立一个仅由独立董事组成的审计委员会。该委员会必须至少有三名成员,且所有成员都具备"财务知识"。至少有一名委员会成员必须具备会计或财务管理方面的专业知识。

当国会审议《萨班斯—奥克斯利法案》时,很快就形成了共识,支持对所有上市公司施加更严格的纽约证券交易所要求。因此,《萨班斯—奥克斯利法案》第301条授权美国证券与交易委员会制定相关规则,要求证券交易所和纳斯达克采用上市标准,以要求上市公司设立符合以下规范的审计委员会:

● 委员会职责:审计委员会负责任命、设定薪酬和监督公司的外部审计师。外部审计师"应直接向审计委员会报告"。委员会还必须解决"管理层与审计师之间在财务报告方面的分歧"。③

● 独立性:审计委员会的所有成员都必须是独立的,第301条将这种"独立性"定义为禁止委员会成员成为公司的"关联人",以及禁止从公司收取除董事薪酬的任何咨询、顾问或其他补偿性费用。④

● 举报人:审计委员会必须建立程序,以处理有关公司进行会计、内部审计控制和外部审计的投诉。该程序必须包括一种"由雇员匿名提交机密信息的机制……对有问题的会计或审计事项的关注"。⑤

● 招聘顾问:除了授权审计委员会雇用和支付外部审计师费用之外,公司还必须授权审计委员会在必要时聘请"独立顾问和其他顾问的权利",并由公司支付外部顾问的费用。⑥

纽约证券交易所和纳斯达克审计委员会规则

《萨班斯—奥克斯利法案》生效成为法律的同时,纽约证券交易所和纳斯

---

② SOX §2(a)(3).

③ 15 U.S.C. §78j-1(m)(2).

④ Id. §78j-1(m)(3).

⑤ Id. §78j-1(m)(4).

⑥ Id. §78j-1(m)(5).

达克也在着手对董事会进行自主的改革,其中包括对审计委员会计划进行的变革。因此,《萨班斯—奥克斯利法案》第301条以及美国证券与交易委员会为实施该法案而制定的规则,必须被纳入证券交易所的改革计划之中。

经过《萨班斯—奥克斯利法案》的最终修订,《纽约证券交易所上市公司手册》(NYSE Listed Company Manual)第303A.06条要求每家上市公司都设立一个审计委员会。与对提名和薪酬委员会的要求不同,即使是拥有控股股东的公司也必须遵守有关审计委员会的规则。

纽约证券交易所在第303A.07条中规定了审计委员会的其他要求:

● 委员会必须至少有三名成员。请注意,越来越多的公司为审计委员会任命多达五名个人成员,以帮助分担该委员会成员的高工作量。

● 根据《萨班斯—奥克斯利法案》第301条和《纽约证券交易所上市公司手册》的规定,所有委员会成员必须是独立的。

● 所有委员会成员必须具备"财务知识",其中至少一名成员"必须具备会计或相关的财务管理专业知识"。[⑦]将由公司的董事会决定相关的判断标准以及成员资格是否符合条件。

● 委员会必须有一份书面章程,规定其责任、职责和权力。

● 委员会负责监督"(1)上市公司财务报表的完整性,(2)上市公司是否遵守法律和监管要求,(3)独立审计师的资格和独立性,以及(4)上市公司内部审计职能和独立审计师的履行情况"。[⑧]

● 委员会必须准备一份有关审计过程的年度报告,并将其纳入公司的年度委托投票说明书中。

● 委员会必须有权聘请独立顾问和其他顾问,并向其支付报酬。

● 委员会必须有权设定外部审计师的薪酬。

● 委员会必须至少每年收到一份以上由外部审计师制作的关于公司内部控制充分性的报告。

● 委员会必须审查公司的年度和季度披露报告,特别是MD&A部分以及财务报表。

● 委员会必须审查由分析师提供的收益公告和其他指南。

---

⑦　NYSE, Listed Company Manual §303A.07(a) cmt., http://nysemanual.nyse.com/lcm/.

⑧　Id. §303A.07(b).

144 ● 委员会必须定期与公司的内部和外部审计师举行会议。
  ● 委员会必须审查管理层与审计师之间的所有分歧。

纳斯达克的规则没有那么详细,但与上述纽约证券交易所的规定大体相似。

审计委员会的其他职责

根据《萨班斯—奥克斯利法案》,审计委员会是连接公司上下、内外的枢纽。公司外部认证的会计师事务提供任何非审计服务之前都必须获得审计委员会的批准。审计委员会负责监督公司的举报人政策。审计委员会必须确保外部审计师能不受管理层的阻碍进行审计。审计委员会充当管理层和外部审计师之间的联络人,特别是当他们在审计过程中出现任何分歧或其他问题方面。审计委员会应与外部审计师一起审核 CEO 和 CFO 的资质证书。审计委员会必须确保外部审计师每五年轮换一次主要负责进行审计的合伙人和负责审核审计的合伙人。

美国证券与交易委员会规定的审计委员会披露规则

通过要求公司委托投票说明书中包含该委员会的报告,其中包含各项披露要求,美国证券与交易委员会赋予了交易所的审计委员会更多的职权。例如,报告必须说明委员会是否与管理层和公司独立审计师一起审查和讨论了公司的经审计财务报表。报告还必须说明审计委员会是否建议董事会将经审计后的财务报表纳入公司的年度报告中(表格 10-K.9)。⑨

在顶部设置适当的基调

作为一个良好的公司实践,审计委员会应该在高层建立一种鼓励诚实、
145 正直和遵守法律要求的"顶部基调"。特别是,审计委员会成员不应被动地依赖管理层和外部审计人员。虽然审计委员会的成员不是被控从事企业间谍活动以发现不法行为的私家侦探,但他们有义务在接受管理层和外部审计人员的报告之前进行实质性调查。正如特拉华州最高法院在史密斯诉凡·高

---

⑨ Gorman, supra note 1, at 30.

尔科姆(Smith v. Van Gorkom)一案中所指出的,董事会在评估由他人提供的信息时,必须带着批判的眼光。[10]

管理层自我评估

与后《萨班斯法案》(post-SOX)时代的其他联邦和证券交易所涉及董事会组成的上市标准一样,关于审计委员会的规定优先于州公司法。后《萨班斯法案》审计委员会的规定还带来了其他无法预料的后果。例如,要求审计委员会建立和监督公司举报程序的第 301 条规定与欧盟有关数据保护的指令之间存在重大冲突。结果,法国数据保护局(French data protection authority)取消了美国公司两家子公司提出的同时受到美国法第 301 条和法国数据保护法的约束下提出的举报系统。[11]

就像后《萨班斯法案》时代的其他联邦和证券交易所制定的其他关于董事会组成的上市准则一样,新的审计委员会规则是在缺乏令人信服的实证理由的情况下实施的。罗伯塔·罗曼诺确定并总结了 16 个在前《萨班斯法案》时期进行的关于独立审计委员会的研究。其中四项研究试图找出审计委员会独立性与公司业绩之间的相关性,这种相关性是通过会计和股票市场指标来衡量的。没有任何人使用任何度量标准发现两者之间存在统计学上的显著关系。[12]

其他研究通过衡量"异常应计项目、财务报表重述和欺诈、证券与交易委员会诉讼、第三方或合同欺诈指控以及股市对意外收益的反应"等指标,试图在审计委员会的独立性与财务报表失当的可能性之间找到联系。[13]其中 10 项研究没有发现这种联系,其中一项报告的结果与它们不一致,这取决于所测试的实证模型。

研究发现,审计委员会的独立性与公司绩效在某种程度上具有相关性,我们对此须持保留态度。很难从这些研究中得出因果关系的结论。拥有高质量披露实践的公司选择了建设一个活跃的、完全独立的审计委员会。成立

[10] Smith v. Van Gorkom, 488 A.2d 858, 872(Del. 1985).

[11] Michael Delikat, Developments Under Sarbanes-Oxley Whistleblower Law, in Internal Investigations 2007: Legal, Ethical & Strategic Issues(June 2007), available on Westlaw at 1609 PLI/Corp 19.

[12] Roberta Romano, The Sarbanes-Oxley Act and the Making of Quack Corporate Governance, 114 Yale L.J. 1521, 1530(2005).

[13] Id. at 1531(脚注省略).

这样的委员会的公司这样做的意图可能是作为更广泛的会计和信息披露增强措施的一部分。因此,这些研究固有地存在严重的内生性问题。

就后《萨班斯法案》时期的证据而言,《萨班斯—奥克斯利法案》促成的审计委员会独立性与避免重述收益之间似乎没有什么联系。对公司财务错报概率与各种公司治理特征之间关系的研究发现,前者与审计委员会独立性之间没有统计学上的显著相关性。但该研究确实发现,审计委员会成员的财务专业知识与财务错报的概率之间存在负相关关系。[14]这个结果并不令人惊讶。监督公司在其专业领域的业绩方面,专家董事应该比外行人做得更好。所有的这些发现支持的只是一项专业技能要求,而不是《萨班斯—奥克斯利法案》和证券交易所标准建立的复杂机制。

这套机制施加的额外的审计委员会责任一直是使公司董事工作量增加以及由此引发的董事薪酬增加的主要因素。[15]平均而言,审计委员会每年开会的次数从 2002 年的 5 次增加到 2005 年的 9 次。[16]

小型企业受到的影响尤其大,因为它们不太可能拥有足够的独立董事来满足新的证券交易所上市标准。因此,其中许多公司不得不增加新的独立董事,它们不仅要达到更高的独立性标准,而且还要满足审计委员会成员的新专业知识要求。此外,由于董事薪酬不会随着公司规模的增加而1∶1 地扩大,为补偿这些新任董事在《萨班斯法案》实施后所感受到的工作量和责任敞口的增加,董事薪酬的增加也对小公司产生了不成比例的影响。后《萨班斯法案》时期的一项实证研究证实,在《萨班斯—奥克斯利法案》通过后,董事薪酬成本急剧上升,而且这些成本给小型上市公司造成不成比例的负担。[17]

在非营利组织治理的世界中,其对独立审计委员会的成本收益率提供了一个有趣的见解。《萨班斯—奥克斯利法案》的规定中只有两项直接适用于

---

[14]　Anup Agrawal & Sahiba Chadha, Corporate Governance and Accounting Scandals, 48 J.L. & Econ. 371, 375(2005).

[15]　Judith Burns, Corporate Governance(A Special Report)—Everything you Wanted to Know About Corporate Governance But Didn't Know to Ask, Wall St. J., Oct. 27, 2003, at R6.

[16]　Jo Lynne Koehn & Stephen C. DelVecchio, Revisiting the Ripple Effects of the Sarbanes-Oxley Act, CPA J.Online, May 2006, http://www.nysscpa.org/printversions/cpaj/2006/506/p32.htm.

[17]　James S.Linck et al., The Effects and Unintended Consequences of the Sarbanes-Oxley Act, and Its Era, on the Supply and Demand for Directors(2009), http://ssrn.com/abstract=902665.

非营利组织:(1)对举报人的保护,以及(2)禁止销毁、篡改或伪造文件,以防止在任何正式程序中使用或发现它们。[18]然而,《萨班斯—奥克斯利法案》生效后,非营利组织对它们是否应自愿遵守《萨班斯—奥克斯利法案》的规定进行了评估。城市研究所对 5 000 家非营利组织的治理实践进行研究发现,它们对《萨班斯—奥克斯利法案》的遵守程度存在很大差异。例如,大多数非营利组织都有独立的外部审计师。事实上,在年支出超过 200 万美元的大型非营利组织中,这种做法几乎是普遍的(97%)。相反,"在所有规模的群体中,《萨班斯—奥克斯利法案》关于建立独立审计委员会的做法最少得到了贯彻执行"。[19]即使在年支出超过 4 000 万美元的超大型非营利组织中,也只有58%的组织拥有类似于《萨班斯—奥克斯利法案》的独立审计委员会。非营利组织面临来自诸如外部审计师、主要捐助者和政府监管机构等主要利益相关者的巨大压力,要求他们采取有效的公司治理措施。因此,非营利组织中审计委员会的显著缺失表明,这样一个委员会的收益并没有大于成本。

内 部 控 制

虽然内部控制最初起源于会计概念,但随着逐渐发展,其具有了更广泛的含义。1949 年美国注册会计师协会(AICPA)委员会的一份报告将内部控制定义为"企业内部为保护资产、检查会计数据的准确性和可靠性、提高经营效率、鼓励遵守规定的管理政策而采取的组织计划和所有的协调方法及措施"。[20]到 1992 年,美国反虚假财务报告委员会下属的发起人委员会(Committee of Sponsoring Organizations of the Treadway Commission, COSO)*——一个由五大会计专业协会组成的团体——发布了内部控制的

[18]　See generally Stephen M. Bainbridge, The Complete Guide to Sarbanes-Oxley 96—108 (2005)(讨论这些要求)。

[19]　Francie Ostrower & Marla J.Bobowick, Urban Institute, Nonprofit Governance and the Sarbanes-Oxley Act 2(2006), http://www.urban.org/UploadedPDF/311363_nonprofit_governance.pdf.

[20]　American Institute of Certified Public Accountants Committee on Auditing Procedure, Internal Control—Elements of a Coordinated System and Its Importance to Management and the Independent Public Accountant 5, 6(1949).

＊　COSO 是一项打击公司欺诈的联合举措。它由五个私营部门组成,致力于在组织治理、商业道德、内部控制、商业风险管理、欺诈和财务报告的相关方面指导执行管理层和政府实体。——译者注

148　定义，"一个由实体的董事会、管理层和其他人员实施的，旨在为实现目标提供合理保证的过程"，涉及"运营的有效性和效率、财务报告的可靠性以及对适用法律和法规的遵守情况"。[21]发起人委员会进一步认为，内部控制由五个相互关联的部分组成：控制环境、风险评估、控制活动、信息和沟通以及监督。所有五个组成部分必须正常运作，内部控制才能被认为是令人满意的。反过来，这些组件被进一步细分为 20 种甚至更多的行业术语。

　　简单来说，我们可以将内部控制大致分为两大类。首先，预防控制措施旨在阻止不当行为，并防止可能导致组织违反法律、发布不准确或欺诈性披露的错误或违规行为，否则将无法以最高效率运行。对于超过一定数量的检查需要两个签名，就是此类控制的一个简单示例。其次，治疗控制措施旨在识别和纠正确实发生的不当行为和错误。审计费用账目以识别个人支出是此类控制的一个简单示例。

　　内部控制概念是在梅尔文·爱森伯格（Melvin Eisenberg）的努力下开始运用于公司法的，他认为将内部控制责任分配给董事会是将其监督模型制度化的关键组成部分。[22]爱森伯格意识到，董事会与管理层之间的信息不对称妨碍了董事会有效地监督最高管理层的能力。董事会内部控制系统正常运行，将有助于从两方面纠正这种不平衡。首先，它可以捕获并纠正流向董事会的信息中的失真。其次，负责实施内部控制的公司人员成为董事会的另一种信息来源，董事会不再仅仅依赖于最高管理层。正如我们应看到的，爱森伯格的观点在州和联邦公司治理法中都具有高度的影响力。

149　　　　　　　　　　　内部控制——州法

　　众所周知的注意义务要求董事不断关注公司的业务和事务：

　　　　董事有持续的义务随时了解公司的活动……董事们可能不会对公司的不当行为视而不见，然后声称，因为他们没有看到不当行为，因此他们没有义务去发现。在岗位上睡觉的哨兵对他负责保护的企

㉑　Committee of Sponsoring Organizations of the Treadway Commission, Internal Control—Integrated Framework 9(1992).

㉒　Melvin A.Eisenberg, The Board of Directors and Internal Control, 19 Cardozo L. Rev. 237(1997).

业毫无贡献。㉓

但注意义务在多大程度上要求董事主动监督公司下属的行为成为可能，仍未明确。特拉华州最高法院在格雷厄姆诉阿利斯—查默斯公司（Graham v. Allis-Chalmers Mfg. Co.）一案中首先讨论了这个问题。㉔1937年，阿利斯—查默斯公司与联邦贸易委员会就涉嫌违反反托拉斯法达成两项双方同意的判决。＊在1950年代，该公司与联邦反垄断机构就中层员工操纵价格的指控达成和解。和解协议达成后，一名股东对董事会提起了诉讼，理由是董事会未能设置一项法律合规计划，以防止违反反垄断法。由于原告的主张是基于所谓的不作为，因此商业判断规则不适用，最高法院开始着手确定董事是否履行了他们的注意义务。

原告辩称，这些董事知道或已经注意到1950年代的价格垄断违规行为。但是，法院驳回了这一论点，因为在联邦政府启动大陪审团程序之前，没有任何可信的证据表明任何董事确实知道1950年代的违规行为。原告随后辩称，根据1937年双方同意的判决，董事们注意到他们必须采取措施防止将来的违规行为，并且他们没有这样做。法院再次驳回了这一论点。只有少数内部董事真正了解1930年代的双方同意的判决。此外，少数了解它们的董事已经审查了双方同意的判决，并合理地得出结论，在1930年代该公司没有做错任何事情，了结此案只是为了避免诉讼。因此，法院认为，董事们对于未来可能进行价格垄断不知情。最后一种理论，也是本案所依据的理论是，董事应对未能执行法律合规程序以发现并防止此类错误的行为负责。

法院还驳回了原告的缺乏监督的主张。格雷厄姆（Graham）案法院认 150 为，董事有权依靠其下属的诚实，直到发生某种情况使他们注意到发生了非法行为。如果他们接收通知却没有采取行动，或者他们鲁莽地信任一个明显不值得信任的员工，责任就会随之而来。然而，根据格雷厄姆案，董事没有义务从开始就制定一个法律合规程序，因为没有这样的危险信号。

如今格雷厄姆案经常受到批评。在1990年代，特拉华州最高法院将格雷厄姆案描述为"相当令人困惑和无益的"。㉕然而，格雷厄姆案所谓的疯狂

㉓　Francis v. United Jersey Bank，432 A.2d 814(N.J. 1981).
㉔　188 A.2d 125(Del. 1963).
＊　指经法庭核准，被告同意终止其非法行为(如刊登虚假广告)，政府同意不再追究并撤诉，法庭据此所作的判决。——译者注
㉕　Cede & Co. v. Technicolor, Inc., 634 A.2d 345，364 n.31(Del. 1993).

背后是有原因的。俗话说："每只狗都会咬一口。"* 这种说法是基于普通法的原则，即只有当主人知道或有理由知道狗有咬人的倾向时，狗的主人才应对狗咬人负责。[26]这样的认知可能是来源于犬种天生的暴力倾向或先前的咬伤行为。这种规则的经济原理基于简单的成本—收益分析。看管您的狗需要昂贵的预防措施，例如皮带、围栏等。如果一只忠犬像羊羔一样温柔，为什么还要花这么多钱呢？

与格雷厄姆案的类比应该是不言而喻的。正如除非狗的主人知道狗有咬人的倾向，否则狗主人不需要承担责任一样，董事只有在注意到其员工有犯罪嫌疑时才需要承担责任。就像狗咬人之后会通知狗主人一样，之前的刑事违法行为可能会引起董事的注意。就像董事有控制那些天生恶犬的义务，董事们也不会毫无顾忌地疏于监督那些明显不值得信任的员工。

与狗咬人规则一样，格雷厄姆案通过简单的成本—收益分析就可以证明其合理性。法律合规计划不是免费的。至少，法律合规计划要求准备一份公司手册，告诉员工不要价格垄断。它可能还需要对员工进行培训。除此之外，该公司可能还应不时派律师进行合规审核。具有实质性效力的计划需要大量的高层承诺和审查、与员工进行频繁且有意义的沟通、认真的监督和审计以及对违规行为的适当处罚。与被狗咬伤人的案例类似，只有在注意到过去的违规行为时，人们才有理由期待公司做到上述的一切。

尽管这种成本—收益分析是合乎逻辑的，但最近的一些案例已经将格雷厄姆案彻底击垮了。这一过程始于前特拉华州首席大法官威廉·艾伦在凯马克案中的意见。在派生诉讼方面，[27]艾伦大法官概述了董事有义务采取一些积极的法律合规措施。凯马克（Caremark）是一家提供多种管理式护理服务的医疗行业公司。凯马克的大部分收入来自联邦政府的健康计划。根据联邦《反介绍客户收费法》（Anti-Referral Payments Law，ARPL），凯马克被禁止向医生支付转介绍患者的费用。但是，凯马克可以根据咨询协议和研究资助合法地雇佣医生。

1994 年，联邦政府因凯马克犯有违反《反介绍客户收费法》的罪行而将

---

　　* 这种提法的起源可追溯到 17 世纪，当狗第一次咬人，它的主人无须支付赔偿给受害者，因为仅咬一次不能证明这条狗是条恶狗。这意味着，除非该狗先前曾咬过其他人，或者除非您知道或有理由知道您的狗会这样做，否则对该犬咬过的人不承担责任。因此，格言包含的寓意是，应该允许任何人犯一次错而不受惩罚。——译者注

[26] See, e.g., Hyun Na Seo v. Yozgadlian, 726 A.2d 972(N.J. App. 1999).

[27] 698 A.2d 959(Del. Ch. 1996).

其起诉。政府认为凯马克公司与医生签订的一些咨询协议和研究补助金都是变相的回扣,目的是让病人转诊。1995 年,凯马克选择和解,支付了约 2.5 亿美元的罚款和赔偿金。此后,一群股东向凯马克的董事提起了派生诉讼。这些诉讼是根据一项协议达成和解的,根据该协议,凯马克的董事无需支付任何费用。作为交换,凯马克则须同意对其经营方式进行一些外观上的改变,而原告律师从凯马克公司处收取了 100 万美元的费用。与所有派生诉讼和解协议一样,该协议需要司法批准。首席大法官艾伦批准了这项和解协议,尽管他将原告律师费削减至仅 87 万美元。由于程序上的原因,此案仅间接涉及凯马克的董事是否有义务创建一个有效的法律合规程序这一实际问题。然而,依据艾伦法官广泛的判决附带意见,履行注意义务可能需要这样的程序。

艾伦法官的分析区分了两种情况,在这两种情况下,董事可能会因为公司的法律合规问题而被起诉。首先,当董事作出了一个不明智的决策时,商业判断规则将使该决策免受司法审查的影响,因为它"假定所作的决策是一个过程的产物,这个过程要么是出于善意,要么是出于理性"。

其次,如果董事会未能采取行动,法院将对其进行审查。著名的公司律师和学者贝勒斯·曼宁(Bayless Manning)很久以前就观察到,"商业判断规则根本不适用于董事们 90% 的实际行为"。[28]之所以如此,是因为正如在格雷厄姆案中看到的那样,对特定决策进行单独的商业判断是应用规则的必要前提。但是,大多数董事会活动都是由监督和监管组成,很少会触发实际决策。

尽管格雷厄姆案法院无法援引商业判断规则以使阿利斯—查默斯的董事免受司法审查,但它对董事会监督职责的处理方式,对董事因监督失败而实际承担责任造成了重大障碍。但是,随着监督模型的普及,格雷厄姆案开始遭受上述批评。正如爱森伯格本人所说的那样,"尽管根据事实作出了正确的决策,但格雷厄姆案设想了一个董事会的被动角色,这种角色在 1963 年监督模式还没有发展之前可能是可以接受的,但与现代董事会的监督义务观点不一致"。[29]

首席大法官艾伦同样得出结论,格雷厄姆案不再可以被解释为公司董事会没有义务创建旨在确保公司合规的信息收集和监控机制。相反,董事会的

152

---

[28] Bayless Manning, The Business Judgment Rule and the Director's Duty of Attention: Time for Reality,39 Bus. Law. 1477,1494(1984).

[29] Eisenberg,supra note 22,at 260.

监督义务"包括有义务努力确保公司信息和报告系统诚实守信,且董事会认为这是足够的、持续的,在某些情况下不这样做,至少在理论上会使董事对因不遵守适用法律标准而造成的损失承担责任"。㉚

凯马克案本可以为扩大董事责任打开一扇门。由于董事会行使其监督职能的行为常常不受商业判断规则的约束,因此,董事们实际上所做的大部分工作都将受到法院的事后评价。作为一个合理的政策,对艾伦法官来说,若是重申格雷厄姆案对狗咬人规则的复制会更好。

尽管艾伦没有这样做,但他确实采取了预防措施,以确保凯马克案不会大幅增加特拉华州董事的责任风险。他认为,董事会未能履行此项义务——即使是因为疏忽——也不足以使他承担责任。相反,"只有董事会持续或系统地未能行使监督职能,例如完全没有尝试确保建立合理的信息和报告系统,才会导致缺乏诚信,而缺乏诚信是承担责任的必要条件"。㉛正如艾伦所言,该标准把责任标准设定得"相当高"。㉜事实上,在判决作出前,他曾指出,此处有争议的主张"可能是公司法中最困难的理论,原告可能希望据此赢得判决"。㉝

尽管凯马克案的表述是判决附带意见,但衡平法院作为一个整体很快将其视为良法。然而,在古特曼诉黄(Guttman v. Huang)一案中,重点发生了决定性转变,在该案中,副首席大法官里奥·斯特恩将凯马克案的权利主张从原来的"注意义务"中剥离出来,并将其重新定义为"忠实义务":

153   尽管凯马克案的判决被正确地看作是促使董事们在监督公司遵守法律标准方面更加谨慎行事的一种推动,但无论是通过简明的还是故意的条款,该意见都阐明了监督失败责任的标准,要求证明董事因未能以诚信履行职责而违反了其忠诚义务。㉞

这段话"有效地将董事监督责任从注意义务转变为忠实义务"。㉟

可以肯定的是,古特曼案并没有导致董事面临更高的赔偿责任可能性。毕竟,商业判断规则在因欠考虑的不作为而违反注意义务的案件中的适用,

---

㉚　*Caremark*, 698 A.2d at 970.

㉛㉜　Id. at 971.

㉝　Id. at 967.

㉞　Guttman v. Huang, 823 A.2d 492, 506(Del. Ch. 2003).

㉟　Peter D.Bordonaro, Comment, Good Faith: Set In Stone?, 82 Tul. L. Rev. 1119, 1126 (2008).

并不比涉及违反忠诚义务的案件中要多。因此，从这个角度来看，这种变化无关紧要。

通过将凯马克案请求权置于忠实义务范围内，副首席大法官斯特恩排除了在这种情况下使用第102(b)(7)条免责条款的可能性。即便如此，他的观点或许是正确的，他的观点有效地复制了"大多数公司董事的责任状况，这些董事受免责章程条款的保护，免受金钱损害赔偿的影响"。㊱首先，副首席大法官斯特恩强调，凯马克案的权利主张很难得到证实。其次，他以赔偿责任为前提指出责任"存在于董事明知他们未尽到自己的职责"时。㊲仅仅欠考虑的不作为似乎已不再足够；相反，必须有证据表明董事会有意无视其职责。换句话说，"要追究董事对监管失败的责任，董事们采取行动的心态必须达到了有意识的决策，违反了注意义务的程度"。㊳再次，副首席大法官斯特恩引用了首席大法官艾伦的训诫，只有董事会持续或系统地监督失职才可能导致责任，而首席大法官艾伦也承认这将使责任门槛变得"相当高"。㊴鉴于这些高标准，副首席大法官斯特恩总结说，原告"甚至还没有能够提出接近于凯马克案主张的权利请求"。㊵

> 他们的结论性控诉中没有提出对凯马克案权利主张至关重要的事实证据，这些论点诸如公司缺乏审计委员会，或该公司的审计委员会只是偶尔开会，且在工作上投入的时间明显不足，或者审计委员会已经清楚地注意到严重的会计违规行为，而只是选择忽略它们，或者更糟糕的是，鼓励它们继续存在。㊶

154

尽管在古特曼案作出裁决之时，凯马克案似乎已经得到很好的确立，并在特拉华州衡平法院和其他州都受到广泛的遵循，但特拉华州最高法院直到2006年的斯通诉里特（Stone v. Ritter）案才明确表示支持凯马克案。㊷美南银行（AmSouth Bancorporation）的股东对该银行的董事会提起了派生诉讼，指称由于董事会未能确保该银行制定适当的合规计划来防止和发现违反联邦《银行保密法》的行为使他们得以提出一个凯马克案式的索赔主张。

㊱㊴㊵ *Guttman*，823 A.2d at 506.

㊲ Id. at 506.

㊳ Desimone v. Barrows，924 A.2d 908，935(Del. Ch. 2007).

㊶ Id. at 506—507.

㊷ Stone v. Ritter，911 A.2d 362(Del. 2006).

在该案中特拉华州最高法院声称确认"凯马克案阐明了评估董事监督责任的必要条件"。[43]然而,事实上,斯通案真正证实的是古特曼案对凯马克案的重新诠释。例如,斯通案认为,凯马克案"在很大程度上借鉴了董事缺乏诚信行事的概念"。[44]法院随后赞许地援引了古特曼案将诚信与忠实义务融合的表述:"未能诚信的行事可能会导致责任,因为诚信行事的要求'是附属要素(或次要因素)',即这是'忠实这一基本义务'的一个条件。"[45]

尽管有很多关于凯马克案及其后续案件(包括斯通案)的批评,[46]但目前的重点是,斯通案确认了古特曼案强调的有意无视董事会职责是凯马克案件中承担责任的试金石:

> 我们认为凯马克案阐明了董事监督责任的必要条件:(1)董事完全没有执行任何报告或信息系统或控制措施;(2)已经实施了这样的系统或控制,却有意识地不去监视或监督其运作,从而使自己无法了解需要关注的风险或问题。无论哪种情况,强加责任都需要证明董事知道自己没有履行其受托责任。如果董事在面对已知的行为义务时未能采取行动,从而表现出有意识地无视其责任,则他们由于未能履行诚信义务而违背了忠诚义务。[47]

此后,最高法院引用了凯马克案的主张,即"声称董事应为员工的过失承担个人责任的主张,'可能是公司法中最困难的理论,原告可能希望以此来赢得判决'"。[48]就像副首席大法官斯特恩在古特曼案中的做法一样,最高法院进一步引用了凯马克案的观点,强调需要证明董事会持续或系统性失灵,并为此确立了"相当高的"责任标准。

因此,凯马克案及其后续案件在维持董事的权威和问责制之间达到了一种精心构造的平衡。在这里,与其他地方一样,特拉华州法院也承认,进行审查的权力就是决策的权力。如果凯马克案的诉求很容易提出并胜诉,那么法院通常会被置于审查公司内部控制有效性的位置。特拉华州法院通过让这

---

[43] Id.

[44] *Stone*, 911 A.2d at 369.

[45] Id. at 369—370(quoting Guttman v. Huang, 823 A.2d 492, 506 n.34(Del.Ch. 2003)).

[46] See generally Stephen M.Bainbridge et al., The Convergence of Good Faith and Oversight, 55 UCLA L. Rev. 559(2008).

[47] *Stone*, 911 A.2d at 370.

[48] Id. at 372.

些诉求难以被提起并获得支持,从而确保内部控制的设计和运作将由董事会明智地自行决定。的确,当正确理解凯马克案及其后续案件,董事会甚至可以作出有意识的决策,放弃一套特定的内部控制措施,因为董事会在知情的情况下作出明智的决策认为控制措施的成本超过其收益。而联邦政府就不会像法院这么宽容了。

内部控制——《萨班斯—奥克斯利法案》

在促成了《萨班斯—奥克斯利法案》的国会听证会上,许多注意力都集中在安然、世通等公司的内部控制失灵上。国会认定,州法律制度未能充分引导董事会关注这一问题。因此,《萨班斯—奥克斯利法案》的某些关键条款旨在使内部控制法规联邦化。

内部控制些什么?

如我们所见,"内部控制"一词在会计行业有着悠久的历史和颇有争议的含义。不幸的是,国会并没有做很多的工作来澄清这个概念。相反,国会在《萨班斯—奥克斯利法案》的两个不同章节中使用了这个词,这让问题变得更加复杂,因为这两个章节赋予了这个词截然不同的含义。

《萨班斯—奥克斯利法案》第 302 条要求公司的 CEO 和 CFO 提供一份 156报告证明,除其他事项外,该公司具有"内部控制措施,以确保这些实体内的其他人员将与发行人及其合并子公司有关的重要信息披露给这些高级职员"。美国证券与交易委员会在 2003 年 6 月的声明中解释说,第 302 条中使用的内部控制是指"披露控制和程序",美国证券与交易委员会又将其定义为"公司旨在确保在交易法下应报送或提交的报告中所需披露的信息能够在委员会规则或惯例指定的时间段内被记录、处理、汇总和报告,而制定的那些控制机制和程度"。换句话说,这是出于对第 302 条证明的目的,问题在于公司是否已建立适当的程序来确保 10-K 和 10-Q 报告等文件中包含的信息是准确且完整的。

相比之下,第 404 条中的"内部控制"是关于"财务报告的内部控制结构和程序"。根据美国证券与交易委员会的规定,第 404 条所指的内部控制范围比第 302 条所涉及的内部控制要窄。具体地说,美国证券与交易委员会为第 404 条的目的将"内部控制"定义为:

由注册人的 CEO 和 CFO,或执行类似职能的人员设计或在其监督下,并由注册人的董事会、管理层和其他人员实施的过程,根据公认的会计准则,对财务报告的可靠性以及用于外部目的编制财务报表提供合理的保证,包括以下这些政策和程序。

● 包括保存适当、详细而准确,并能公允地反映公司的交易及资产分配情况的会计记录;

● 能够合理保证:交易被记录、可以根据这些记录来编制符合公认会计准则要求的财务报告、公司所有的收入及支出得到了管理层或董事会的批准;

● 能够合理保证,以防止或及时发现可能对财务报告造成重大影响的对注册人资产的未经授权的获取、使用或处置。

换句话说,第 404 条中使用的术语"内部控制"一词是指公司确保其财务报表符合公认会计准则规定且不存在重大虚假陈述和遗漏的程序。

157　　按照上述定义,第 302 条和第 404 条并未抢占内部控制领域。回顾一下,发起人委员会(COSO)将内部控制定义为与"运营的有效性和效率、财务报告的可靠性以及对适用法律和法规的遵守"有关。[49]即使是为第 302 条的目的而使用的对内部控制更宽泛的定义也仅限于第二类。第 302 条和第 404 条都仅限于与会计和披露相关的内部控制。因此,州法律制度仍然是针对发起人委员会第一类和第三类的控制法律。

《萨班斯—奥克斯利法案》第 404 条

《萨班斯—奥克斯利法案》第 404(a)条要求美国证券与交易委员会采用规则,规定公司须在其年度报告中包括管理层对以下事项的责任声明:"建立和维护适当的财务报告内部控制结构和程序"并且"截至发行人最近一个会计年度结束时,对发行人的内部控制结构和财务报告程序的有效性进行评估"。第 404(b)条要求公司的独立审计师证明公司内部控制的有效性。

第 404 条乍一看仅仅是一个披露要求。它要求在每个上市公司的年度报告中包括内部控制披露。该披露声明必须包括:(1)公司管理层书面确认其负有建立和维护内部控制系统及相应财务报告程序的责任;(2)在最近一

---

[49]　COSO Report, supra note 21, at 9.

个会计年度终了时,评估公司内部控制的有效性;(3)公司外部审计师的书面证明,确认这些控制和程序的充分性和准确性。当然,并非披露本身使第404条变得有意义。相反,有必要评估和测试公司的内部控制,以便能够进行所需的披露。这些成本有两个主要部分。首先,公司在进行必要的管理评估时会产生内部成本。其次,公司必须支付审计师进行评估的费用。

对作为独立审计师的会计师事务所具有监督权的美国证券与交易委员会和上市公司会计监督委员会可以执行第404(b)条所要求的审计,都强调了第404条要采用自上而下的方法。因此,第404条合规流程通常始于组建一个由高级专业人员组成的跨职能、多学科合规团队。这样的团队通常包括来自公司内部审计部门、财务总监办公室、信息技术、人力资源和关键业务部门的代表。团队通常从审查那些适用于整个公司范围的控制措施开始。随后,合规团队将评估适用于特定业务部门或职能的控制措施。接下来,团队将研究特定的业务单元如何处理重要的账户。最后,团队评估如何处理这些账户中的交易。

美国证券与交易委员会和上市公司会计监督委员会都坚持认为,公司应该将注意力集中在那些最有可能导致财务报告问题的高风险领域。由于在《萨班斯—奥克斯利法案》生效前,超过50%的财务欺诈涉及通过过早确认收入或虚报收入来夸大收入,因此公司必须对用于监督收入确认的内部控制投入相当多的注意力。此外,其他四个领域也已被证明是财务欺诈的最常见来源:(1)股票期权和其他股本证券的发行;(2)计提准备金、应计费用和或有事项;(3)费用资本化;(4)库存水平。所有这些都是新兴的最佳实践,要求在第404条评估过程中须投入大量精力,给予相当重视。

根据美国证券与交易委员会的规则,如果存在一个或多个重大缺陷,管理层不能声称其内部控制是有效的。此外,任何重大缺陷的存在和正在采取的纠正措施必须在关于表格10-K的年度报告中予以披露。为此,《上市公司会计监督委员会审计准则第2号》将重大缺陷定义为"重要缺陷或重要缺陷的组合,这极有可能导致年度或中期财务报表的重大错误陈述无法被避免或被检测到"。反过来,重要缺陷被定义为公司内部控制的一个问题,"这不利地影响了公司根据公认会计准则可靠地启动、授权、记录、处理或报告外部财务数据的能力,因此,极少有可能避免或检测到公司年度或中期财务报表的错误,其严重程度远远超过无关紧要的程度"。内部控制不一定要完美运行才能被视为有效的,只要存在的问题不会"极有可能"引起该公司的财务报告受到重大不利影响,就足够了。

重要缺陷不必披露，但是作为一个最佳实践问题应该得到解决。如果要修正一个重要缺陷，就必须对根据第 302 条认证的披露程序或对第 404 条规定的财务报告内部控制机制作出重大变更，但是，这些变更必须予以披露。在这种情况下，还必须披露导致变更的重要缺陷。

159　　还记得，除了管理层的评估和认证外，第 404 条还要求公司的独立审计师对公司财务报告的内部控制进行评估和认证。根据《上市公司会计监督委员会审计准则第 2 号》，报告公司的注册外部审计事务所必须出具以下两份意见：（1）管理层对公司内部控制的评估是否公平地说明了这些控制的条件和有效性，以及（2）审计师是否认为公司已对财务报告建立了有效的内部控制。前一项要求大大提高了审计师针对第 404 条合规性所收取的费用，因为这导致了对管理层所做工作的大量重复。

　　如果审计师发现发行人对财务报告的内部控制存在重大缺陷，则审计师就不能发表无保留意见。* 如果审计师发现了重大缺陷，只要向审计委员会报告了这些缺陷，他仍然可以发表无保留意见。至于对管理层自我评估的第三方事务所评估，即使存在重大缺陷，审计师也可以发表无保留意见，只要管理层的评估能够揭示这些缺陷即可。如果管理层未能履行第 404 条规定的职责或限制了审计范围，则审计师有义务发表免责声明（即拒绝发表意见）。

　　当《萨班斯—奥克斯利法案》被采纳时，美国国会和美国证券与交易委员会都没有意识到这些合规流程的成本将是多么昂贵。美国证券与交易委员会估计，遵守第 404 条的平均成本约为 9.1 万美元。[50]但是，实际上，2005 年的一项调查显示，遵守第 404 条的第一年的直接费用为：大型企业 730 万美元，中型企业 150 万美元。[51]“因此，大公司第一年的实施成本比证券与交易委员会的预估值高出 80 倍，比小公司的预估值高出 16 倍。”[52]

　　这些成本仅包括为遵守第 404 条合规性方面而付出的 35 000 个工作小时的平均支出，这几乎是美国证券与交易委员会预估值的 100 倍。此外，公司在外部顾问和软件上的平均支出为 130 万美元。最后，平均而言，他们还要额外支付 150 万美元的审计费用（增幅为 35%）。[53]

---

　　* 无保留意见审计报告是指财务报表的列报符合公认会计准则，即审计人员对被审计单位的会计报表，依照独立审计准则的要求进行审查后，确认被审计单位采用的会计处理方法遵循了会计准则及有关规定。——译者注

　　[50][51] Joseph A. Grundfest & Steven E. Bochner, Fixing 404, 105 Mich. L Rev. 1643, 1646 (2007)（脚注省略）。

　　[52] Id. at 1645—1646.

　　[53] Stephen M. Bainbridge, The Complete Guide to Sarbanes-Oxley 4(2007).

可以肯定的是,其中一些成本是为了使公司内部控制达到标准而产生的一次性费用。然而,《萨班斯—奥克利法案》中许多其他的合规成本年复一年地重现。例如,第404条所要求的内部控制过程在很大程度上依赖于持续的文档编制。结果,公司必须不断确保他们正在创建必要的书面记录。因此,尽管第二年的合规成本下降了,但这些成本仍比美国证券与交易委员会对第一年成本的估计高出许多倍。[54] 160

第404条不可否认具有值得美誉的目标。毕竟,错误的内部控制导致了网络时代的许多公司丑闻。第404条也产生了一些有益的效果。例如,在十年中的中期证券欺诈诉讼数量下降的部分原因可能是由于公司为响应第404条而采取了更好的内部控制和披露程序。一些公司可能已经从更高的公司内部透明度中受益。

人们还必须承认,监管机构和国会为减轻与第404条合规相关的一些成本而付出的努力。美国证券与交易委员会的最初回应是推迟第404条适用于中型企业的日期(自通过以来,它已适用于大型企业和中型企业)。后来在某种程度上,它提供了"指导",告诉管理人员在遵守第404条时应该依赖哪些内容,以及哪些内容据称可以降低成本。然而,美国证券与交易委员会在这样做时仍然坚持认为"规定一种能够满足每家公司需求的单一方法是不切实际的"。因此,美国证券与交易委员会拒绝为合规公司提供安全港,使其免于承担责任。确实,美国证券与交易委员会甚至决定不提供"公司管理层在完成其对公司内部控制的评估时应该执行的步骤清单"。相反,美国证券与交易委员会建议:

> 管理层应实施并进行足以为年度自我评估提供合理基础的第三方事务所评估。管理层应该运用自己的经验和明智的判断来设计一个与公司运营、财务报告风险和流程相符的第三方评估流程。如果评估流程确定了截至本会计年度结束时存在的重大缺陷,则这些缺陷必须在管理层的年度报告中予以披露,并声明ICFR(即财务报告内部控制)是无效的。如果评估未发现构成重大缺陷的内部控制缺陷,管理层自我评估ICFR是有效的。[55]

---

[54] Grundfest & Bochner, supra note 12, at 1646.

[55] Management's Report on Internal Control Over Financial Reporting, available at http://www.sec.gov/rules/proposed/2006/33-8762.pdf.

美国证券与交易委员会的指南在本质上是含糊不清、模棱两可的，为解释和分歧留有足够的空间。诸如"合理的"和"实质性"之类的术语作为标准，就其本质而言，它们无法在合法行为与非法行为之间划清界限。事实上，美国证券与交易委员会承认"发行人可能会对执行第404条和委员会的规则中的'合理性'作出一系列判断"。因此，确定特定公司是否已遵守《萨班斯—奥克斯利法案》规定的义务是高度特定于事实的，并且取决于具体情况。相应地，直到美国证券与交易委员会或法院（事后诸葛亮，带着后见之明的好处和偏见）确认他们的做法之前，该公司及其管理层无法确定自己是否完全遵守了第404条的规定。

而且，仅仅提供指导并没有改变公司高管和董事的激励机制。《萨班斯—奥克斯利法案》带来了新的责任风险，对董事和管理人员来说，规避这些风险的最佳方式是投入大量公司资源，以确保遵守第404条的规定和《萨班斯—奥克斯利法案》的其他条款。因为是公司的董事和管理人员控制着钱袋子，所以他们可以决定公司在遵守《萨班斯—奥克斯利法案》的合规性上花费多少资源。然而，由于花在合规计划上的钱来自公司的盈亏底线，所以这些钱来自股东的腰包。因此，几乎可以肯定的是，企业会过度投资于《萨班斯—奥克斯利法案》的合规工作。

2007年，美国证券与交易委员会采取了其他措施，旨在降低第404条的合规成本。在事先的指导下，预计审计师将发表两项意见。其中一项提供了审计师对公司财务报告内部控制有效性的评估。另一项是评估管理层的自我评估是否公正地陈述了这些控制措施的施行情况。美国证券与交易委员会现在明确表示，实际上只需要前者。

与此同时，美国证券与交易委员会和上市公司会计监督委员会修订了重大缺陷和重要缺陷的定义。对于前者，新定义用"合理可能性"一词代替了引发违规可能的表述"不仅仅是一种遥不可及的可能性"，从而提高评估错报可能性的门槛。对于后者，新定义是"财务报告的内部控制中的缺陷或缺陷的组合，其严重程度不及重大缺陷，但其重要到足以引起负责监督注册人财务报告的人员的注意"。进行此更改旨在明确指出，对重大缺陷的必要应对措施不是披露而是公司内部负责机构的评估。

同年，上市公司会计监督委员会采用审计准则第5号，取代之前的内部控制审计准则第2号。修订后的标准作出了许多关键的修改。它修改了重大缺陷和重要缺陷的定义，使之符合新的美国与证券交易委员会的定义。它强调，审计师应根据公司规模依比例决定他们的工作量。审计准则第5号还试图通过允许审计师在进行评估时依靠内部审计师以及其他客观和有能力的公司人员的工作来减少重复劳动。至关重要的是,尽管审计准则第2号要求审计师对管理层进行自我评估时所使用的流程进行详细的第三方评估,但新准则强调,审计师的重点不应放在管理层的合规流程上,而应放在公司对财务报告的内部控制是否有效上。结合美国证券与交易委员会的指导意见,只需要来自审计师的一种意见,而不是在先前的标准下惯常的两种意见,这种变化也有望消除许多重复的工作。

提供第404条救济的最新努力来自2010年的《多德—弗兰克法案》。小型企业一直被要求遵守第404(a)条的管理评估规定,但是美国证券与交易委员会的反复推迟了对此类公司实施第404(b)条所要求的审计师评估工作。《多德—弗兰克法案》则永久性地豁免了小型企业对第404(b)条规则的遵守。该法案还指示美国证券与交易委员会进行一项研究,以研究如何减轻中型企业(介于7 500万美元至2.5亿美元之间)的第404条合规负担。

尽管有着最好的意图并实施了补救措施,但是毫无疑问,第404条和《萨班斯—奥克斯利法案》的其他部分以及更广泛的美国监管制度已经并将继续对美国资本市场产生有害影响。正如金融经济学家圆桌会议指出的那样,"即使采用审计准则第5号,我们也几乎没有理由相信,第404条的收益将超过成本"。⑤甚至《萨班斯—奥克斯利法案》的部分命名者前国会议员迈克尔·奥克斯利(Michael Oxley)也承认,如果他和参议员萨班斯(Sarbanes)在当时就知道《萨班斯—奥克斯利法案》的成本是如此昂贵,那么他们"将会写出不同的文字"。⑤

在这一点上废除第404条似乎不太可能。然而,进一步改革的支持者指出了《多德—弗兰克法案》中有关股东授权的各项规定,并询问为什么其逻辑未扩展至第404条。如果股东在薪酬方面发表意见是有益的,那么股东对公司是否应该选择退出《萨班斯—奥克斯利法案》第404条规则的表决,难道不会同样有益吗?如果股东应该有权使用委托投票说明书提名董事,为什么不让他们使用委托投票说明书来选择退出第404条呢?

事实上,一些著名机构已经提出一些此类改革。例如,金融经济学家圆

---

⑤ Statement of the Financial Economists Roundtable on the International Competitiveness of U.S. Capital Markets, 19 J. Applied Corp. Fin. 54,57(2007).

⑤ Liz Alderman, Spotlight: Michael Oxley, N.Y. Times, Mar. 2, 2007, http://www.nytimes.com/2007/03/02/business/worldbusiness/02iht-wbspot03.4773621.html.

桌会议提议,应允许发行人选择不受第 404 条的约束。[58]由纽约市长迈克尔·布隆伯格(Michael Bloomberg)和参议员查尔斯·舒默(Charles Schumer)委托麦肯锡(McKinsey)撰写的一份报告建议,如果美国证券与交易委员会的救助措施没有显著降低合规成本,那么小型企业完全可以选择退出第 404 条约束。[59]这样的改革除了可以减轻繁重任务的监管负担外,还可以为将私人秩序纳入联邦监管体系提供先例,从而带来更广泛的收益。除非且直到颁布此类改革,否则《萨班斯—奥克斯利法案》第 404 条仍将是"庸医"式联邦公司治理监管法规的典型代表。

《萨班斯—奥克斯利法案》第 302 条和第 906 条

美国证券与交易委员会对安然丑闻的最初反应之一是下令要求 947 家大公司的 CEO 和 CFO 提交书面证明,证明他们公司的最新年报和随后披露的任何文件均不存在任何重大虚假陈述或遗漏。国会非常欣赏这个想法,并将其纳入《萨班斯—奥克斯利法案》的两个独立条款中。

《萨班斯—奥克斯利法案》第 302 条规定,当公司提交年度报告或季度报告时,CEO 和 CFO 都必须分别证明其已经审查了该报告,并且据他所知,该报告不存在任何重大的虚假陈述或材料事实的遗漏。两名高管还必须证明,据他们所知,报告中所载的财务报表和其他财务资料对于报告所涉期间的公司财务状况和经营成果的所有重要方面都得到了公正的反映。

第 302 条的这半部分基本上是无关紧要的。正如法学教授劳伦斯·坎宁安(Lawrence Cunningham)所言:

> 此类认证要求(报表必须符合法规并公平呈现结果)一直是联邦证券法的要求。那些被挑选出来进行认证的人——CEO 和 CFO——无一例外地被列为私人证券诉讼和美国证券与交易委员会执法行动的被告……这项规定最大的成就是引发了公众对这个主题的关注,这并非偶然的结果,但也远没有人们普遍认为的那么重要。[60]

---

58 Id.

59 McKinsey & Co., Sustaining New York's and the United States' Global Financial Services Leadership 19—20(2007).

60 Lawrence A.Cunningham, The Sarbanes-Oxley Yawn: Heavy Rhetoric, Light Reform (And It Just Might Work), 35 Conn. L. Rev. 915, 955(2003).

他进一步指出，充其量，第302条的这半部分只是在公司披露时提高了公司“高管对风险的关注”。(61) 164

在第302条的后半部分，企业实践发生了重大变化。具体来说，第302条的设计旨在让CEO和CFO在公司的内部控制过程中拥有强有力的利害关系。因此，这要求CEO和CFO分别以书面形式确认他们有责任建立和维护公司的内部控制体系，并保证这种内部控制旨在确保重要信息从公司业务部门正确地流向公司CEO和CFO。他们还必须证明自己在提交报告前的90天内评估了这些内部控制的有效性。为确保认证不仅仅是样板文件，CEO和CFO必须在季度或年度报告（视情况而定）中提供对公司内部控制有效性的评估。

第302条还要求CEO和CFO分别以书面形式证明其已向外部审计师和审计委员会披露“内部控制在设计或操作方面，可能会对发行人记录、处理、汇总和报告财务数据的能力产生不利影响的所有重大缺陷，以及已向发行人的审计师指出内部控制的任何重大缺陷”。他们还必须证明已向审计师和审计委员会告知了“在内部控制中担任重要职位的管理层或其他雇员的欺诈行为，而不论该行为是否重大”。最后，他们必须确定自评估之日起内部控制的任何重大变化，包括为纠正这些控制中的任何重大缺陷和重要缺陷而采取的任何措施。

正如劳伦斯·坎宁安教授解释道：

> 这些规定旨在防止CEO和CFO以无知为借口。从源头上看，安然丑闻就是一个明显的例子。在安然丑闻中，几名高管在国会作证时表示，他们对下属的财务欺诈行为缺乏了解，并辩称，他们不可能知晓这家大型公司的所有活动，包括欺诈行为。(62)

但是现在，我们遇到了一件怪事。如上所述，国会非常喜欢这个认证的想法，因此他们在两个不同的地方将其放入《萨班斯—奥克斯利法案》。除第302条的各种认证要求外，第906条修改了联邦刑法，增加了一项新规定，要求向美国证券与交易委员会提交的每一份“定期报告”均需附有CEO和CFO的书面证明，以证明定期报告……完全符合“相关法规”的规定，而且“定期报告”所载的资料在所有重大方面均公平地反映了发行人的财务状况 165

(61) Id. at 942.

(62) Id. at 955—956.

及经营成果。作出此类认证的人"如明知该声明所附的定期报告不符合本条所列的所有规定,应处以不超过 100 万美元的罚款或不超过 10 年的监禁,或两者并罚"。"故意"做出此类证明的人"明知声明随附的定期报告不符合本条规定的所有要求,应处以不超过 500 万美元的罚款,或不超过 20 年的监禁,或两者并罚"。

第 906 条认证要求并未明确交叉引用第 302 条规定的认证,这就引发了许多难题。根据更详细的第 302 条规定作出的认证是否满足第 906 条规定的义务? 错误的第 302 条认证是否会使某人遭受第 906 条规定的刑事处罚? 虽然第 302 条显然仅适用于 10-Q 和 10-K 报告,但第 906 条是否不仅适用于它们,也适用于包含财务报表的其他定期披露(如表格 8-k)? CEO 或 CFO 是否可以通过声明"据我所知"该报告符合第 906 条的规定,来证明其认证符合第 906 条的要求? 不幸的是,对于这些问题,我们几乎没有明确的指导。

CEO 和 CFO 无需复制内部或外部审计作为第 302 条和第 906 条认证过程的一部分,但是尽职调查的某些要素是必需的。作为最佳实践,CEO 应该从下属那里获得所谓的"mini-302 认证",在其职责范围内提供第 302 条要求的确认和认证。认证高管应与外部审计师会面,以确认其可以不受限制地进行审计。同样,认证高管应与审计委员会会面,以确保其已与外部审计师会晤,并确定审计委员会是否知晓任何重大问题或缺陷。CEO 和 CFO 应与披露委员会和内部审计负责人会面,以确保编制公司披露报表所需的信息在公司内部正常流动。最后,由于认证涵盖了 MD&A 披露,因此认证高管应与负责 MD&A 起草的人员会面。即使 MD&A 是在内部起草的,也可能需要让外部律师来审查披露内容。

综上所述,第 302 条和第 906 条大大增加了 CEO 和 CFO 的监管负担。

反过来,由于最佳实践需要其他关键企业高管的协助,因此,最高管理层现在将大部分时间用于准备这些认证,而不是开展业务。此外,这些部门增加的责任敞口增加了这些高管面临的风险,可想而知,他们将要求补偿。因此,与合规性相关的金钱和机会成本并非微不足道。

166　　　　但收益远没有那么确定。经济学家乌特帕尔·巴塔查里亚(Utpal Bhattacharya)、彼得·格罗兹尼克(Peter Groznik)和布鲁斯·哈斯勒姆(Bruce Haslem)研究了未能遵守美国证券与交易委员会高管认证要求的公司的股价。

他们发现,这些公司没有出现异常的股价波动、不寻常的交易量或价格波动。因此,他们得出结论,要求 CEO 和 CFO 证明公司的财务报表不"具有价值相关性"。⑥③通过一项对墨西哥公司在美国资本市场上市和退市的研究，进一步证实了成本—收益分析与认证要求背道而驰的结果，该研究发现，《萨班斯—奥克斯利法案》第302条和第906条施加的负担对退市决策存在重大影响。⑥④因此，这些部分成本高、收益有限（如果有的话），以及对美国资本市场竞争力的明显负面影响，使得将它们列入"庸医"式联邦公司治理监管的名单成为适当之举。

内部控制—风险管理

如今，一家大型上市公司面临着"无数的风险……从复杂的财务风险到中国制造材料的质量控制，一应俱全"。⑥⑤然而，一般来说，企业面临的风险可以大致分为经营风险、市场风险和信用风险。操作风险包括诸如"系统不完善、管理失灵、有缺陷的控制、欺诈和人为错误"等问题。⑥⑥相关问题包括未能遵守适用的法律规则、会计违规、糟糕的商业模式以及战略规划错误。

市场风险可以广义地定义为与资产绩效相关的公司估值变化。例如，财务风险管理将市场风险视为投资组合回报率的预期差异。相反，《巴塞尔协定》将市场风险定义为"(1)债务和权益工具及相关表外合约交易账簿中的风险，(2)外汇和大宗商品风险"。⑥⑦无论哪种情况，市场风险都是通过预测价格、利率、流动性和外汇汇率变化的金融模型来识别和评估的。

167

信用风险的定义是：交易对手信用质量的变化对公司价值产生影响的可能性。⑥⑧因此，它不仅包括违约风险，还包括信用评级机构可能降低交易对手信用等级的风险。金融危机表明，用于衡量和预测消费者信用风险的现有模型开发欠佳。

企业风险管理是内部控制的一个子集，主要属于第一类反虚假财务报告

---

⑥③　Utpal Bhattacharya et al., Is CEO Certification of Earnings Numbers Value- Relevant? (June 2008)，http://ssrn.com/abstract=332621.

⑥④　Eugenio J.Cardenas, Mexican Corporations Entering and Leaving U.S. Markets: An Impact of the Sarbanes-Oxley Act of 2002?, 23 Conn. J. Int'l L. 281(2008).

⑥⑤　Betty Simkins & Steven A.Ramirez, Enterprise-Wide Risk Management and Corporate Governance，39 Loy. U. Chi. L.J. 571(2008).

⑥⑥　Michel Crouhy et al., The Essentials of Risk Management 30—31(2006).

⑥⑦　W.Ronald Gard, George Bailey in the Twenty-First Century: Are We Moving to the Postmodern Era in International Financial Regulation with Basel II?, 8 Transactions 161, 183 (2006).

⑥⑧　Crouhy et al., supra note 66, at 29.

委员会下属的发起人委员会（COSO）。它通常被定义为公司董事会和高管制定公司战略和目标的过程，以便"在增长和回报目标以及相关风险之间实现最佳平衡"。[69]它包括确定与公司股东利益相一致的风险偏好，以及识别、准备和应对风险。

风险管理工具包括：（1）通过选择避免开展某些业务活动来避免风险；（2）通过对冲和保险将风险转移给第三方；（3）通过预防性和响应性控制措施来降低操作风险；以及（4）接受某些风险是产生适当回报水平所必需的。尽管采纳和调整这些工具以适应公司需要的主要责任在于公司的高管，但是董事会有责任确保公司建立适当的风险管理计划，并监督管理层对此类计划的实施。[70]

2008年的金融危机暴露了几乎整个商业社会在系统性基础上的严重的风险管理失灵。在一些公司中，问题在于缺乏任何行之有效的管理风险的系统。根据2002年对公司董事的调查，有43%的董事表示，他们的董事会要么缺乏有效的风险管理流程，要么根本没有建立识别和管理风险的流程。[71]根据同一项调查，有36%的董事认为他们对公司面临的风险认识不足。[72]

2008年韬睿咨询（Towers Perrin）对CFO的调查显示，当金融危机袭来时，风险管理仍处于欠发达状态。例如，有72%的受访者"对自己公司的风险管理实践和实现战略计划的能力表示担忧"。[73]有启发性的是，42%的受访者认为"董事会将更积极地参与风险管理政策、流程和系统"，[74]这意味着危机前的董事会没有充分参与风险管理。这一推论在2006年的一项观察中得到支持，即风险管理仍是"许多董事会仍在进行中的工作"。[75]

那些在危机之前已经采取风险管理计划的公司中，许多公司采用零散式方法，即由公司内部的不同团队使用不同流程来管理不同类型的风险。因

168

---

[69] Committee of Sponsoring Organizations of the Treadway Commission, Enterprise Risk Management—Integrated Framework: Executive Summary 1 (2004), http://www.coso.org/Publications/ERM/COSO_ERM_ExecutiveSummary.pdf[here-inafter COSO Framework].

[70] See American Bar Association Committee on Corporation Laws, Corporate Director's Guidebook 27—28(5th ed. 2007)(setting out board obligations for risk management and compliance programs)[hereinafter ABA Guidebook].

[71] Carolyn Kay Brancato & Christian A.Plath, Corporate Governance Handbook 2005 75 (2005).

[72] Id. at 75.

[73][74] Towers Perrin, Financial Crisis Intensifies Interest in Risk Management Among CFOs (Sept.2008), http://www.towersperrin.com/tp/showdctmdoc.jsp?country=global&url=Master_Brand_2/USA/News/Spotlights/2008/Sept/2008_09_30_spotlight_cfo_survey.htm.

[75] Crouhy et al., supra note 66, at 85.

此,这一相当庞大的企业集团未能采用一种将所有风险领域纳入一个单一的、集成的、全公司范围的流程的企业管理方法。事实上,根据 2007 年的一项调查,只有大约 10%的受访公司采用了这种全面的风险管理方法。[76]

韬睿咨询对 CFO 的调查强调了这些失败作为金融危机的成因的重要性。62%的受访者认为"金融机构风险管理不善或松懈是造成当前金融危机的主要原因",这一比例高于金融工具的复杂性或投机的复杂性(分别为55%和57%)。[77]因此,在接受调查的 CFO 中,"超过一半(55%)的人计划将他们的风险管理实践'置于显微镜下',且'在很多情况下,调查将涉及组织的所有级别,从董事会到基层车间'"。[78]

可以肯定的是,一些人认为,即便是有效的风险管理计划,也不可能预见到 2008 年爆发的金融危机。随着争论的展开,风险可以分为三大类:已知问题,已知的未知和未知的未知。"有一种观点认为,金融危机——显然具有重大影响;罕见事件风险——是不可预测的,可能是不可控制的,是一种未知的未知。"[79]但事实上,有迹象显示住房市场危机正在逼近,包括"宽松的住房抵押贷款条款、房价的快速上涨以及据称宽松的信贷标准",[80]这些都预示着金融服务业乃至整个经济的风险。

由于与此类风险相关的结果未遵循正态分布,因此评估此类概率极低但破坏性极大的风险是具有挑战性的。相反,它们 * 往往呈肥尾分布或长尾分布。[81]由于风险管理侧重于极端事件,需要对严重损失事件的概率和严重性

169

---

[76]　Simkins & Ramirez, supra note 65, at 584.

[77][78]　Towers Perrin, supra note 73.

[79][80]　Thomas L. Barton et al., Managing an Unthinkable Event, Fin. Exec., Dec. 1, 2008, at 24.

*　重尾分布(Heavy-tailed distribution)是一种概率分布的模型,它的尾部比指数分布还要厚。在许多状况中,通常右边尾部的分布会比较受到重视,但左边尾部比较厚,或是两边尾部都很厚的状况,也会被认为是一种重尾分布。长尾分布(long-tailed distributions)是重尾分布中的一个特例。所有的长尾分布都是重尾分布,但反之则不然。

肥尾分布(Fat-Tailed distribution)是一种特殊的概率分布,很像正态分布(一种细尾分布),但肥尾分布的曲线两端下降更慢更长,就像拖着一根又大又长的尾巴,也就意味着相比正态分布,它的极端值发生概率更高。肥尾分布在经济学、政治学、物理学中都可以遇到。在金融领域,肥尾分布是不受欢迎的,但却经常发生,因为它意味着额外风险。极端情况远比预期中频繁时,概率分布就会出现统计学者所说的"肥尾分布"。——译者注

[81]　肥尾分布的均值和方差与正态分布相似,但尾部的概率质量不同。Linda Allen et al., Understanding Market, Credit, and Operational Risk: The Value at Risk Approach 25(2004). 因此,在肥尾分布中,出现极端结果的概率要高于正态分布。在长尾分布中,少量的高频结果之后是大量的低频结果,这些低频结果逐渐消失。因此,尾部末端的结果发生的概率非常低。Robert Sandy, Statistics for Business and Economics 47(1989).

进行量化,因此,产生这种肥尾或长尾分布的不确定性给"风险管理者带来了严重问题"。㉖确实,有相当多的证据表明,人们正以"某种松懈、无纪律的方式"应对此类风险,这导致这些风险"在它们首次发生之前管理不善,而在发生之后又被过度管理"。㉘但是,"将此类事件归类为'不可管理',而将注意力集中在更可预测、更可驯服,甚至可能不那么严重的风险上,是完全不可接受的"。㉔

当人们考虑到股东在最近一次危机中为管理失误付出的代价时,放弃加强风险管理以预见未来危机的努力尤其令人无法接受。仅在 2008 年,股价下跌就使投资者损失了 6.9 万亿美元。然而,奇怪的是,《多德—弗兰克法案》几乎没有改变风险管理做法。相反,风险管理仍然主要属于州公司法领域的事项。

凯马克案与企业风险管理

州公司法对风险管理只字未提。相反,相关的法律主体规则是凯马克案及其后续案件确立的监督义务。在 2008 年金融危机之前,原告提起凯马克案权利主张的案件通常要么涉及法律合规失灵,要么涉及会计违规。然而,在危机之后,原告律师开始围绕风险管理失灵提出凯马克案式的权利主张。特拉华州法院最初是在一起针对花旗集团的股东派生诉讼中首先解决了这些权利主张。

花旗集团是一家跨国金融服务公司。在金融危机之前的这段时间里,花旗集团的证券和银行部门开始推销担保债务凭证(CDOs)。这种形式的衍生证券的基础是一些重组了的资金池,即包括"花旗集团通过收购包括住宅抵押贷款支持证券在内的各种资产支持证券,重新打包了评级较低的证券,然后将这些证券的现金流分成不同的等级或批次,以不同的风险和回报水平出售"。㉟在某些情况下,担保债务凭证的条款包括所谓的"流动性看跌期权",它允许购买者以原始成本将这些证券转售给花旗集团。

最终,花旗集团通过这些担保债务凭证和其他投资,在次贷市场形成约为 550 亿美元的风险敞口。结果,花旗集团面临着全部三种类型的企业风险。例如,市场风险的出现是因为利率和房价的变化可能会显著影响基于住宅抵押贷款支持证券的担保债务凭证的价值。例如,信用风险出现的原因是由于次级抵押贷款支持证券的信用质量出现不利变化,可能导致花旗集团的

170

㉖ Allen et al., supra note 81, at 26.

㉘㉔ Barton et al., supra note 79.

㉟ In re Citigroup Inc. Shareholder Litig., 2009 WL 481906(Del. Ch. 2009).

交易对手行使其流动性看跌期权。操作风险在衍生品证券的背景下无处不在，潜在的原因可能是由于"系统不完善、管理失灵、有缺陷的控制、欺诈和人为错误"引起的。[86]

实际上，衍生品交易造成的许多巨额损失都是操作失误的直接后果。衍生品交易比现金交易更容易产生操作风险，因为衍生品本质上是杠杆交易。复杂衍生品的估值也带来了相当大的操作风险。如果企业要避免巨大损失，非常严格的控制是绝对必要的。[87]

当金融危机袭来，次级抵押贷款市场崩溃时，花旗集团实际上遭受了非常严重的财务损失。

在上述案件中，被告是花旗集团现任和前任董事和高管。原告对他们的请求权中包含了这样一个论点，即根据凯马克案，被告董事负有个人责任，因为他们未能"诚信地尝试遵循已建立的程序，或者未能确保存在足够和适当的公司信息和报告系统，从而使他们无法充分了解花旗集团对次级抵押贷款市场的风险"。[88]首席大法官威廉·钱德勒（William Chandler）似乎是想直接将这些权利主张排除在凯马克案的范围之外，他指出：

> 尽管原告将这些请求权定义为凯马克案式的权利主张，但原告的理论本质上相当于主张被告董事应该对公司承担个人责任，因为被告董事未能充分认识到次级证券带来的风险。当人们回望过去关于监督职责的崇高指控以及用来修饰这些权利主张的危险信号时，剩下的似乎是原告股东试图追究董事被告个人的责任，因为他们作出（或允许作出）事后看来对公司不利的商业决策。
>
> 特拉华州法院曾多次面临这类权利主张，并已发展出相应的原则，即注意义务层面的信义义务和商业判断规则来适用于处理这些权利主张。[89]

在后来的判决意见中，法院进一步指出："尽管有人可能倾向于认为，董事在宏观监督和具体监督业务风险方面负有同样的职责，但将凯马克案类型

---

[86] Crouhy et al., supra note 66, at 30.

[87] Id. at 31.

[88][89] *Citigroup*, 2009 WL 481906 at *10.

的职责强加于董事以监督业务风险,则是完全不同的……特拉华州法律规定的监督职责并非设计用以约束董事……对于未能正确评估业务风险……承担个人责任。"[90]另外,法院在意见的其他部分指出,原告可能会"基于某些事实"陈述这种主张。[91]

事实上,风险管理和法律合规并没有"本质上的区别"。第一,凯马克案意见中没有合理的理由将其中规定的义务限制在法律和会计合规方面。当然,首席大法官艾伦根据《联邦判刑指南》为公司提供了许多法律合规计划带来的收益。然而,那只是艾伦大法官提出的三个理由之一。董事会有必要确保自己接收了足够的信息以履行义务,这支持了首席大法官艾伦的其他理由,这似乎与风险管理以及法律和会计合规同样重要。确实,这样的结论至少隐含在首席大法官艾伦的要求中,即董事会要确保自身"组织中存在的信息和报告系统经过合理设计,旨在向高管和董事会本身提供及时、准确的信息,足以使高管和董事会在各自的范围内就公司的守法合规和经营业绩作出明智的判断"。[92]因此,大法官艾伦显然打算将凯马克案的职责扩展到不仅仅是法律合规,还包括诸如业务风险管理之类的问题。

第二,新兴公司最佳实践指南分配给董事会的风险管理职责与分配给董事会的法律合规和会计控制方面的职责相当。例如,《公司董事指南》将风险和合规性监督合并为一个主题。[93]此外,该指南将"合规计划"列为"典型风险管理计划"的几个示例之一。[94]同样,反虚假财务报告委员会下属的发起人委员会将"遵守适用法律和法规"列为企业风险管理的四大类之一,同时确保企业追求适当的战略目标,有效和高效地利用资源并提供可靠的信息披露。[95]

第三,董事会在董事会风险管理中的作用被描述为确保公司制定有效的风险管理计划的主体,而前述计划应包括"识别、评估和管理所有类型的风险(包括业务风险、操作风险、市场风险、流动性风险和信用风险)"的一系列程序。[96]因此,董事会的角色包括"确保所有适当的政策、方法和基础架构都已到位"。[97]请注意,这与凯马克案所描述的关于董事会负有确保公司内存在符

---

[90] Id. at *16.

[91] Id. at *13.

[92] In re Caremark Intern. Inc. Derivative Litigation, 698 A.2d 959, 970(Del. Ch. 1996)(emphasis supplied).

[93][94] Corporate Director's Guidebook, supra note 70, at 27.

[95] Committee of Sponsoring Organizations of the Treadway Commission, Enterprise Risk Management—Integrated Framework: Executive Summary 3(2004).

[96] Crouhy et al., supra note 66, at 88.

[97] Id. at 89.

合法律规定的有效报告系统的要求高度类似。

第四，风险管理失败引发了人们对董事会与管理层关系的担忧，其程度可与法律合规或会计违规行为引起的担忧相提并论。公司管理人员仅仅出于对公司利润最大化的无私关注而进行会计欺诈或其他违法行为的情况可能很少见。相反，大多数情况下可能至少涉及自我交易的重要因素。例如，为了"保住自己70万美元的薪水、1 000万美元的奖金和股票期权"，"斯科特·D.沙利文（Scott D.Sullivan）有意继续领导世通公司进行110亿美元的会计欺诈活动"。[98]

沙利文欺诈行为的成功，实际上是操作风险管理失灵的一个很好的例子。此外，即使在缺乏实际的自我交易的情况下，管理层的自身利益仍可能是导致风险管理失灵的一个因素。特别是，一家公司未能采取有效的企业风险管理往往可能归因于CEO和最高管理层的抵制。股票期权和相关的绩效报酬计划，则给管理层提供了让他们更倾向于从事高风险行为的激励。[99]由于董事会不仅可以利用企业风险管理来管理风险，还可以将其用作一种监控手段，因此CEO可能会抵制风险管理程序的实施或有效运作。无论如何，关键点是企业风险管理可以理解为代理成本控制的一种形式，类似于由独立董事或大股东进行的监督、激励性薪酬计划、审计、法律合规计划和内部控制。

总之，风险管理在性质上与法律合规或会计控制没有区别。董事会恰当地承担了对它们的监督。因此，凯马克案式的权利请求应是主张各种风险控制主体的责任。然而，话虽这么说，但是风险管理的确在程度上与法律合规和会计内部控制不同。但这些差异中的一些已经足够显著，足以证明需要将其纳入凯马克案分析框架中。

首先，风险管理是一门年轻的学科。因此，有关企业风险管理的最佳实践仍在不断发展中。此外，有效的风险管理计划的类型因公司而异。制定有效的企业风险管理计划对于"复杂的冒险组织，例如银行、证券公司、保险公司和能源公司"的董事会来说是一个特殊的挑战，所有这些组织在金融危机中都发挥了重要作用，这恰恰是因为这是一项新的董事会职能，需要适应不断发展的新风险分析学科。[100]

如果在将凯马克案应用于风险管理失灵时，法院被认为系基于董事会未

173

[98] Lisa H.Nicholson, Sarbanes-Oxley's Purported Over-Criminalization Of Corporate Offenders, 2 J.Bus. & Tech. L.43, 53(2007).

[99] Kurt A.Desender, The Influence of Board Composition on Enterprise Risk Management Implementation 5(October 1, 2007), http://ssrn.com/abstract=1025982.

[100] Crouhy et al., supra note 66, at 85.

能采用某种特定的风险管理模式而对其施加责任,那么,理想的最佳实践演进过程可能会中止。因此,法院应极其谨慎地发表意见,以免被认为是在为风险管理制定路线图。

其次,最有效的风险管理计划所能做的就是防止风险的出现,或是限制那些已经出现的风险的影响。相反,法律合规计划不仅可以"显著降低违法行为的发生率",而且还在违法行为发生时大幅"减少或消除民事诉讼、处罚或起诉"。[⑩]换句话说,法律合规性计划提供了额外的收益,即减轻甚至消除对因程序漏洞而导致的违规行为的制裁。例如,《联邦量刑指南》授权法院,如果该公司已制定适当且有效的法律合规计划,则可大大减少对定罪公司的罚款。[⑩]当公司发现并自愿披露违规行为时,也可以进行向下调整。[⑩]因此,与风险管理相比,有效的法律合规计划带来的潜在收益要更为直接和巨大。

最后,也是最重要的一点,一家公司有降低风险的能力并不意味着它就应该选择这么做。作为公司的剩余索取权人,股东必须等到对公司的所有其他索偿都得到满足后,才能获得投资回报。在其他所有条件相同的情况下,股东因此更偏爱高回报的项目。但是,由于风险和回报是成正比的,因此实现这种偏好必然需要选择高风险的项目。

即使传统的财务理论假设股东是风险厌恶的,理性的股东仍然会对高风险的公司项目具有较高的承受能力。首先,有限责任的公司法基本原则实质上将股东与公司活动的下行风险隔离开来。有限责任原则当然支持公司股东无需对公司产生的债务或侵权行为承担个人责任。因此,除了最初投资的金额以外,股东不会将他们的个人资产置于危险之中,他们有效地将企业总风险中的一部分暴露给债权人。

因此,正如首席大法官艾伦在加利亚迪诉特里富兹公司(Gagliardi v. Trifoods Int'l, Inc.)一案中所解释的那样,[⑩]股东将希望管理者和董事承担风险:

> 股东可以分散其公司投资的风险。因此,从他们自身的经济利益出发,从最高风险调整后的收益率先开始,按顺序接受公司可获得的所有正净现值投资项目。股东不希望(或不应该理性地希望)董事是风险厌

---

⑩　Corporate Director's Guidebook, supra note 80, at 28.

⑩　U.S. Sentencing Guidelines Manual §8C2.5(f)(2008).

⑩　Id. at §8C2.5(g).

⑩　683 A.2d 1049(Del. Ch. 1996).

恶的。如果公司董事和管理者诚实地评估风险和回报,并为公司接受高于公司资本成本的最高风险调整回报率,那么股东在其多元化股票投资的全部范围内的投资利益将得到最大化。[105]

正如联邦第二巡回上诉法院在乔伊诉诺思(Joy v. North)一案中所解释的那样,[106]对股东风险偏好的这种理解是商业判断规则的基本原理的重要组成部分:

> 尽管该规则受到了学术界的批评,但它并非没有合理的依据……由于潜在利润往往与潜在风险相对应,因此,法律不为过于谨慎的公司决策提供激励,这非常符合股东的利益……股东可以通过分散持股来降低风险的波动性。对于多元化投资的股东而言,看似更具风险的替代方案可能是最佳选择,因为随着时间的推移,某些股票的巨大损失将被其他股票的更大收益所抵消……因此,惩罚那些选择看似风险较高的替代方案的规则,可能通常不符合股东的总体利益。[107]

正如商业判断规则将风险承担从司法审查中隔离出来一样,凯马克案也应该将风险管理从司法审查中隔离出来。

风险管理必然与风险承担相重叠,因为前者需要作出有关如何选择最优风险水平以最大化公司价值的选择。回顾一下,只有四种基本的风险管理方式:通过避免风险活动来避免风险、通过保险或对冲来转移风险、减轻风险以及不可避免地接受风险。所有这些都与风险承担相重叠。例如,操作风险管理经常需要作出是否从事风险业务的决策,并且更笼统地说,确定是否可以在成本—收益分析的基础上证明特定风险是合理的。结果,"变得越来越难以在公司治理和风险管理之间划清界限"。[108]

公司如何使用衍生工具,很好地说明了风险承担与风险管理之间的模糊界限。一方面,它们可以用来对冲风险。另一方面,它们也可以用作投机性投资。在许多情况下,它们可以同时用作两个用途。正如钱德勒(Chandler)在花旗集团案中正确认识到的那样,凯马克案的索赔要求以风险管理失败为

---

[105] Id. at 1052.

[106] Joy v. North, 692 F.2d 880, 885(2d Cir. 1982), cert. denied, 460 U.S. 1051(1983).

[107] Id. at 886.

[108] Crouhy et al., supra note 66, at 87.

前提,因此,他以一种典型的凯马克案权利主张所不具有的独特方式,指出了激活商业判断规则的核心关注点。首席大法官钱德勒似乎明白,风险管理不可能轻易与风险承担区分开来,因为它将原告的诉求描述为"要求法院作出结论……董事未能观察到花旗集团业务风险的程度,因此作出了允许花旗集团进入次级抵押贷款市场这样的'错误'的商业决策"。[109]他拒绝这样做,并解释说:"这种司法上的事后猜测是商业判断规则旨在防止的,而且,即使诉状是根据凯马克案理论提出的,最高法院也不会放弃特拉华州信义义务法的这些基本原则。"[110]

176

《多德—弗兰克法案》中的风险管理

尽管《多德—弗兰克法案》的公司治理条款同样适用于普通民众和华尔街精英,但在风险管理方面却并非如此。相反,《多德—弗兰克法案》第165条规定,只要求银行控股公司和受美联储监督的非银行金融服务公司创建董事会层级的风险管理委员会。

同样,美国证券与交易委员会也避免了对风险管理进行实质性监管,且可能也超出了其监管权限的范围。相反,美国证券与交易委员会在2009年修改了其委托书披露规则,要求在两种情况下进行与风险管理相关的披露。首先,如果"公司针对员工制定的薪酬政策和做法所产生的风险有可能对公司产生重大不利影响",那么委托投票说明书中必须讨论这些政策和做法。[111]如最初提议的那样,该规则将要求披露对公司"可能产生重大影响"的风险。采纳的规则中包含的较高标准,预计将导致更少的信息披露,并将披露范围主要限于金融服务公司。

其次,委托投票说明书必须包括对董事会如何实施其风险管理监督的讨论。新规则接受了董事会在风险管理中的角色,但并未试图实质性地定义该角色。信息披露似乎可能集中在公司年度报告的"管理层讨论和分析"(MD&A)部分中确定的那些风险上,因为这些是最有可能对公司产生重大影响的因素。披露的内容还可能集中在诸如董事会是否有独立的风险管理委员会以及董事会如何与那些运营上负责风险管理的经理互动等问题上。

考虑到危机中风险管理失败的重大负作用,这些温和的改革所反映出的

[109] Citigroup, 2009 WL 481906 at * 15.

[110] Id. at * 12.

[111] Proxy Disclosure Enhancements, Exchange Act Rel. No.61, 675(Dec. 16, 2009).

联邦政府的宽容态度令人相当吃惊。毕竟国会和美国证券与交易委员会对小得多的问题作出了反应,制定了更详尽的监管规定,虽然理由要少得多。　177可以肯定的是,从政策上讲,联邦政府这种沉默的理由与首席大法官钱德勒对花旗集团案的谨慎是一样的。尤其是,鉴于风险管理状况的不断发展,联邦政府通过立法强制要求采取特定做法的任何努力都可能使坏主意变为无法改变的现实。

　　然而,与此同时,联邦政府在风险管理方面的沉默,让人们对《萨班斯—奥克斯利法案》和《多德—弗兰克法案》规范公司治理的其他方式感到不安。风险管理是一个新问题,没有人提供准备好的解决方案。风险管理不在任何有组织的利益集团的议程上。特别是,在其他公司治理问题上具有重大影响力的工会、机构投资者及其学术盟友,对风险管理基本上漠不关心。

　　风险管理因此揭示了联邦泡沫法的核心问题。这些法律更多的是关于减轻民粹主义的愤怒,而不是有意义的改革。因此,其内容不是由健全的公共政策规定所驱动,而是由公司治理政策企业家的议程所驱动的。因此,真正的问题并没有得到解决,而企业界却背负着与危机无关的新义务。

第六章　看门人

公司看门人有助于解决公司治理中最基本的代理成本问题之一。公司希望投资者购买其证券，但投资者可能会怀疑公司提供的信息披露的准确性和完整性。作为一种保证信息披露的可信度的形式，公司会聘请各种外部人员，如外部审计师、承销商和法律顾问等作为声誉中介。因为这些外部人员的业务取决于他们的诚实、正直和准确的声誉，他们应该不会为了帮助一个客户作弊而破坏这种声誉。从理论上讲，这些外部人因此起到了看门人的作用，监管资本市场的准入。

在互联网时代，看门人失败得很惨。安然公司主要是一个会计丑闻，与美国证券与交易委员会在大多数年份调查的150多起会计欺诈案件没有什么区别。事实上，这不仅是安然公司的情况，也是大多数互联网时代的公司丑闻。管理层依靠公认会计准则中固有的巨大灵活性来管理收益和操纵财务数据，使经营业绩符合预测。目标是保持公司的股价高，使管理者可以从股票期权中获利。由于标准的会计审计并不是旨在揭露不当行为的真正司法审计，而只是一种可能完全忽略问题的抽样审计，因此许多管理者认为他们可以不做假账。一些会计人员愿意对有问题的做法睁一只眼闭一只眼，这意味着一些管理者至少在一段时间内确实可以这样做。

审计公司吸引了《萨班斯—奥克斯利法案》起草者的

注意,因为尽管安然公司、环球电信公司和世通公司的欺诈行为在许多细节上都有不同,但至少有一个共同点:三者都使用了安达信作为它们的外部审计师。事实上,安达信公司的名字在 1990 年代和 21 世纪初的许多其他会计欺诈案件中都有突出的表现,包括 Sunbeam、Waste Management、Qwest 和亚利桑那州浸信会基金会的丑闻。

180

政府对安达信提起了刑事和民事诉讼,许多公司或其股东以证券欺诈为由起诉安达信。2002 年,安达信因销毁安然公司的文件而被认定为妨碍司法公正。尽管美国最高法院后来以与陪审团指示有关的技术性理由推翻了这一定罪,但这一判决敲响了安达信的丧钟。安达信唯一的遗产是《萨班斯—奥克斯利法案》所建立的监管大厦,以规范会计行业和审计过程。

在《萨班斯—奥克斯利法案》之前,律师一直拒绝认为自己是看门人。长期以来,公司律师协会拒绝接受任何关于它对客户的经理和董事会以外的任何人都有责任的观念。律师可能对股东、投资公众或其他资本市场参与者负有义务的想法,是律师协会所憎恶的。律师是提倡者、信任者和顾问,而不是审计师。

然而,几乎在每一起金融丑闻中,律师都会成为客户不当行为的协助者甚至参与者。在 1980 年代储蓄和贷款危机引起的诉讼中,斯坦利·斯波尔金(Stanley Sporkin)法官曾问过这样一个著名的问题:

> 当这些专业人员(其中一些人现在正在根据《第五修正案》主张他们的权利)在进行这些明显不正当的交易时,他们在哪里?为什么他们中的任何一个人不说出来或不参与这些交易呢?当这些交易发生时,外部的会计师和律师又在哪里?让人难以理解的是,既然有这么多的专业人才(包括会计和法律),为什么没有一位专业人员会吹响哨子,以阻止这起案件中发生的越权行为呢?①

十几年后,在安然这样的公司工作的律师也会被问到同样的问题。

毫无疑问,律师在这些丑闻中发挥了重要作用。有时,他们的疏忽使管理层的不当行为没有被发现。有时,律师甚至助纣为虐。例如,根据安然公司的内部调查,"内部法律顾问(对公司的信息披露)缺乏有力和有效的监督,

---

① Lincoln Sav. & Loan Ass'n v. Wall, 743 F. Supp. 901, 920(D.D.C. 1990).

文森&艾尔金斯(Vinson & Elkins)公司的外部法律顾问"②以及高管和审计师也没有提供客观和重要的专业意见。该报告明确批评了 Vinson & Elkins 公司,调查人员认为,该公司"本应在披露过程中发出更有力、更客观、更批评的声音"。③

181

世通公司的一项内部调查也同样指责该公司的律师,认为这是"公司的公司治理结构普遍存在的"崩溃。④一项内部调查批评了世通公司的总法律顾问,因为他的法律部门结构不当,"没有最大限度地发挥其作为董事会可以依赖的控制结构的效力"。⑤

正是在这样的背景下,参议员约翰·爱德华兹(John Edwards,北卡罗来纳州参议员)在关于《萨班斯—奥克斯利法案》的会场辩论中认为,当"高管或会计师违法时,你可以肯定,问题的一部分是,参与其中的律师没有做好自己的工作"。⑥爱德华兹进一步指出,在"所有……我们看到的企业不当行为,是……很明显,不应该让公司律师来监管自己,就像不应该让会计师来监管自己一样"。⑦因此,正如《萨班斯—奥克斯利法案》将会计行业的监管联邦化一样,《萨班斯—奥克斯利法案》也将公司律师—客户关系纳入了联邦范畴。

审 计 师

《萨班斯—奥克斯利法案》对发行人与审计师的关系作了许多改变。该法案强调,审计师为董事会的审计委员会工作,而不是为管理层工作。第303条禁止发行人的代理人试图胁迫审计师出具有利的意见。《萨班斯—奥克斯利法案》第203条要求会计师事务所每五年轮换一次:(1)主要负责审计的合伙人和(2)负责审核审计的合伙人。审计委员会必须确保实际进行必要的轮换。然而,我们在此集中讨论两个问题:即对会计行业的监督和对非审

---

② William C.Powers, Jr., et al., Report of Investigation by the Special Investigative Committee of the Board of Directors of Enron Corp. 17(Feb. 1, 2002).

③ Id. at 26.

④ Rebecca Blumenstein & Susan Pulliam, WorldCom Fraud was Widespread, Wall St. J., June 10, 2003, at A3.

⑤ Rebecca Blumenstein & Jesse Drucker, MCI's Treasurer, Counsel to Resign After Disclosure, Wall St J., June 11, 2003, at A3, A12.

⑥ 148 Cong. Rec. S6551(2002).

⑦ Id. at S6552.

计服务的限制。

介绍上市公司会计监督委员会

在《萨班斯—奥克斯利法案》之前，会计行业在很大程度上是自我监管的。主要的行为者——美国会计准则委员会和美国注册会计师协会——都是受美国证券与交易委员会最低限度监督的私营部门实体。美国会计准则委员会制定了会计准则，而美国注册会计师协会提供指导，并为制定普遍接受的原则和准则作出了贡献。

《萨班斯—奥克斯利法案》极大地撼动了这个舒适的小世界。第101条设立了上市公司会计监督委员会，作为一个非营利性公司，负责"监督受证券法约束的上市公司的审计"。在常设仲裁委员会的许多职责中，对我们来说最重要的是：

1. 制定为报告公司编制审计报告的公共会计事务所注册制度。根据《萨班斯—奥克斯利法案》第102条，只有注册的会计师事务所才能对报告公司的账目进行审计。为了注册，会计师事务所必须广泛披露其客户、费用和做法，并同意在上市公司会计监督委员会的任何调查中合作。

2. 制定关于审计、质量控制、道德操守、独立性以及与报告公司编写审计报告有关的其他事项的准则。

3. 对注册会计师事务所进行定期检查，以确保事务所遵守上市公司会计监督委员会和美国证券与交易委员会规则。大型会计师事务所（有100家以上的报告公司客户）每年接受检查，而小型会计师事务所每三年检查一次。如果上市公司会计监督委员会发现任何违规行为，会向美国证券与交易委员会和任何相关州的会计师执照委员会报告。即使上市公司会计监督委员会没有发现任何违规行为，它仍然必须向美国证券与交易委员会和相关州机构提交书面报告。

4. 对注册会计师事务所和与这些事务所有联系的任何个人的不当行为进行调查和纪律处分。常设会计师事务所委员会可对违规者实施广泛的制裁，包括永久取消对报告公司进行审计的权利。

自由企业基金是一个积极的智囊团，它提起诉讼，质疑上市公司会计监督委员会的合宪性。⑧该基金认为,《萨班斯—奥克斯利法案》赋予了上市公司会计监督委员会广泛的政府职能和权力,包括准执法调查权和对违反其规则处以巨额罚款的准司法权力。因此,该基金认为,常设仲裁委员会违反了一些宪法规定,特别是任命条款。

183

《宪法》第 2 条第 2 款的任命条款规定:

总统有权根据参议院的意见和建议,并在征得参议院的意见和建议后,制定条约,但须有三分之二的参议员同意;总统应提名,并根据参议院的意见和建议,任命大使、其他公使和领事、最高法院法官和所有其他美国官员,其任命在此没有其他规定,并应依法确定。但国会可通过法律将其认为适当的下级官员的任命权交给总统、法院或各部门负责人。

由于是美国证券与交易委员会而不是总统任命上市公司会计监督委员会的成员,该法规提出了三个关键的宪法问题。第一,上市公司会计监督委员会的成员是否为“美国官员”,因此受制于任命条款? 第二,如果是的话,上市公司会计监督委员会的成员是否为“下级官员”,国会“可通过法律赋予”除建议和同意程序以外的其他特定机制之一的任命? 第三,如果是的话,证券与交易委员会委员是否共同具备了作为部门主管的资格?

在这些问题上,出乎意料的是几乎没有什么指导,但却从来没有一个有力的论据支持基金的立场。虽然上市公司会计监督委员会名义上是私人机构,但实际上是一个名副其实的监管机构。它在国会有非常广泛的授权,为会计行业和审计程序制定和执行规则。它可以对会计师事务所处以最高 200 万美元的罚款,对个别会计师处以最高 10 万美元的罚款。

因此,尽管它拥有广泛的准政府权力,但上市公司会计监督委员会几乎不受国会或总统的直接监督。该委员会的资金来源是向所有上市公司征税的一般权力。与其他监管机构相比,上市公司会计监督委员会受国会拨给它们的资金数额的限制,其的独立征税权意味着国会或总统对其的权力几乎没有什么控制权。

由于法定结构造成的形式上缺乏控制,使通过预算程序进行的事实上的机构控制更为严重。总统既不能任命也不能罢免上市公司会计监督委员会成员。相反,是由证券与交易委员会集体任命这些成员。同样,总统也没有对董事会成员的罢免权。只有证券与交易委员会才能罢免董事会成员,而且

184

---

⑧ 需要充分披露的是,我注意到我曾签署了支持基金立场的法庭之友书状,且并未收取任何费用。

只有在能证明他们故意违反联邦法律的情况下,才可以罢免他们。

根据相关先例,所有这些似乎都很有问题。例如,在爱德蒙诉美国(Edmond v. Unite States)案中,法院写道:

> 通过授予总统选择美国主要(非低级)官员的独家权力,任命条款防止了国会对行政和司法部门的侵犯……这种安排也是为了确保更高质量的任命:制宪者预期,与集体机构相比,总统将不那么容易受到利益集团压力和个人偏爱的影响……然而,总统选择美国主要官员的权力并非毫无保障,因为第 2 条还需要"参议院的意见和建议"。这既是为了制止行政部门滥用任命权,也是为了"促进明智地选择人员担任工会的职务……"。通过要求总统和参议院的共同参与,任命条款的目的是确保作出一个坏的任命和拒绝一个好的任命。[9]

相反,正如我们刚才看到的那样,常设仲裁委员会的设计似乎是为了避免向公众问责。

在爱德蒙案中,法院还认为:

> 一般而言,"低级官员"一词的含义是指与总统以下的高一级官员或官员之间的关系。一个人是否是"低级官员",要看他是否有上级官员。仅仅可以确定其他官员在形式上保持较高的级别,或拥有更大的责任,是不够的。如果这是本意,《宪法》可能会使用"较低级官员"一语。相反,在一项旨在保留与政府重要工作相关的政治问责性的条款中,我们认为"低级官员"是指在某一层面由总统提名并取得参议院意见和同意后委任的其他人员,其工作在某种程度上受其他人员的指导和监督。[10]

由于上市公司会计监督委员会的成员除了在非常有限的范围内受到证券与交易委员会的监督外,则不受这种监督,因此,上市公司会计监督委员会的成员似乎并不是"低级官员"。

同样,基金也可以从弗赖塔格(Freytag)诉 CIR 案中获得支持,法院在该

---

[9]　Edmond v. United States,520 U.S. 651,659—660(1997).

[10]　Id. at 662—663.

185 案中认为：

> 制宪者明白……通过限制任命权，他们可以确保行使任命权的人对政治力量和人民的意愿负责。任命条款通过限制国会可授予任命权的行为者，防止权力分配过于广泛。该条款反映了我们的宪法制定者的结论，即广泛分配任命权会颠覆民主政府。鉴于行政国家不可避免地存在，如果认为行政部门的每一个机关都是一个部门，就会使有资格任命的行为者的数量成倍增加。[11]

认为美国证券与交易委员会是一个有权任命上市公司会计监督委员会的部门，这将恰恰威胁到民主党的价值观，而这些价值观，正是创始人希望任命条款所保护的。

因此，基金组织有一个非常有力的理由，即《萨班斯—奥克斯利法案》中关于设立上市公司会计监督委员会的条款是违宪的。由于国会在匆忙通过《萨班斯—奥克斯利法案》时没有列入明确的可分割性条款，因此，基金组织很有可能说服复审法院必须废除整个《萨班斯—奥克斯利法案》。

最高法院几乎断然驳回了所有这些论点，表示"毫不犹豫地得出结论认为，根据爱德蒙案的结论，委员会成员是'下级官员'，国会可以允许将其任命权交给'部门负责人'。[12]接下来，多数委员认为，证券与交易委员会是一个部门，五位委员共同构成了该部门的负责人"。由于委员会是行政部门的一个独立的组成部分，不从属于任何其他部门，也不包含在任何其他部门中，因此，就任命条款而言，它是一个"部门"。[13]当然，问题在于，证券与交易委员会实际上是所谓的第四部门，即独立机构的一部分。总统罢免证监会成员的权力远比罢免内阁部长的权力要有限得多。用斯卡利亚(Scalia)的话说，独立机构是"无头的第四部门"。[14]

随着上市公司会计监督委员会的合宪性——从而也是《萨班斯—奥克斯利法案》本身——得到最高法院的保证，人们可以把注意力转向该委员会在

186 监管会计行业方面的有效性。在第五章中，我们看到，上市公司会计监督委

---

[11] Freytag v. CIR, 501 U.S. 868, 884—885(1991).

[12] Free Enterprise Fund v. Public Co. Accounting Oversight Bd., 130 S.Ct. 3138, 3162 (2010).

[13] Id. at 3163.

[14] Freytag v. Commissioner, 501 U.S. 868, 921(1991)(Scalia, J., concurring).

员会在使第 404 条的规定不那么烦琐、信息量更多的情况下,进行了大量的努力。正如我们将在结论中看到的那样,尽管有这些努力,但上市公司会计监督委员会未能改善第 404 条的成本,使美国资本市场具有全球竞争力。

常设会计师事务所委员会在提高审计公司质量的透明度方面也没有做到。回顾一下,上市公司会计监督委员会负责对注册会计师事务所进行定期检查,并调查这些事务所的不当行为。然而,克莱夫·伦诺克斯(Clive Lennox)和杰弗里·皮特曼(Jeffrey Pittman)的一项研究发现,与《萨班斯—奥克斯利法案》生效前相比,人们对审计公司质量的了解有所减少。上市公司会计监督委员会的检查报告披露了审计师的工作缺陷,但没有披露其质量控制问题。该报告也没有对审计师的质量进行总体评估。因此,研究报告没有发现任何证据,表明公司"认为上市公司会计监督委员会的报告对审计公司质量的差异有信息量"。[15]相比之下,《萨班斯—奥克斯利法案》颁布前的同行评审系统恰恰提供了这样的信息。

一个经济学家小组最近进行的一项研究发现,上市公司会计监督委员会对大型审计师的检查报告主要由传闻中的缺陷证据组成。由于缺乏任何统计学背景,使关注上市公司会计监督委员会报告的消费者难以确定审计公司的质量。[16]

上市公司会计监督委员会成立时间不长,无法得出任何确切的结论。然而,根据迄今为止的证据,似乎有理由怀疑该委员会是否辜负了国会赋予它的期望。

对非审计服务的限制

促使《萨班斯—奥克斯利法案》的起草者关注的一个关键问题是,当会计师事务所向其审计的公司出售其他服务时,必然存在利益冲突。因此,该法第二章限制了会计师向其审计客户提供咨询服务的范围。一些非审计服务被彻底禁止。例如,外部审计师不得提供簿记或相关服务,不得设计或实施财务信息系统,不得提供与公司交易有关的公允性意见,不得进行外包内部审计,不得提供人事关系服务,不得担任投资银行家或法律专家。此外,上市公司会计监督委员会有权在其认为合适的情况下禁止其他非审计服务。

---

⑮ Clive Lennox & Jeffrey Pittman, Auditing the Auditors: Evidence on the Recent Reforms to the External Monitoring of Audit Firms 4(Oct. 2008).

⑯ James Wainberg et al., An Investigation into PCAOB Reporting Deficiencies (Feb. 2010).

187 然而，与传统观念相反，《萨班斯—奥克斯利法案》并未完全禁止所有此类服务。事实上，只要客户的审计委员会事先批准，审计师可以提供《萨班斯—奥克斯利法案》或上市公司会计监督委员会没有禁止的任何非审计服务。作为一个例证，公司的外部审计师也可以为公司编制报税表。

美国证券与交易委员会要求在 10-K 表格的年度报告中披露"就（1）审计服务、（2）审计相关服务、（3）税务服务和（4）其他服务向独立会计师支付的任何费用"。美国证券与交易委员会还提醒公司，"在某些情况下，向审计客户提供某些税务服务会损害会计师的独立性，例如在税务法庭上代表审计客户或其他涉及公共宣传的情况下"。美国证券与交易委员会确实为微不足道的非审计服务规定了一个例外，根据该规定，注册会计师事务所即使提供非批准的非审计服务，也仍然是独立的。所有此类服务的补偿总额不得超过客户在相关会计年度内支付给审计师的总费用的 5%。一旦公司认识到未经审计委员会事先批准而向审计师提供非审计服务的补偿，管理层必须及时提请审计委员会注意这一监督，并由委员会批准。

这一切有必要吗？耶鲁大学法学教授罗伯塔·罗曼诺汇编了许多关于审计师业绩的研究结果，并得出结论："绝大多数人认为《萨班斯—奥克斯利法案》禁止向审计师购买非审计服务的规定是在立法上取消了一个非问题。"[17]大多数研究发现，提供非审计服务与审计质量之间没有任何联系。有几项研究甚至发现，提供非审计服务的审计师进行的审计质量较高，可能是因为提供这种服务使审计师获得了更多和更好的公司信息。

相反，有几个理由认为，禁止非审计业务的成本非常高。首先，其他会计师事务所的合并和安达信的消亡，使八大会计师事务所缩减为四大会计师事务所。只有它们才有资源、专业知识和全球影响力，才能有效地对大型上市公司进行审计。如果这样的公司从四大巨头中的三家公司获得非审计服务，它实际上就被锁定在第四家作为自己的审计师。因此，该规则减少了竞争。此外，通过促进审计师与客户之间的半永久性关系，它可能会助长《萨班斯—奥克斯利法案》所要避免的问题。

188 其次，提供非审计服务使审计师和客户能够利用规模经济和范围经济。在提供非审计服务中获得的知识可以使审计师更有效地进行审计。在进行审计时获得的专业知识可以提高审计师的非审计服务的质量。因为当客户

---

⑰ Roberta Romano, The Sarbanes-Oxley Act and the Making of Quack Corporate Governance, 114 Yale L.J. 1521, 1535—1536(2005).

同时向同一家公司购买审计和非审计服务时,会计师事务所愿意为客户提供折扣服务,因此,禁止非审计服务的禁令迫使发行人雇用两家会计师事务所,从而提高了成本。这是《萨班斯—奥克斯利法案》提高了上市成本的一个例子。由于会计成本对小公司来说是一个不成比例的大预算项目,这也是《萨班斯—奥克斯利法案》特别伤害这类公司的另一个例子。

律　　师

法律市场的性质使律师——无论是内部律师还是外部律师——都有强烈的动机来忽视管理层的错误行为。就前者而言,即使董事会正式任命内部总法律顾问,其任期通常主要取决于他与CEO的关系。至于外部法律顾问,由于客户聘请的是律师或事务所,而不是相反,所以律师必须讨好客户,才能留住客户,吸引未来客户的业务。由于有大量有能力的律师事务所和律师可供聘用,这种压力尤其大;律师事务所是一种类似于易碎品的东西。因此,尽管律师有举报不当行为的首要法律义务,但他可能会有意或下意识地倾向于"忽略"边缘行为。此外,就这两类律师而言,虽然他们的最终责任是对公司本身负责,但他们的日常责任涉及与管理层打交道,因此他们往往会对管理层产生一种事实上的忠诚,而这种忠诚超越了他们在法律上的责任。正如爱德华兹参议员在关于《萨班斯—奥克斯利法案》的现场辩论中所解释的那样。

> 我们看到公司律师有时会忘记他们的客户是谁。发生的情况是,他们的日常行为是与CEO或CFO打交道,因为这些人是负责雇用他们的人。因此,结果是他们与谁有关系。当他们与客户,即公司共进午餐时,他们通常是与CEO或CFO共进午餐。当他们接到电话时,通常是给CEO或CFO回电话。[18]

律师与管理层的关系存在问题,原因有二。首先,我们知道,董事会和管理层之间长期存在着信息不对称。与外部董事会成员相比,经理人本来就有更好的直接获取律师事务所信息的能力,而外部董事会成员对律师事务所投入的时间和精力只占律师事务所的一小部分。内部人员除了在公司内部的信息流中更加深入,还与公司内部人员之间以及公司的主要利益相关者有许

189

---

[18]　148 Cong. Rec. S6551—6552(2002).

多非正式的联系,这使得他们相对于外部人员而言,有更多的信息获取渠道。其次,内部人员由于在公司中的地位,通常能够更好地将数据置于更广泛的背景下,看到任何特定数据与整个公司的关系和联系。

在董事会改革后,强调董事会的多数成员不仅由外部人员组成,而且要由与管理层绝缘的外部人员组成,以满足独立性的严格定义,这使得管理层的信息优势更加突出。因此,解决董事会与管理层信息不对称的问题,在他们之后就更加势在必行。改革后的董事会必须更好地获得无偏见和独立的信息。

总法律顾问和外部律师都必然接触到广泛的信息,包括但几乎不限于与组织遵守法律有关的信息。然而,由于管理层与律师的关系往往成为律师与公司关系的焦点,因此律师有强烈的动机帮助管理层控制信息流向董事会。

更糟糕的是,律师可能会对管理人的不当行为视而不见,甚至为这种不当行为提供便利。正如我们在本章开始时看到的那样,在网络时代,律师代表管理人的"客户"犯下了失职和渎职行为。依赖于管理层的工作,律师往往不愿意防止管理层的不当行为,更不用说积极追究,例如向董事会报告。

《萨班斯—奥克斯利法案》第 307 条

当参议院审议《萨班斯—奥克斯利法案》时,爱德华兹参议员提出了一项"地板修正案",后来作为该法第 307 条颁布,要求美国证券与交易委员会:

> 颁布规则……规定律师以任何方式在委员会出庭和执业的律师的最低专业行为标准。规定以任何方式在委员会出庭和执业的律师在代表发行人时的最低专业行为标准,包括一项规则——(1)要求律师向公司或其任何代理人报告公司或其任何代理人重大违反证券法或违反受托责任或类似违反证券法的证据,向公司的首席法律顾问或首席执行官(或同等人员)报告;以及(2)如果该律师或执行官没有对证据作出适当的回应……要求律师向发行人董事会的审计委员会或由非受雇于董事会的董事组成的另一个委员会报告证据……

190

爱德华兹解释说,该法案给了律师一个非常"简单"的义务。"你要举报违规行为,如果违规行为没有得到妥善处理,你就去找董事会。"[19]请注意强

---

⑲   148 Cong. Rec. S6552(2002).

调向董事会报告。第307条显然是为了加强董事会相对于管理层的作用。

证券与交易委员会的执行情况

为响应第307条,证券与交易委员会于2003年1月颁布了律师行为条例。⑳这些所谓的"205部分"法规的核心是爱德华兹参议员设想的向上报告要求的版本。在颁布第205部分法规时,美国证券与交易委员会推迟了对强制性喧哗性撤诉的行动。最初的提案规定,如果发行人在内部投诉中没有得到充分的缓解措施,律师有义务从公司辞职,并向美国证券与交易委员会提交通知,解释辞职的理由。这一喧闹的退出规则遭到了律师协会的大量批评。经通过后,第205部分允许但不要求律师在特定条件下向证券与交易委员会披露客户的机密信息,特别是在防止"发行人或投资者的财务利益或财产受到损害"的必要情况下。㉑

与备受争议的撤诉问题不同的是,向上报告并不要求律师侵犯客户的秘密。美国律师协会的《示范规则》明确规定,律师的委托人是法人实体,而不是雇员个人或雇员群体。㉒因此,与组织内有权作出决定的任何人讨论客户信息并不违反保密规定。第205部分法规明确规定了这一点。"律师将此类信息(即关于证券违规行为的信息)告知发行人的主管人员或董事,并没有泄露客户的机密或秘密……"㉓

初步事项:管辖权和优先购买权

最初的管辖权问题是,律师是否"代表发行人在委员会面前出庭和执业",㉔只有这样做的律师才受美国证券与交易委员会的道德标准约束。遗憾的是,"出庭和执业"的定义很笼统,但相当模糊。因此,许多非证券业律师可能会惊讶地发现,他们的行为被第205部分的规定所涵盖。

特别是,适用规则的相关部分规定:

⑳ Implementation of Standards of Professional Conduct for Attorneys, Securities Act Release No.8185(Jan. 29, 2003), available at http://www.sec.gov/rules/final/33-8185.htm.

㉑ 17 C.F.R. §205.3(d)(2).

㉒ See Model Rules of Prof'l Conduct R. 1.13(a).

㉓ 17 C.F.R. §205.3(b)(1).

㉔ 17 C.F.R. §205.2.

在委员会出庭和执业。指：……就美国证券法或证券与交易委员会的规则或条例提供有关美国证券法或证券与交易委员会的规则或条例的咨询意见，包括在编写或参与编写任何该等文件的过程中提供该等咨询意见……㉕

可以肯定的是，采用的新闻稿指出，"律师准备了一份文件（如合同），但他从未打算或没有通知过会提交给委员会，或在提交给委员会的文件中加入了该文件，但随后作为提交给委员会的证据或与提交的文件有关的文件，并不构成在委员会面前'出庭和执业'"。㉖然而，许多非证券业律师可能知道他们的文件会被提交，因此会发现自己在委员会面前"出庭和执业"。

第205部分的法规明显优先于国家职业行为规则。㉗因此，如果一个州的规则与第205部分有冲突，除非该州对其律师规定了符合第205部分的更严格的义务，否则以后者为准。真诚地遵守本条例的程序的律师，将免于因违反州道德规则而承担法律责任。由于律师是否在证券与交易委员会"出庭和执业"并不总是不言而喻，因此，有组织的律师在证券与交易委员会的"出庭和执业"是不可能的。

作为客户的发行人

如最初提议的那样，第205.3部分规定，律师"应以发行人及其股东的最佳利益行事"。㉘然而，最后通过的相关规则只规定："代表发行人出席并在证券与交易委员会执业的律师对发行人作为一个组织负有专业和道德责任。"㉙然而，第205部分的法规确实强调，律师"代表发行人作为一个实体，而不是代表高管"。㉚

升 职 报 告

美国律师协会关于职业行为的《示范规则》第1.13条承认律师可能需要报告组织内涉嫌的不当行为，但也限制了律师有效报告的能力。该规则的语

㉕　17 C.F.R. § 205.2(a)(1)(iii).

㉖㉘㉚　Securities Act Release No.8185，supra note 20.

㉗　17 C.F.R. § § 205.6(b)—(c).

㉙　17 C.F.R. § 205.3(a).

言是自由裁量权，而不是规定性的，允许律师使用自己的判断力来决定是否向董事会甚至向公司高管报告不当行为的证据。相比之下，第205部分使用了"应"这个规定性的词来描述律师的责任。该规则的相关部分规定：

> 如律师在代表发行人出庭并在证券与交易委员会执业时，发现发行人或发行人的任何高级职员、董事、雇员或代理人有重大违规行为的证据，该律师应立即向发行人的首席法律顾问（或同等人员）或首席执行官（或同等人员）报告该等证据。[31]

因此，一旦触及法定的证据水平，律师将无法自行判断是否报告错误行为。正如爱德华兹参议员所料，律师必须在指挥系统内向上报告。[32]

律师在"发现发行人或发行人的任何高级职员、董事、雇员或代理人有重大违法行为的证据"时，其最初的义务是向发行人的首席法律顾问或执行官报告此类证据。除一系列例外情况和替代办法外，除非律师"有理由相信（该高级职员）已在合理时间内作出适当回应，否则律师应向董事会审计委员会报告重大违规证据"。[33]

评　　估

法律服务市场的性质为管理层提供了一套激励措施，使公司法律顾问的利益与管理层的利益保持一致。《萨班斯—奥克斯利法案》并没有试图改变这套激励措施。相反，《萨班斯—奥克斯利法案》第307条给了美国证券与交易委员会一根大棒，希望在预防欺诈和相关的公司丑闻方面争取公司法律顾问的支持。第307条是该法规赋予董事会权力的目标的一部分。

这一目标是值得称道的。[34]在法定的公司治理模式中，董事会"拥有公司的财产，并以各种方式行事，好像他们真的拥有这些财产一样"。[35]管理者主义是对这种法定模式的一种腐败，尽管自从公司规模大到需要全职职业经理人以来，这种模式就已经不可避免。《萨班斯—奥克斯利法案》通过聘请法律顾问作为董事会的助手，正确地寻求帮助将董事会和管理层之间的实际权力

---

[31][32]　17 C.F.R. § 205.3(b)(1).

[33]　17 C.F.R. § 205.3(b)(3).

[34]　加强董事会相对于管理层的有效目标是否应该在联邦一级实现，是另一个问题。

[35]　Manson v. Curtis，119 N.E. 559，562(N.Y. 1918).

平衡转向法律上的董事至上模式。但这能行得通吗？

依赖于律师的自保行为

证券与交易委员会在通过最终规则时明确表示，它放弃了最初将主观因素"排除在"有理由相信的"概念之外的努力"。㊱例如，律师如果收到管理层"合理地认为是适当和及时的回应"，"就不需要再做什么了"。㊲因此，向上级报告的决定权主要掌握在律师手中。

194 具有同样效果的一个相关问题是，有几项关键规定是明确允许的，而不是强制性的。例如，第 205.3（b）部分认为向董事会报告是"最后的手段"，而不是强制要求所有不当行为的证据都自动向董事会披露。根据第 205 部分的规定，只有在管理层没有妥善处理或补救的情况下，律师才能越级向上报告。在实践中，这种方法意味着只有一小部分报告能够超越 CEO/CLO 阶段。

可以肯定的是，第 205.3（b）（4）部分允许律师绕过管理层，直接向董事会报告不当行为，如果向 CEO 或 CFO 报告是徒劳的。这里的问题可以用一个例子来说明。假设安妮（Anne）律师怀疑 CEO 有不当行为。安妮律师明知向 CEO 或 CLO 报告 CEO 的不当行为是毫无意义的，但考虑到"徒劳无功的规定"只是自由裁量权，安妮可能会选择与 CEO 和 CLO 谈话，而不是向董事会报告他们的不当行为，因为担心会疏远这些人。如果有任何可能让安妮对错误行为产生误解，越过 CEO 和 CLO 的领导，将会永久地破坏她与他们的关系。如果安妮选择先与 CEO 或 CLO 交谈，而他们向安妮提供了法律规定的保证，说明问题正在调查并得到合理解决，那么安妮已经履行了自己的职责。然而，CEO 和 CLO 可能会被允许继续进行他们的不当行为。

要求律师报告不当行为的"证据"的所谓客观标准也提出了同样的问题。在律师向管理层报告重大违规行为的证据后，㊳管理者应"对他合理地认为适当的重大违规行为证据进行调查，以确定报告中所述的重大违规行为是否

㊱　Securities Act Release No.8185，supra note 20.

㊲　See 17 C.F.R. § 205.3（b）（8）.

㊳　该标准被定义为（令人困惑的是）可信的证据，根据这些证据，在这种情况下，一个审慎和称职的律师不能合理地断定某项重大违法行为有可能已经发生、正在发生或即将发生。17 C.F.R. § 205.2（e）.

发生"。㉚律师据以确定是否有证据证明有违规行为发生的自由裁量标准,即"审慎的律师"是否"合理地认为"有重大违规行为发生的可能性,㊵这使得律师的专业顾虑和其他利益冲突会歪曲律师的评估,从而最大限度地减少了潜在违规行为被报告给管理层的可能性,更不用说向董事会报告了。由于两级报告制度,只有在管理层不采取行动后才会考虑向董事会报告,因此,公司管理者往往可能会查看相关律师提交的证据,"合理地"确定事实上没有发生任何违规行为(尽管利益冲突一直存在),并在董事会不知情的情况下驳回整个事件。律师本应履行其法定义务向上报告,但董事会的监督职能却被取消了。

195

"狼来了"的律师

如果《萨班斯—奥克斯利法案》第307条实际上改变了律师的动机,这本身就是一个非常值得商榷的问题,那么律师可能会开始以不必要的规避风险的方式行事,这将使传统的律师与当事人的关系发生变化。一个特别令人担忧的问题是,规避风险的律师可能会过于频繁地援引"向上报告"选项。诚然,正如我们在上一节中看到的那样,对自我保护的依赖可能会导致报告不足。鉴于规则范围的不确定性,以及猜测错误可能会受到的制裁,律师似乎同样有可能向一个方向犯错,但也同样有问题。首先,援引"向上报告"来报告可能的错失行为的证据,使律师能够自我保护。然而,当律师例行性地将向上报告权作为一种CYA机制时,他们的行为会改变披露的信号效应。换句话说,如果向上报告的次数多了,就会成为一种例行的程序,而不一定表示律师对管理者的行为是否妥当有真正的怀疑。事实上,为了维护律师与管理层之间的关系,律师可能会试图通过去污名化的方式来消除披露组织内可能存在的不当行为,从而消除对组织内可能存在的不当行为的怀疑。然而,一旦向上报告失去刺痛感,披露的影响就会减弱。在这种环境中,高管和董事会不会像他们应该的那样认真对待指控。

法律服务市场的结构性问题

著名的得克萨斯州律师事务所文森&艾尔金斯(Vinson & Elkins)作为

㉚ 17 C.F.R. §205.3(b)(2).

㊵ 17 C.F.R. §205.2(e).

安然公司的主要外部顾问所发挥的作用可分为三类。第一,在安然公司的会计骗局中使用的有争议的特殊目的实体交易的积极架构。第二,起草安然公司的信息披露文件。第三,对举报人的指控进行内部调查。[41]后一类是一项罕见的工作,与目前受《萨班斯—奥克斯利法案》及其衍生品管辖的更常见的交易工作有很大的不同。然而,《萨班斯—奥克斯利法案》第307条和第205部分法规似乎比前两种情况的任何一种情况下的设计都更适合处理第三种情况。例如,只有在第三种情况下,律师才会故意去寻找不法行为的证据。

在较常见的交易环境中,第307条的问题可能在三种主要方式中出现。第一,律师可能意识到管理层的攻击性或风险行为,但不知道有欺诈或其他非法行为。正如我们将看到的那样,这可能是最常见的一种情况,在这种情况下会出现向上报告问题。但是,在这种情况下,我们也会看到,律师不太可能向上报告。第二,律师可能积极参与或起码是协助了实际的欺诈行为。在这种情况下,律师也不大可能会向上报告,因为他现在有所隐瞒。第三,律师可能有理由怀疑,但没有直接证据证明有欺诈或其他不法之处。

只有在后一种情况下,才会有向上报告的要求,但这种情况可能很少见。公司经理人极少会因为直接的欺诈行为而寻求法律帮助,而不是单纯的推波助澜的行为。在后《萨班斯—奥克斯利法案》第307条环境下,经理人更有可能向律师隐瞒任何不当行为的暗示。此外,律师很少会认为自己的情况属于第三种情况。正如特拉华州前首席大法官艾伦在相当不同的背景下恰当地指出的那样,"人的本性可能会使一个人即使是主观上善意地行事,也会把仅仅对个人有利的事情合理化"。[42]通常情况下,律师不与雇用和解雇他们的企业管理者对立,这对个人是有利的。这种说法并不是说律师普遍被人利用或不道德。这只是说律师有经济上的动机和认知上的偏见,使他们有系统地倾向于站在公司管理者的一边。因此,如果没有众所周知的确凿证据,我们可以预期,律师们会对这些管理者的不当行为视而不见。第307条在改变这些激励措施方面做得太少。

管理层绕过律师

故意实施欺诈或违反受托责任的经理人很少咨询法律顾问。相反,如果

---

[41]　See generally Jill E. Fisch & Kenneth M. Rosen, Is There a Role for Lawyers in Preventing Future Enrons?, 48 Vill. L. Rev. 1097(2003).

[42]　City Capital Associates Ltd Partnership v. Interco Inc., 551 A.2d 787, 796(Del. Ch. 1988).

经理人的行为是激进的,或者是不经意间越轨进入违法行为,就会咨询法律顾问。例如,文森＆艾尔金斯公司很可能"知道(安然公司管理层的)积极的、有风险的交易和报告决定,但并不知道有非法行为"。[43]因此,值得注意的是,第307条并不要求律师向董事会报告不了解情况、过分激进或不道德行为的证据,而只要求报告欺诈和违反信托责任的证据。即使《萨班斯—奥克斯利法案》第307条及其后续条款有许多模糊和不确定的地方,但大多数法律顾问似乎不太可能将这些条款视为对激进的管理层的报告。大多数董事会似乎也不可能欢迎这种报告。至少,经常向董事会抱怨管理层的做法已经到了极限的法律顾问,有可能招致"狼来了"的后果。因为董事会的大部分(可能是大部分)监督职能涉及防止(或至少是监督)过于激进的管理层。因此,第307条未能解决管理层与董事会之间的基本信息不对称问题。

正如许多评论员在监管过程中所抱怨的那样,第205部分仍然可能对律师与客户沟通产生寒蝉效应。[44]因此,管理者可能会向律师隐瞒信息,从而向董事会隐瞒信息,特别是当管理者明知故犯的情况下,更是如此。事实上,在最近发生的许多公司丑闻中,不当行为是由一小部分高管所为,他们不惜向外部顾问(如法律顾问)隐瞒自己的行为。[45]许多评论人士抱怨称,第307条将降低律师代表客户的质量,因为律师将无法自由获取信息。[46]然而,与我们的目的更相关的是,律师遇到失当行为的证据的可能性也降低了。[47]

因此,律师在进行肯定性调查时,例如在进行与证券发行有关的尽职调查时,最有可能遇到不当行为的证据。然而,人们可能会怀疑,尽职调查往往会发现直接的不当行为证据。首先,即使是全面的会计审计,也不是真正的法务审计,目的是为了揭露错失行为,抽样审计可能完全漏掉了问题。[48]其

㊸　Fisch & Rosen, supra note 41，at 1115.

㊹　See Securities Act Release No. 8185，supra note 20（summarizing commenta-tors' views）.

㊺　See，e.g.，Mark Maremont, Rite Aid Case Gives First View of Wave of Fraud on Trial, Wall St J.，June 10，2003，at A1（描述了被告为了"掩盖自己的行踪"而"不惜一切代价"的情况）.

㊻　See Securities Act Release No.8185，supra note 20（总结评论员的意见）.

㊼　如果无法绕过律师,管理层可能会设法恐吓他们。安然公司的滥用职权行为长期以来没有被发现,部分原因是安然公司管理层"否决或恐吓"下属。Steven L.Schwarz, Enron and the Use and Abuse of Special Purpose Entities in Corporate Structures，70 U. Cin. L. Rev. 1309，1317(2002). 内部律师可能特别容易受到这种压力的影响。

㊽　Larry E.Ribstein, Market vs. Regulatory Responses to Corporate Fraud：A Critique of the Sarbanes-Oxley Act of 2002, 28 J. Corp. L. 1，31(2002).

次,尽职调查很费时,且费用很高。因此,尽职调查往往是由年轻的合伙人来完成。由于最直接接触原始数据的律师往往缺乏经验,很多客户的不当行为都不会被外部律师发现。最后,尽职调查目前仅限于证券发行。按照惯例,在美国证券与交易委员会面前,例行的信息披露和其他构成"上市和执业"的事项,并未引发尽职调查。

律师看到后会知道吗?

正如我们看到的那样,网络通信时代的欺诈行为通常涉及做账,以提高或至少支持公司的股价,使经理人可以从股票期权中获利。问题是,公认会计准则提供了很大的灵活性,这使得企业管理者通过操纵财务数据,使经营业绩与预测一致,从而出现了收益管理的现象。即使是训练有素的公司律师也往往缺乏数学技能和会计知识,无法区分公认会计准则所允许的收益管理和非法的财务欺诈行为。以安然公司为例,"安然公司及其会计人员(在许多情况下)作出了非常精妙的判断"。[49]很少有律师可能具备必要的专业知识来对这种判断进行二次猜测。正如劳伦斯·坎宁安教授所言,"安然公司的一个重要教训是,现行的职业文化在法律和会计之间产生了一个裂痕,而这种裂痕是被坚决的欺诈者所利用的"。[50]

199

本可以做的事情

美国证券与交易委员会在行使第 307 条规定的权力时相当谨慎。根据《萨班斯—奥克斯利法案》的精神,美国证券与交易委员会可能会更加积极地要求律师与董事会沟通。例如,可能要求审计委员会或董事会在其他管理者和内部董事不在场的情况下,定期与总法律顾问举行会议。

即使首席法律顾问或执行干事对违规行为作出了合理的反应,证券与交易委员会也可能要求律师向董事会报告可能的违规行为。毕竟,董事会有责

---

[49] Schwarz, supra note 47, at 1313.

[50] Lawrence A.Cunningham, Sharing Accounting's Burden: Business Lawyers in Enron's Dark Shadows, 57 Bus. Law. 1421, 1422(2002). 在选择性披露方面,美国证券与交易委员会承认,"在许多情况下,发行人的首席财务官或投资者关系官可能比公司法律顾问更了解信息的重要性"。Exchange Act Release No.46,898(Nov.25, 2002). In my view, the qualifiers "many" and "may" were unnecessary.

任确保"管理层建立适当的信息和报告制度",并确保"适当的信息作为日常业务及时通知董事会"。[51]

促进《萨班斯—奥克斯利法案》第 307 条所包含的反管理意图的一个更激进的方式是加强尽职调查义务,这将有效地将证券律师转变为审计师。对公司进行与重大交易有关的法律审计和编写重要的披露文件,将增加律师意识到客户不当行为的证据的可能性,而这些证据可以向上报告。事实上,《萨班斯—奥克斯利法案》已经朝着这个方向发展,规定了 CEO 和 CFO 有新的义务认证披露文件。[52]然而,鉴于会计审计和法律尽职调查未发现的客户不当行为的数量,这种根本性的解决办法是否会得不偿失,可能令人怀疑。

诚然,就证券与交易委员会的监管权而言,这些想法被推到了最前沿。虽然第 307 条只是明确规定了向上报告的要求,但法定的"最低限度的专业行为标准"的提法范围要广得多,很容易包括更多、更广泛的义务。因此,证券与交易委员会无疑拥有比它迄今选择行使的权力更广泛的权力。

反对第 307 条的案件

一个非常现实的风险是,后《萨班斯—奥克斯利法案》时代的法律伦理规则将使律师与客户之间的关系更具对抗性、效率更低。律师与委托人关系的恶化将是非常不幸的。

公司律师是顾问的基本类别之一,他们在几乎所有的公司交易中都扮演着至关重要的角色。但是,为什么会这样呢? 200

人们雇用诉讼律师的原因很明显,不是被人起诉,就是想起诉别人。未经授权的法律法规和律师协会的准入规则,使律师几乎完全垄断了诉讼。

相比之下,雇用交易型律师的理由就不那么明显了。交易型律师的大部分工作需要提供其他专业人员可以提供的建议。因此,似乎可以问:为什么有人要雇用交易型律师?

有两种相互矛盾的假设。第一种假设可称为"派系角色"。在这个版本的交易律师故事中,律师努力从交易中获取价值——最大限度地增加客户的收益。尽管在交易实践中无疑存在着"派分"的情况,但这种对律师角色的解

---

[51]　In re Caremark International Inc. Derivative Litigation,698 A.2d 959,969—970(Del. Ch. 1996).

[52]　Sarbanes-Oxley § 302.

释是有缺陷的。馅饼分割假设是一种零和博弈,其中一方的任何收益都来自另一方的份额。假设有两个复杂的客户,有多个顾问,包括有能力的律师。是否有任何理由来认为一方的律师能够从另一方获得巨大的收益? 不,一个家常的例子可能会有帮助。你和一个朋友出去吃饭。你们决定一起吃一个披萨,所以你们需要就披萨的分割问题达成一致。你会请人去商讨披萨的分成吗? 尤其是如果他们要拿你的一片作为他们的费用?

第二种假设可以称为"派系扩张作用"。在这个版本的故事中,人们雇用交易型律师是因为他们为交易增加了价值。这种关于律师作用的概念拒绝了零和游戏的心态。相反,它声称,律师通过增加馅饼的规模,使每个人都变得更好。

在大多数情况下,律师通过降低交易成本来扩大蛋糕的规模。降低交易成本的一种方法是通过监管套利。法律经常提供多种方式来实现特定的交易,所有这些方式都有不同的优点和缺点。通过选择对特定交易最有利的结构,并确保法院和监管机构尊重这一选择,交易律师可以减少遵守法律的成本,使当事人能够保留更多的收益。

例如,Acme 公司想以股票作为支付给 Ajax 股东的对价形式,收购 Ajax 公司。Acme 公司担心的是,这两家公司的股东是否有评估权。Acme 可能并不关心交易的法律问题,只是想以最低的成本收购 Ajax,并以尽可能少的现金流为前提。换句话说,客户关心的是交易的经济实质,而不是交易的法律形式。作为 Acme 的交易律师,你知道公司法往往是重形式轻实质,法律 201 提供了多种收购另一家公司的方式。因此,一个解决方案就出现了。特拉华州法律只允许股东行使与合并有关的评估权。在以出售资产的形式进行的收购中,不允许行使评估权。因此,虽然资产出售和合并在经济上没有实质性的区别,但在法律上却有很大的区别。通过选择一种形式而不是另一种形式,交易律师可以确保以尽可能低的成本完成交易。

然而,即使在没有监管的情况下,当事人也会经历一些交易成本。减少这些非监管成本是交易律师的另一项职能。信息不对称就是一个很好的例子。一个公司向投资者出售证券,其对公司的了解要比潜在的买方多得多。明智的潜在投资人知道这种信息不对称,因此会采取预防措施。更糟糕的是,如果卖家说谎呢? 或掩盖真相? 或者说是自己不了解情况? 明智的投资者也知道存在着机会主义地隐瞒或操纵不对称信息的风险。一种应对措施是由买方进行调查——尽职调查。另一种应对措施是由卖方提供披露信息,包括陈述和保证。在任何一种情况下,通过寻找方法,卖方向投资者传达可信的信息,交易律师有助于消除他们之间的信息不对称。反过来,各种其他交易成本也会降低。减少了不确定性,减少了战略行为的机会,也就不需要采取昂贵的预防措施。

第307条的反对者认为,由于律师和管理层之间的合议工作环境所带来的许多好处将随着这种关系变得更加疏远,甚至在向上报告的义务面前变得更加对抗性而丧失。第307条的其他许多内容也值得批评。国会对法律道德的侵扰提出了严重而合理的联邦主义问题,而法律道德是一个长期由州政府管辖的领域。同样,立法介入传统上属于法院管辖的监管领域,也引起了对权力分离的合理关切。

总　　结

归根结底,第307条——是打破有组织的律师协会对法律职业道德改革的抵制,以减少专业行为规则中的管理主义偏见的必要条件。公司法律顾问是为董事会工作,而不是为管理层工作。只有通过对不向上报告的律师进行纪律威胁,才能使权力的天平从管理者向董事倾斜。

在实践中,公司仍应通过制定处理可能的重大违规行为的最佳实践,确保客户能够充分享受到交易律师服务的好处。在与审计委员会协商后,总法律顾问和首席外部法律顾问应制定一项书面政策,以识别和报告违规行为。应向董事会成员、CEO 和 CFO 介绍他们在报告方面的法律义务,并鼓励他们将报告视为一种潜在的双赢局面,而不是零和或对抗性的游戏。向上报告可以给公司提供一个机会,在潜在的违规行为发展成法律或公共关系的噩梦之前,切断潜在的违规行为,但前提是法律顾问和管理者愿意相互信任。

202

第七章　股东赋权

在过去的二十年中,公司治理行动主义者不断采取措施,扩大股东的投票权,赋予股东更广泛的治理权。甚至在 2007—2008 年金融危机之前,他们就已经取得了一些重大的成功。美国证券与交易委员会在 1992 年对委托书规则的改革促进了股东之间的沟通。[①]在 2003 年,主要的证券交易所实施了新的上市标准,扩大了必须得到股东批准的公司薪酬计划的数量。[②]《特拉华州普通公司法》(DGCL)和美国《示范商事公司法》(MBCA)均在 2006 年进行了修订,允许公司以绝对多数决(而不是传统的简单多数)选举董事。[③]

2008 年的金融危机,巴拉克·奥巴马(Barack Obama)当选美国总统,民主党在国会两院的多数席位,以及在证券与交易委员会就职的民主党多数席位得以扩大,都为此类努力注入了新的动力。华盛顿民主党人呼应工会、州和地方政府退休金计划等主要政治支持者的主张,将金融危机在很大程度上归咎于公司治理的失

---

① See Stephen Choi, Proxy Issue Proposals: Impact of the 1992 SEC Proxy Reforms, 16 J.L. Econ. & Org. 233, 266(2000); Norma M.Sharara & Anne E.Hoke-Witherspoon, The Evolution of the 1992 Shareholder Communication Proxy Rules and Their Impact on Corporate Governance, 49 Bus. Law 327(1993).

② See, e.g., NYSE, Listed Company Manual § 3.12.

③ Del. Code Ann., tit. 8, § 141(b), 216; Mod. Bus. Corp. Act. § 10.22.

败。④因此，他们的回应包括赋予大量新型股东权益。

例如，美国财政部关于问题资产救助计划的实施细则中就包含了一项 204所谓的"薪酬话语权"条款，该条款要求接受问题资产救助计划的机构每年对高管薪酬举行一次不具约束力的股东投票。参议员查尔斯·舒默（Charles Schumer）（D-NY，纽约州民主党参议员）提出的《股东权利法案》（Shareholder Bill of Rights Act）将在"《1934 年证券交易法》中增加新的第14A 条，要求其涵盖的每份委托投票说明书均应就委托书中所披露的高管薪酬进行不具约束力的股东投票"，以及在某些收购交易中要求股东批准黄金降落伞。⑤正如我们在第四章中看到的那样，薪酬话语权的规定实际上已经被写入了《多德—弗兰克法案》。

金融危机也最终推动了公司治理行动主义者团体的长期目标——股东利用委托投票说明书提名董事机制。当《多德—弗兰克法案》正在国会审议期间，美国证券与交易委员会着手制定了一项规则制定程序，用于对一项允许某些股东提名董事会候选人并将候选人列入公司委托书材料的提案进行评估。⑥为了避免人们对美国证券与交易委员会采纳此类规则的权威性提出广泛挑战，《多德—弗兰克法案》的起草人新增了一项条款明确授权美国证券与交易委员会这样做。

州法中的股东权利

与赋予股东权力的新联邦体制不同，州公司法在传统上限制了股东投票权。例如，根据《特拉华州普通公司法》，股东投票权基本上仅限于董事的选举、章程或章程细则修正案的批准、公司合并、出售公司的全部资产以及自愿解散等事项。作为一项正式事项，除了选举董事和修改公司章程外，在采取股东行动之前，必须先获得董事会的批准。⑦当然，在实践中，即便是董事的

---

④　See Transcript, The Federalist Society—Corporations Practice Group: Panel on the SEC and the Financial Services Crisis of 2008, 28 Review of Banking & Financial Law 237, 238 (2008)（斯蒂芬·班布里奇的评论，我们听到了许多要求金融服务改革的呼声，即所谓的"新新政"）。

⑤　Joseph E. Bachelder III, TARP, "Say on Pay" and Other Legislative Developments, The Harvard Law School Forum on Corporate Governance and Financial Regulation（July 4, 2009）, http://tinyurl.com/lvb7xo.

⑥　Stephen M. Bainbridge, Rising Threat of Dysfunctional Boards, Agenda, May 25, 2009, at 3.

⑦　Del. Code Ann., tit. 8, §§ 109, 211(2000).

选举(缺少委托书争夺情况下)也是由董事会预先决定下一年董事会的提名。

直到最近,州公司法对股东权力的直接限制在很大程度上得到了联邦法规的支持,联邦法规间接阻止了股东对公司决策施加重大影响。有三套联邦法规特别值得注意:(1)有关大股东的披露要求;(2)股东表决及通信规则;(3)内幕交易和短线获利规则。⑧这些法律从两个方面影响股东。首先,它们阻止了集中持股的形成。其次,它们阻碍了股东之间的沟通和协调。

在股东对公司行使任何控制权的范围内,他们只能通过对董事会的控制来实现。因此,股东影响董事选举的能力决定了他们对公司的影响程度。委托书监管制度阻止了大股东用自己提名的董事取代现任董事。⑨尽管美国证券与交易委员会在1992年进行了改革,但委托书规则仍旧阻碍了股东之间相互交流的能力。⑩

《1934年证券交易法》第13(d)条和其下的美国证券与交易委员会规则要求,任何共同行动的个人或团体若在特定发行人的任何类别的股票中拥有超过5%流通股的实益所有权,就必须进行广泛披露。⑪第13(d)条要求的披露构成对投资者隐私的严重侵犯,增加了未能提供足够披露的责任风险,从而阻止投资者持有超过公司股票4.9%的股份。⑫

州公司法中有关保护少数股东的规定,可能也会阻止大股东的形成。根据特拉华州法律,控股股东对少数股东负有受信义务。⑬控股股东利用其权力迫使公司以不公平的条款与其股东或其关联公司订立合同,就要对由此给公司造成的损害承担责任。⑭控股股东利用其影响力展开挤出合并,即以不公平的低价收购少数股东的股份时,同样面临责任。⑮

委托书争夺的成功与否和"反对派"的持股量直接相关。这些法律既阻止了反对派组织的形成,又阻止了个人积极主义者收购大量股份,从而(可能

⑧ See Stephen M. Bainbridge, The Politics of Corporate Governance, 18 Harv. J.L. & Pub. Pol'y 671, 712—713(1995)(注意到股东行动主义引发的内幕交易担忧)。

⑨ See Stephen M. Bainbridge, Redirecting State Takeover Laws at Proxy Contests, 1992 Wis. L. Rev. 1071, 1075—1084(描述了针对委托书争夺的激励措施)。

⑩ See Stephen Choi, Proxy Issue Proposals: Impact of the 1992 SEC Proxy Reforms, 16 J.L. Econ. & Org. 233(2000)(解释到,委托书规则的自由化并没有对股东沟通产生重大影响)。

⑪ 15 U.S.C. § 78m(2001).

⑫ Bernard S. Black, Shareholder Activism and Corporate Governance in the United States, in The New Palgrave Dictionary of Economics and the Law 459, 461(1998).

⑬ See, e.g., Zahn v. Transamerica Corp., 162 F.2d 36(3d Cir. 1947).

⑭ See, e.g., Sinclair Oil Corp. v. Levien, 280 A.2d 717(Del. 1971).

⑮ See, e.g., Weinberger v. UOP, Inc., 457 A.2d 701(Del. 1983).

是无意中)间接地使现任董事免受委托书的挑战。因此,它们有助于永久保持所有权和控制权的分离,而这种分离根植于州公司法的核心 DNA 中。

本章认为州公司法是正确无误的。以董事会为中心的美国公司治理体系为投资者和社会提供了良好的服务。这种成功的出现并不是因为所有权和控制权的分离而产生的,而是因为这种分离才得以出现。因此,近年来联邦政府赋权给股东的相关规定,逐渐削弱了公司治理的基础。

通过股东提案修改公司章程细则

根据州法律,董事会控制发行人的委托投票说明书。股东无权在委托投票说明书中包含提案或其他材料,也无权将提案或其他材料显示在授权委托书卡片上。如果股东希望让其他股东就某一事项投票,那么在州法下股东唯一可行的选择就是进行一场代理权争夺战,以支持他们希望提出的任何提案。

1942 年,美国证券与交易委员会采用了现行规则第 14a-8 条的前身,该规则要求发行人将符合特定标准的股东提出的提案纳入公司的委托投票说明书中。在随后的几十年中,股东提案成为积极主义股东的主要工具。从支持者的角度来看,股东提案规则的主要优势是它很便宜。建议者不需要支付任何印刷和邮寄的费用,所有这些费用都必须由公司支付,或以其他方式遵守适用于委托书征集的昂贵的法规要求。

根据现行的联邦法规,符合条件的股东可以提出不超过 500 字的提案和随附的支持声明,以列入发行人的委托投票说明书中。为了符合条件,股东提案者必须在提案提交日期之前至少一年内拥有发行人的至少 1% 或 2 000 美元(以较少者为准)的有表决权证券。建议者每年只可就每个公司提交一份提案书。不过,建议者在指定年度内可向多少家公司提交提案书是没有限制的。只要建议者符合每个公司的资格要求,积极主义人士便可在多个公司提出相同的建议。

直到最近,主要的社会积极主义人士仍然在使用股东提案。例如,在南非种族隔离制度结束之前,许多提案支持从南非撤资。尽管社会维权人士仍普遍使用这一规定来推进他们的事业,但公司治理积极主义者近年来也将其作为股东赋权的工具加以利用。有关诸如高管薪酬、对董事的绝对多数投票、要求独立的董事会主席、股东有权使用发行人的委托书征集材料、股东召开特别会议的权利以及废除机密董事会和其他收购抗辩之类的提案,已经变得越来越普遍。

207

使用提案修改章程细则

大多数股东提案被表述为直接向董事会提出的请求或建议。规则第14a-8(i)(1)条使用了委托语言,该条规定,股东提案必须是公司所在州法律下证券持有人的可从事的行为事项。这项附带条件最常见于基本的州公司法原则,即公司权力通常由董事会行使或在董事会授权下行使。⑯因此,由于州公司法将大多数发起权授予董事会,因此股东不得发起公司行为。相反,股东的投票权通常是被动的。除少数例外,股东只能批准或不批准摆在他们面前投票表决的公司行动。美国证券与交易委员会对规则第14a-8(i)(1)条的解释性说明在这方面遵从了州法律,解释称旨在指示董事会采取某些行动的强制性建议可能是不适当的。但是,该说明仍在继续解释美国证券与交易委员会的理念,即如果将这种股东提案表达为对董事会的请求或建议,通常是适当的。

近年来,股东积极主义人士抓住了章程细则修正案这一机会,以此绕开了规则第14a-8(i)(1)条。根据州法律,公司发起人或初始董事将在公司的组织会议上采用公司的初始章程。在早期的普通法中,此后只有股东有权修改章程细则。大多数州最终通过了立法,允许股东将修改章程细则的权力下放给董事会。《特拉华州普通公司法》第109(a)条是这种做法的典型代表。它规定只有股东才有权修改公司章程细则,除非公司章程明确赋予董事会修改章程细则的权力。此外,授权董事会修改章程细则的条款并未剥夺股东修改章程细则的剩余权力。相反,章程细则修正案仍然是极少数问题之一,在此方面,股东有权在未经董事会批准的情况下发起公司行动。

208　　　由于股东保留单方面修改章程细则的权力,要求修改某项章程细则的提案通常将成为州法律下股东行动的适当对象。然而,并非所有的章程细则提案都能通过审核。《特拉华州普通公司法》第109(b)条明确限缩了章程细则的内容所允许涵盖的范围:

> 公司章程细则可能包含与公司业务、公司事务的处理、公司权利或权力,股东、董事、高级职员或雇员的权利或权力有关的任何规定,但不得与法律或公司注册证书相抵触。

---

　⑯　See, e.g., DGCL § 141(a).

因此,在各种情况下,特拉华州法院都对章程细则进行了审查,以确定它们是否符合被允许的目的。[17]

就当前的目的而言,关键问题在于股东采纳的章程细则是否可能限制董事会管理公司的酌处权。不幸的是,关于此问题,《特拉华州普通公司法》存在一个奇怪的循环。一方面,《特拉华州普通公司法》第141(a)条规定:"根据本章组织的每家公司的业务和事务均应由董事会管理或在董事会的指导下进行。"因此,限制董事会管理权限的章程细则似乎违反了第109(b)条对"与法律不符"的章程细则的使用禁止。另一方面,《特拉华州普通公司法》第141(a)条还规定,董事会的管理权力是绝对的,"除非本章另有规定"。根据第109条通过的其他有效的章程细则,但限制了董事会管理层的酌处权是否钻了这个漏洞?

在蒂斯特尔斯诉弗莱明公司(Teamsters v. Fleming Companies)案中,[18]俄克拉荷马州最高法院维持了一项限制董事会采用毒丸计划(一种公司收购防御)权力的章程细则。该章程细则规定:

> 公司不得采用或维持旨在使被收购公司大量股份变得更加困难或昂贵的毒丸计划、股东权利计划、权利协议或任何其他形式的"毒丸"……除非该计划首先获得股东绝对多数决的批准。本公司应赎回任何已生效的该等权利。

董事会认为,股东不能通过章程细则对董事会的酌处权施加这种强制性限制。法院驳回了这一论点。由于公司章程中没有相反的规定,因此俄克拉荷马州公司的股东可以使用公司章程细则来限制董事会的管理酌处权。

尽管俄克拉荷马州和特拉华州的相关法规非常相似,但从长期维度来看,特拉华州的法院似乎很可能会得出与弗莱明案不同的结果。例如,在通用数据通信工业公司诉威斯康星州(General DataComm Industries, Inc. v. State of Wisconsin Investment Board)一案中,[19]副首席大法官斯特恩指出:

209

---

[17]　See generally Allen v. Prime Computer, Inc., 540 A.2d 417(Del. 1988)(认为法院可以审查章程细则的合理性)。

[18]　International Broth. of Teamsters General Fund v. Fleming Companies, Inc., 975 P.2d 907(Okla. 1999)。

[19]　731 A.2d 818(Del. Ch. 1999)。

虽然股东拥有无可置疑的可以采纳涵盖广泛主题的章程细则的权力,公司法中也明确规定了至少在没有法令或公司注册证书或公司章程的特别授权的情况下,股东不得直接参与管理公司的业务和事务。这些准则之间存在明显的冲突:至少在某些方面,股东试图通过章程细则来限制或影响董事权力,这不可避免地会触犯董事会管理的概念。[20]

但斯特恩警告说,冲突仍未解决。

特拉华州最高法院最终在 CA 诉美国消费者联盟员工养老金计划(CA, Inc. v. AFSCME Employees Pension Plan)案中解决了其判例法中的这个漏洞。[21]AFSCME 的养老金计划使用规则第 14a-8 条提出了对 CA 章程细则的修正案,根据该修正案,成功地进行了少数董事会候选名单委托书争夺的股东将有权获得其合理费用的补偿。[22]CA 反对将该提案包含在委托投票说明书中,并要求美国证券与交易委员会提供支持排除该提案的不采取行动信函。

在回答 CA 的请求之前,美国证券与交易委员会援引了特拉华州新通过的一项宪法条款,该条款允许美国证券与交易委员会向特拉华州最高法院证明法律问题。美国证券与交易委员会要求法院回答两个问题:(1)根据特拉华州法律,养老金计划的提案是股东采取行动的合适主题吗?(2)如果该提案获得通过,是否会导致 CA 违反特拉华州的任何法律? 第二个问题之所以被摆上台面,是因为规则第 14a-8(i)(2)条允许发行人忽略任何可能导致其违反其所服从的州法律的提案。

210   法院认为该提案是股东行动的适当主题,法院承认《特拉华州普通公司法》第 109 条和第 141(a)条之间存在递归循环。然而,最高法院拒绝"以教义上的正确性阐明一条清晰的界限",这将使股东可能会采用的那些章程细则与那些侵犯董事对公司的管理权的章程细则区分开来。[23]相反,最高法院满足于指出"确立已久、久负盛誉的特拉华州法律"旨在将"授权董事会如何决定具体的实质性业务决策"的章程细则与"定义决策过程和程序的"章程细则区别开来。[24]前者是不适当的,而后者通常是适当的。而这里讨论的章程细则与选举董事的

[20] Id. at 821 n.2.
[21] 953 A.2d 227(Del. 2008).
[22] 在少数董事会候选人名单争夺中,积极主义股东提出的提名人选少于要填补的董事席位数。如果获得成功,少数董事会候选名单将使积极主义者提名的董事进入董事会,由积极主义者提名的所有新当选的董事,其承担的相关的责任风险小于被视为控股股东承担的责任的风险。
[23] Id. at 234.
[24] Id. at 234—235.

程序有关,法院进一步指出,在该事项上"特拉华州公司的股东具有合法和受保护的利益"。㉕因此,AFSCME养老金计划的提案是股东采取行动的适当主题。

关于美国证券与交易委员会的第二个问题,最高法院认为,该提案可能导致CA在某些情况下违反特拉华州的法律。如措辞所述,这项提议将要求董事会对挑战成功的少数候选名单委托书竞争者加以补偿,即使这样做可能会导致董事会违背其受托责任。作为此类案件的例子,法院指的是"为了私人或琐碎的事务,或为了促进对公司利益而不存在进一步影响或不利的利益"而进行的委托书争夺。㉖为了不违反特拉华州法律规定的董事会的受托义务,因此,拟议的章程细则必须包括所谓的"受信义务逃脱条款"(fiduciary out),* 据此,董事保留"行使其受托义务所需的全部权力来决定,在特定的情况下,授予补偿是否适当"。㉗

在评估CA在多大程度上允许股东积极主义者通过规则第14a-8条修改章程细则的提案来实施重大的治理变革时,需要注意的是,法院早已认识到,没有"广泛的管理权是法定分配给股东的"。㉘相反,"众所周知,受《特拉华州普通公司法》约束的公司的股东至少在没有法律或公司注册证书的明确授权的情况下,不得直接管理公司的业务和事务"。㉙第二个关键因素是,该提案与股东的选举董事权利有关。特拉华州的法院将股东投票权视为"董事权力合法性所依据的意识形态基础"。㉚因此,他们"长期以来一直对自由和有效地行使表决权采取了最敏感和最保护性的态度"。㉛因此,与保护程度较低的程序有关的提案可能不会获得同等的尊重。

211

章程细则和董事至上

为了评估这一新兴的法律体系,我们必须从公司契约论的基本原理入手,这将在下文更详细地展开。简而言之,股东并不拥有公司。相反,他们只是由显性和隐性契约的复杂网络绑定在一起的许多公司利害关系人之一。因此,与所有权和私有财产相关的规范性权利要求在公司环境中是不合适的。

㉕　Id. at 235.

㉖㉗　Id. at 240.

*　"受信义务逃脱条款"是收购协议或排他性协议中的一项条款,该条款规定,如果董事会根据其受托义务接受了更优的要约,则目标公司有权终止交易。——译者注

㉘㉙　Id. at 232.

㉚　Blasius Indus., Inc. v. Atlas Corp., 564 A.2d 651, 659(Del. Ch. 1988).

㉛　Id. at 660 n.2.

在这种模式下,董事不是受股东控制的股东代理人。可以肯定的是,股东通过选举产生董事会并通过投票权行使某些其他控制权。即便如此,这些权利还是非常有限的。因此,董事会作为一种柏拉图式的监护人——一个专门机构,是构成公司的各种契约的连接点。董事会的权力整体上源自这套契约,而不仅仅是股东。因此,董事会行使其酌处权不得受到包括股东在内的任何利害关系人的单方面限制。

这种模式符合《特拉华州普通公司法》的精神。正如特拉华州最高法院的意见:

> 《特拉华州普通公司法》最基本的原则之一是,董事会对管理公司的业务和事务负有最终责任。第141(a)条规定,对董事会权力的任何限制须在公司注册证书中列明。③²

请注意,从字面上看,这一结论排除了弗莱明案和 CA 案中得出的结果。

董事至上具有令人信服的经济理由。公司法规定的所有权和控制权分离是解决大型公司面临的决策问题的高效解决方案。回顾一下,因为在这样的公司中集体决策是行不通的,所以它们的特点是基于权威的决策结构,在这种结构中,中央机构(董事会)有权作出对整个公司具有约束力的决策。

可以肯定的是,所有权和控制权的这种分离导致了代理成本。然而,这些成本是将酌处权赋予剩余索取权人以外的人的必然结果。通过根除酌处权,我们可以大幅降低(甚至完全消除)代理成本,我们不这样做就表明,酌处权具有实质性的优点。鉴于这些优点,任何人都不应该以问责制的名义轻易干扰管理层或董事会的决策权力。

这一论点在很大程度上解释了公司法。这是诸如商业判断规则、对股东派生诉讼的限制、对股东投票权的限制以及董事会抵制非合意收购的权力之类的多种学说背后的原则。在此,它证明了对限制管理层酌处权的股东采纳的章程细则有效性的强烈怀疑的正当性、合理性。事实上,如果没有明确的相反的法定命令,法院应该废除此类章程细则。③³

---

③²　Quickturn Design Systems, Inc. v. Shapiro, 721 A.2d 1281, 1291(Del. 1998).

③³　一个有用的类比可以用在限制董事会酌情决定权的股东协议上。在某种程度上,这种协议本身是无效的。See, e.g., McQuade v. Stoneham, 189 N.E. 234(N.Y. 1934). 现在的趋势是允许这样的协议,但仅限于封闭公司。See, e.g., MBCA §7.32; Galler v. Galler, 203 N.E.2d 577(Ill. 1964).

如果州公司法用对待公司章程的方式对待章程细则，则几乎所有其他的公司的问题都将消失。股东有权在无需董事会事先行动的情况下启动章程细则修正案，这是独一无二的。这也是一种历史上的时代错误，是从缺乏韵律或理性的古老普通法原则中轻率地编纂而成的。根本没有充分的理由将公司章程与公司章程细则区别对待。

关于社会提案的说明

规则第 14a-8(i)(5)条规定，与占公司资产、收入或销售额不足 5%的业务有关的提案，以及与公司业务无关的其他重大事项，可以从委托投票说明书中删除。这里的主要问题是，确定各种低于 5%门槛的提案，"是否在其他方面与该公司的业务有重大关系"。经典的案例是洛文海姆诉易洛魁品牌（Lovenheim v. Iroquois Brands, Ltd）案。[34] 被告向美国进口了多种食品，包括从法国进口的鹅肝酱。洛文海姆（Lovenheim）怀疑易洛魁品牌（Iroquois Brands）的法国供应商强行喂食鹅，让鹅出产更大的鹅肝，洛文海姆认为这是一种虐待动物的方式。洛文海姆建议易洛魁品牌成立一个委员会，调查公司供应商在生产过程中使用的方法，并将其发现报告给股东。

易洛魁品牌的鹅肝经营显然不符合规则第 14a-8(i)(5)条的 5%门槛测试。相对于 1.41 亿美元的年收入和 600 万美元的利润，鹅肝每年的销售额仅为 7.9 万美元，易洛魁品牌在这方面出现了亏损。因此，结果取决于鹅肝运营是否与其业务"在其他方面显著关联"。易洛魁品牌主张，该表述与经济意义有关。洛文海姆主张，对提案的重要性进行非经济测试是适当的。

法院同意洛文海姆的观点，认为虽然该提案仅与"经济意义有限的事项"相关，[35] 但"其他方面显著关联"表述不仅限于经济意义。相反，也可以考虑具有伦理和社会意义的问题。作为洛文海姆提议具有"伦理或社会"意义的证据，法院指出，对动物的人道对待是西方文明的基础之一，并引用了各种新旧法规，从诺亚七法（Seven Laws of Noah）到 1641 年马萨诸塞湾殖民地动物保护法令（Massachusetts Bay Colony's animal protection statute），再到现代的联邦和州人道法。源于"动物关爱领域的领导组织"支持的旨在消除强迫喂食措施，为此提供了额外的支持。

---

[34]　618 F. Supp. 554(D.D.C. 1985).

[35]　Id. at 559.

规则第 14a-8(i)(7)条也出现了类似的问题,该规则允许发行人排除与所谓的"一般业务事项"有关的提案。这里的问题是,对于董事会来说,一项提案究竟是一件日常事务,还是一件需要股东投入的特殊事项。答案取决于提案是否涉及重大的政策问题。至于决定一个政策问题是否重大,大多数法院认为,洛文海姆式的伦理或社会意义是适格的。

多年来,美国证券与交易委员会针对主要涉及社会问题(而非经济问题)的股东提案执行规则第 14a-8(i)(7)条的政策一直起伏不定。美国证券与交易委员会长期以来都是在个案基础上处理这类提案的。然而,在 1992 年,它改变了这种做法,采取了一种明确的立场,首次有效地排除了所有类别的社会问题提案。饼干桶故乡店(Cracker Barrel Old Country Stores)试图排除一项股东提案,该提案呼吁董事会将性取向纳入其反歧视政策。在美国证券与

214 交易委员会公司财务部发布的一封不采取行动的信中,委员会的立场是,所有与就业相关、涉及社会政策问题的股东提案,都可以依据"一般业务事项"排除规则予以排除。

随后的诉讼产生了两个问题。首先,如果股东支持者起诉了一家公司,而该公司管理层援引饼干桶案来证明其在委托投票说明书中排除与雇用有关的提案的理由,那么作出审查的法院应该服从美国证券与交易委员会的立场吗? 在服装和纺织工人联合会诉沃尔玛百货有限公司(Amalgamated Clothing and Textile Workers Union v. Wal-Mart Stores, Inc.)一案中,㊱联邦地方法院裁定(司法)遵从不是必须的,此外,根据规则第 14a-8(i)(7)条,与公司的平权行动政策有关的提案本身不能作为普通业务被排除。

其次,美国证券与交易委员会的饼干桶案立场是否有效? 换句话说,美国证券与交易委员会能否在内部代理程序中(例如在发布不采取行动通知书时)恰当地应用"Cracker Barrel"解释? 在纽约市雇员退休系统诉美国证券与交易委员会(New York City Employees' Retirement System v. SEC)一案中,地方法院裁定美国证券与交易委员会的"Cracker Barrel"立场本身就是无效的,因为美国证券与交易委员会在颁布该立场时未能遵守联邦行政程序。第二巡回法院推翻了诉讼程序,从而使美国证券与交易委员会可以在内部适用"Cracker Barrel",但这样做与初审法院的观点一致,即"Cracker Barrel"对法院没有约束力。㊲

㊱ 821 F. Supp. 877(S.D.N.Y. 1993).

㊲ N.Y. City Employees' Retirement Sys. v. SEC, 45 F.3d 7(2d Cir. 1995).

1998年，美国证券与交易委员会通过规则第14a-8条的修正案，除了对一些事项作出修正外，还扭转了其"Cracker Barrel"的立场。㊳在公布这一变化时，美国证券与交易委员会强调，就业歧视是公众辩论的一贯主题，从而突出了洛文海姆式社会和伦理考量的持续重要性。事实上，美国证券与交易委员会明确指出其信念，即认为规则第14a-8(i)(7)条的例外并不能成为排除引起重大社会政策问题提案的理由。

Cracker Barrel立场的逆转，使美国证券与交易委员会恢复了此前的逐案分析方法。与雇用有关的具体管理决策（例如，雇用、晋升和解雇）以及其他业务决策（例如产品线和质量）仍然可以排除，因为美国证券与交易委员会不希望股东对公司进行"微观管理"。但是，与这些事项广泛相关但集中于重大的社会政策问题，例如，平权行动和其他就业歧视问题的提案通常是不可排除的。

因此，我们回到了一个令人沮丧的、模棱两可的任务，即确定某项特定提案是否"重要"。在此问题上，奥斯汀（Austin v. Consolidated Edison Company of New York，Inc.）案㊴的判决既有启发意义，也令人不安。原告提出了一项提案，要求发行人为其雇员提供更慷慨的养老金福利。法院授权发行人将提案排除在外，因为它涉及普通业务事项。法院承认与高管薪酬有关的股东提案不可排除在外，并指出，员工的"增强的养老金权利"问题"尚未像高管薪酬问题一样引起公众的关注和关心"。因此，显然提案的重要性在于其主题是否已成为美国全国广播公司财经频道或美国有线电视新闻网的例行新闻。

令人不安的是，联邦官僚和法官被要求确定一项具有政治色彩的提议是否具有足够的伦理或社会意义，以证明将其纳入委托投票说明书中是合理的。这个问题尤其令人不安，因为许多提案更多的是为支持者热衷的政治事业提供一个宣传平台，而与公司的经济业绩关系不大。例如，在洛文海姆案中，原告知道他的提案对公司的经济意义不大。相反，他想发表的是一个有关虐待动物的政治声明。

同样，奥斯汀（Austin）案——排除的结果无疑是正确的。该提案是由股东提出的，他们也是代表公司员工的工会人员。㊵该提案要求对公司的养老

215

㊳　Amendments To Rules On Shareholder Proposals，Exchange Act Release No. 40018 (May 21，1998).

㊴　788 F. Supp. 192(S.D.N.Y. 1992).

㊵　公司辩称，这些事实使它有权根据规则第14a-8(i)(4)条排除提案。根据该规定，公司可以排除旨在纠正私人不满或进一步提高倡议者的私人利益而未与广大股东共享的提案。法院拒绝触及这个问题。

金政策进行具体的修改：即允许雇员在服务满30年后退休，享受全部退休福利，而不论其年龄大小。正是这种（自利的）微观管理，即使是美国证券与交易委员会也会认为不应该允许这种管理。但是，我们需要更好的测试。

作为洛文海姆/奥斯汀（Lovenheim/Austin）案方法的替代，法院应询问该公司理性的股东是否认为该提案对其股票价值具有重大经济意义。该标准是建立在确立已久的证券法重大性原则基础上的。它旨在排除主要是出于促进一般社会和政治原因而提出的提案，同时要求列入理性投资者认为与其投资价值有关的提案。这样的检验似乎是可取的，从而可以确保通过的提案符合所有股东的利益，而不仅仅是那些和支持者有相同政治和社会观点的股东。如果没有这样的标准，股东提议规则就变成了一种私人主导领域，联邦政府允许少数人将他人的财产据为己有——公司毕竟是法人，且此处争议的核心点是公司的委托投票说明书——用作传播自己观点的平台。由于股东拥有剩余索取权，所有公司支出都由他们自掏腰包，因此目前尚不清楚为什么其他股东必须补贴少数股东的言论。

绝对多数表决制

在大多数情况下，州公司法规定，要采取股东行动，就必须获得出席会议的股东达到法定人数的多数股东的赞成票。[41]然而，在选举董事时，州法律至今才仅仅要求股东的简单多数表决制。例如，《特拉华州普通公司法》第216(3)条以前规定："董事应由亲自出席会议或由代表人代表出席会议，并由有权投票选举董事的股份采用简单多数表决制方式选举产生。"对《示范商事公司法》第7.28(a)条的官方评论也使用简单多数表决制标准，该术语的定义是指"得票最多的个人当选为董事，至多不超过选举应产生的董事的最高人数"。

联邦委托书规则通过规定发行人必须在公司的代表投票卡上给股东三种选择，以适应州法律的要求，而此条是过去美国证券与交易委员会规则第14a-4(b)条中的内容。股东可以投票支持所有被提名的董事，或对所有被提

---

[41] 确切的要求因州而异。《示范商事公司法》第7.25(c)条规定"如果投票团体内赞成某行为的票数超过反对某行为的票数⋯⋯对某事项采取的行动⋯⋯被批准"。相比之下，《特拉华州普通公司法》第216条则规定，"亲自出席会议或者委托他人出席会议并有权对标的事项进行表决的，股份过半数的赞成票批准的，是股东的行为"。实际上，特拉华州将弃权视为反对票，而《示范商事公司法》则忽略这些弃权票。

名董事投票不支持,或通过剔除指定董事的姓名来拒绝支持。

这些规则的最终结果是,公司选举制度没有为董事提供一个彻彻底底的投票权。相反,要么是授予代理人代理权限以投票选举指定的候选人,要么向代理人授予投反对票的权限。缺少对抗性的选举,因为只需要进行简单多数表决,只要至少持有一股股份的持有人授权将其股份投给被提名人,因此,即使其他所有股东都保留了对其股份进行投票的权力,也将选举出现任董事会提名的董事候选名单。

简单多数原则的起源有些模糊。大概是为了处理被提名人多于空缺的董事职位的情况,在竞争激烈的选举中,董事职位紧缺是最常见的情况。在一场势均力敌的比赛中,弃权和废票可能意味着获得绝对多数票的候选人数量少于空缺的人数。在最糟糕的情况下,更有可能通过候选人投票的使用,选举会完全失败,因为没有董事将获得绝对多数。简单多数投票制避免了这种风险以及随之而来的不利后果。

随着时间的推移,保留对现任董事会提出的部分或全部候选人进行投票的权力,成为股东积极主义人士常见的抗议策略。例如,在 2004 年华特—迪士尼公司的股东"反叛"中,股东积极主义人士反对 CEO 迈克尔·艾斯纳(Michael Eisner)和其他一些候选人当选。按照当时存在的简单多数标准,即使多数股份的持有人都保留了将其股份投票给他的权力,艾斯纳也将连任。结果,迪士尼 43% 的股份持有人保留了这种授权。尽管艾斯纳再次当选,但高选票被视为一种有力的抗议。此后不久,他启动了换届程序。

州 法 的 发 展

迪士尼事件引发了人们对改变传统简单多数标准的浓厚兴趣,从而将这一过程从仅仅是发送抗议信号的机会转变为真正的选举。2006 年,特拉华州对积极主义人士和其他人士施加的巨大压力作出回应,修改了有关董事选举的法定规定,以适应各种形式的绝对多数表决制(majority voting)。

在迪士尼之后,一些特拉华州的公司迫于股东维权人士的压力,自愿采用了所谓的"辉瑞政策"(Pfizer policies)——该政策以第一家采用该政策的知名公司命名。根据该政策,获得绝对多数保留投票的董事必须向董事会提交辞呈。《特拉华州普通公司法》第 141(b)条已进行修改,以适应此类章程细则。为此,它规定:"董事辞职在提交辞呈时生效,但是辞呈载明了一个较晚的生效日期,或载明以一个或多个特定事件发生时确定的生效日期的除外。以董事未能获得指定的连任董事投票为辞职条件的,可以规定该辞职不可撤销。"

至少从股东积极主义者的角度来看,这些所谓的辉瑞或"简单多数决+"政策的问题在于,董事会保留了拒绝未能获得必要多数票的董事辞职的权力。在 City of Westland Police & Fire Retirement System v. Axcelis Technologies,Inc.案中,[42]特拉华州最高法院确认董事会有充分的酌处权来做到这一点。Axcelis Technologies 的董事会由七名成员组成,交错设置为三个级别。2008 年,所有三名竞选连任的现任董事都未能获得多数选票。根据该公司的"简单多数决+政策",这三个人均递交了辞呈。董事会拒绝了三人的辞呈。一名股东依据规则第 220 条提出请求,要求查阅公司的相关账簿和记录,以准备对董事会的决策提起派生诉讼。为了防止股东进行审前调查,特拉华州法院仅在有可靠依据可推断出可能发生某些不当行为的情况下,才会批准此类查阅请求。承认规则第 220 条的请求有时在这种情况下是值得的,法院指出:"问题在于,作为受托人的董事是否作出了公正的、充分知情的商业判断,认为公司的最大利益需要这些董事继续为公司服务,还是董事会是否有其他不同的动机。"[43]因此,可以合理地推断出商业判断规则将成为法院根据此类政策评估董事会决策的标准。

积极主义人士也反对辉瑞式的做法,因为这种做法通常是通过改变董事会的公司治理政策,而不是通过修改章程或章程细则来实现的。因此,该政策的延续取决于董事的酌处权。

因此,股东积极主义者开始使用规则第 14a-8 条提出章程细则修正案,要求进行真正的多数表决。英特尔自愿采用的一项章程细则获得了广泛的积极主义人士的支持,被其他发行人视为章程细则修正案的典范。根据该法案,未获得绝对多数选票的董事不得当选。如果现任董事未能获得支持其连任的绝对多数票,复杂的是,根据《特拉华州普通公司法》第 141(b)条,董事的任期将一直持续到他的继任者选出为止。英特尔(亦称"简单多数决+")模式要求该董事辞职。

股东积极主义者倾向于采用修改章程细则方式,而不是采取基于修改公司章程的方式,因为后者需要得到董事会的批准。但是,在大多数州,股东采纳的章程细则很容易被随后的董事会修正甚至废除。回顾《特拉华州普通公

---

[42]　1 A.3d 281(Del. 2010).

[43]　Id. at 291.

司法》第 109(a)条的规定,公司章程可以赋予董事会修改章程细则的权力,但该规定不会剥夺股东修改章程细则的剩余权力。

股东和董事会由此产生的同时修改章程的权力增加了进行循环修订和反修订的可能性。假设股东们通过了绝对多数决章程细则,然后董事会使用其并存的修改章程的权力废除了这一新章程细则条款。《示范商事公司法》允许股东预先阻止此类事件的发生。《示范商事公司法》第 10.20(b)(2)条授权董事会通过、修订和废除细则,除非"股东在修改、废除或采用章程细则时明确规定,董事会不得修改、废除或恢复该章程细则"。然而,在没有这种限制的情况下,董事会显然保留了修改甚至废止章程细则的权力。如果董事会这样做,则股东的补救措施大概仅限于重新采用任期限制修正案,并在这一次纳入必要的限制,和(或)选择了一个更合规的董事会。

《特拉华州普通公司法》第 109 条未授予股东任何与之相当的权力。更糟糕的是,由于董事会只有在公司章程中赋予其权力的情况下才有权通过或修改章程细则,因此,禁止董事会作修改的章程细则可能与章程相抵触,因此是无效的。

在 American Int'l Rent a Car, Inc. v. Cross 案中,[44]特拉华州衡平法院建议,作为章程修正案的一部分,股东"可以从董事会中移除进一步修改章程细则相关条款的权力"。然而,特拉华州其他一些先例的判决附带意见结果却与此相反。例如,在通用数据通信工业公司诉威斯康星州(General Data-Comm Industries, Inc. v. State of Wisconsin Investment Board)案中,[45]副首席大法官斯特恩指出,关于"在没有明确控制法规的情况下,股东通过的章程细则是否可以不受董事会废除或修改的影响"确实存在"重大法律不确定性"。在 Centaur Partners, IV v. National Intergroup, Inc.一案中,[46]特拉华州最高法院处理了由股东提案的一项限制董事人数的章程细则。根据提案,该章程细则包含一项禁止董事会修改或废除该章程细则的规定。注意到该公司的章程赋予了董事会通过采纳公司章程细则的方式来确定董事人数的权力,最高法院认为,拟议的公司章程细则"即便被采用,也将是无效的"。因此,在特拉华州或其他同样缺乏《示范商事公司法》式条款的州,董事会对章程细则权力的限制是否能够通过,似乎值得怀疑。

---

[44] 1984 WL 8204(Del. Ch. 1984).

[45] 731 A.2d 818, 821 n.1(Del. Ch. 1999).

[46] 582 A.2d 923, 929(Del. 1990).

为了回应积极主义股东的压力,特拉华州修改了第216条,增加了以下语句:"股东通过的章程细则修正案,如果规定了选举董事所必需的票数,董事会不得再行修改或废除。"令人感到奇怪的是,立法机关没有对要求董事获得绝对多数选票(过半数)才能当选的章程细则采取更明确的确认。然而,第216条显然暗示了它们的有效性,并且如果是这样,则可以确保随后的单方面董事会行动不会削弱此类章程细则。

国会犹豫不决

早期的参议院版本的《多德—弗兰克法案》包含了绝对多数决的授权。根据该法,除非在董事会一致拒绝接受辞职的情况下,否则公众公司将被要求接受任何在非竞争性选举中未获得绝对多数选票(less than a majority vote)的董事的辞职。然而,面对各州的发展和现在的绝对多数决已成为规范的现实,国会选择忽略任何版本的绝对多数决(majority voting)条款。

评　估

绝对多数决的批评者认为,选举失败可能会对公司造成不稳定的影响。选择和审查董事候选人是一个漫长而昂贵的过程,由于新的证券交易所上市标准定义了董事独立性,使这一过程变得更加复杂。例如,假设股东投票否决了审计委员会中唯一一位合格的财务专家,该公司将立即违反其在这些标准下的义务。

批评者还抱怨称,合格的个人将被阻止提供服务。《萨班斯—奥克斯利法案》以及相关法规和法律的发展增加了责任和工作量,对于公司而言,招募合格的外部董事变得更加困难。股东投票反对的风险可能会使董事会工作的吸引力更低,尤其是考虑到董事会成员对自身声誉的担忧。

最后,批评人士声称,至少在目前被实施的情况下,绝对多数决"不过是一场骗局"。[47]威廉·约斯特罗姆(William Sjostrom)和杨尚金(Young Sang Kim)对采用某种形式的绝对多数决章程细则的公司进行了一项事件研究。

---

[47]　William K.Sjostrom Jr. & Young Sang Kim, Majority Voting for the Election of Directors, 40 Conn. L. Rev. 459(2007).

他们没有发现市场对采纳上述规则的反应在统计上有显著意义。[48]这意味着,争取绝对多数的运动几乎没有为股东创造什么价值。

委托书费用补偿

221

委托书争夺是非常昂贵的。任何激烈的竞争都需要律师、会计师、财务顾问、印刷商和委托书律师的服务。这些人都不便宜。当一个人必须与典型的公众公司中的数千名股东进行沟通(通常要沟通好几次)时,甚至诸如邮寄费用之类的杂费也会迅速增加。因为花别人的钱总是比花自己的钱更令人愉快,所以在任者和反对派都希望公司支付他们的费用。

从理论上讲,现任董事没有不受限制地获取公司资金的机会。然而,在实践中,在任者很少自己支付费用。根据州法律,只要金额合理且竞争涉及政策问题,而不仅仅是"纯粹的个人权力斗争",则董事会可以使用公司资金来支付对抗反对派的费用。[49]只有最缺乏经验的在任者才会发现很难达到这个标准。董事会只需要让其律师对反对派的委托书材料进行分析,以找出他们在政策问题上的不同之处。这样的搜索注定会成功:如果反对派同意所有管理层的政策,为什么要试图推翻他们?

相比之下,反对派最初必须自己承担费用。反对派无权从公司资金中获得补偿。相反,只有在适当的决议得到董事会和股东的(绝对)多数同意时,反对派才能获得相应的补偿。[50]当然,如果在任者占上风,他们就不太可能友好地对待反对派提出的补偿要求。实际上,反对派必须获胜,才有希望获得补偿。

如上所述,特拉华州最高法院在 CA 案中,[51]部分确认了股东对 CA 公司章程细则提出的修正案,根据该修正案,成功发起了一场少数董事候选人名单委托书争夺的股东将有权获得其合理费用的补偿。尽管此类章程细则的基本概念在法庭上得到了认可,但法院认为这种章程细则不能剥夺董事会(实际上是其受信义务)拒绝补偿的权力,因为这样做可能会损害公司。

---

[48]　Id.

[49]　E.g., Rosenfeld v. Fairchild Engine & Airplane Corp., 128 N.E.2d 291(1955), reh'g denied, 130 N.E.2d 610(1955).

[50]　E.g., Steinberg v. Adams, 90 F. Supp. 604(S.D.N.Y. 1950); Grodetsky v. McCrory Corp., 267 N.Y.S.2d 356(Sup. Ct. 1966).

[51]　953 A.2d 227(Del. 2008).

作为对 CA 案的回应,特拉华州立法机关采用了新的《特拉华州普通公
222 司法》第 113 条的规定。新法规明确授权代理费用补偿细则。章程细则必须
在反对派征集委托书的会议记录日期之前通过,从而防止反对派试图同时选
举董事和修改章程细则。第 113 条还允许该章程细则对补偿规定若干条件。
章程细则可规定,如果反对派想要选出一个少数董事会候选人,而不是更换
整个董事会,则可以给予补偿。补偿金额可以根据反对派候选人所获得的选
票比例来确定。条件列表是非排他的。

尽管第 113 条主要是对 CA 案的判决进行了编纂,但该法规并未明确要求
"受信义务逃脱条款"。法院是否会遵循 CA 案的裁决并继续要求章程细则包
含"受信义务逃脱条款"才能生效,目前尚不确定。特拉华州最高法院对特拉华
州"强制投票法"的处理提供了这样做的先例。在史密斯诉范戈科姆(Smith v.
Van Gorkom)案中,[52]特拉华州最高法院裁定,董事们如果没有建议批准合并,
就不能向股东提交合并申请。特拉华州立法机关后来引用了《特拉华州普通
公司法》第 251(c)条规定推翻了这一结果,它规定:"协议的条款可能要求将协
议提交给股东,而不论董事会在宣布其可取性之后是否在任何时候决定不再
建议该协议,并建议股东拒绝该协议。"在 Omnicare, Inc. v. NCS Healthcare,
Inc.一案中,[53]法院裁定,第 251 条没有超越董事的受托责任。"然而,采取法
律上可能采取的行动,实际上在任何情况下都与董事的受托责任不符……第
251 条规定……是抽象上的推定有效。"然而,合并协议中的此类规定可能没有
"有效地界定或限制董事在特拉华州法律下的受信义务,也不得阻止 NCS 董事
在特拉华州法律项下履行其受信义务"。[54]但是,如果是这样,第 251 条的意义
何在? 因此,无论如何,奥姆尼凯尔案都是一个司法授权的明确先例,尽管成
文法对此未作任何规定,但第 113 条法规据此仍包含了"受信义务逃脱条款"。

股东利用委托投票说明书提名董事机制

董事会选举通常看起来很像苏联的选举,只有一个候选人名单,当局知
223 道每个选民的投票情况。没有出现非常罕见的委托书争夺战,即如果没有异
议的股东提出另一种董事候选人名单,则由即将卸任的董事会提名的候选人

[52] 488 A.2d 858(Del. 1985).
[53] 818 A.2d 914(Del. 2003).
[54] Id. at 937—938.

将被默认重新当选。长期以来，企业改革家们一直抱怨说，董事会只是不经审查就批准对首席执行官们的选择。

近年来，该领域出现了两项重要的发展。首先，董事会提名委员会的使用有所增加。其次，《多德—弗兰克法案》授权采用所谓的股东利用委托投票说明书提名董事机制，根据该制度，股东有权提名候选人进入董事会。

提　名　委　员　会

《纽约证券交易所上市公司手册》第303A.04条要求上市公司成立"一个完全由独立董事组成的提名/公司治理委员会"。该委员会必须有一份书面章程，详细说明它将如何确定和遴选董事会成员的候选人。该委员会应具有选择猎头并谈判其费用的专有权力。纳斯达克为公司提供了另一种选择。根据纳斯达克交易所市场规则第4350(c)条，新董事必须由独立董事通过多数决提名，或由一个仅由独立董事组成的提名委员会提名。纽约证券交易所和纳斯达克均豁免由一个或一群共同行动股东控制公司股票投票权的50%或以上的公司，其无需遵守对提名委员会的强制要求。

除了提名董事候选人外，许多公司还把挑选新CEO的责任交给提名委员会。提名委员会可与薪酬委员会合作，牵头就新任命的CEO的聘用协议条款进行谈判。最后，尽管许多公司将此工作交给了薪酬委员会，提名委员会的任务可能是设置董事薪酬。

请注意，《纽约证券交易所上市公司手册》将"公司治理"作为提名委员会工作的一部分。委员会这方面的职责仍然界定得比较模糊。然而，总的来说，设立提名委员会的目的似乎是作为董事会与股东联系的主要渠道。实际上，该委员会的一项常见任务是将董事分配给其他董事会委员会（通常需要获得整个董事会的批准）。

从理论上讲，由独立董事组成的独立委员会负责提名程序，应该会削弱CEO的权力。有一些证据支持上述理论。商学院教授詹姆斯·韦斯特法尔（James Westphal）和爱德华·扎亚克（Edward Zajac）的研究表明，随着董事会相对于CEO的权力提高（由内部人员百分比以及CEO是否兼任董事长等因素衡量），新任命的董事在人口统计学上与董事会更加相似。[55]换句话说，

224

---

⑤　James D. Westphal & Edward J. Zajac, Who Shall Govern? CEO/Board Power, Demographic Similarity, and New Director Selection, 40 Admin. Sci. Q. 60(1995).

与其复制 CEO 并在董事会中安插亲信，控制提名过程的独立董事更倾向于自我复制。

股东使用委托投票说明书提名董事机制

2003 年，美国证券与交易委员会提议对公司董事选举程序进行重大改革。根据州和联邦法律，董事提名机制由现任董事会控制。当需要选举董事时，现任董事会将提名一个候选人名单，并将其放置在公司的委托投票说明书中。股东没有任何可以提名候选人的机制。取而代之的是，希望提名董事的股东必须承担相当大的费用，以进行委托书争夺战，以反对现任议员提出的提名。

如果通过，拟议的规则第 14a-11 条将允许股东在发生某些特定事件且受到各种限制的情况下，[56]将其提名人士放在公司的委托投票说明书和选票中。因此，由股东提名的董事可以采用类似于现在将股东发起的提案提交股东投票的方式，被选举为董事会成员。

正如早在 2003 年提出的建议，规则草案第 14a-11 条随后考虑了跨越两个选举周期的分两步进行的程序。根据规则，如果发生以下两种触发事件之一，股东可以将其提名人放入公司的委托投票卡和委托投票说明书中。首先，规则第 14a-8 条关于授权股东提名的提案已在股东大会上得到过半数流通股股东的批准。

其次，在投票赞成由现任董事会提名的任何董事方面，至少代表 35% 以上投票权的股东在其委托投票卡上保留了对自己股份的投票权。无论哪种情况，在下一次的年度股东大会上，被提名的股东都将被包括在公司的委托投票说明书和选票中。

225 美国证券与交易委员会没有对该提案采取行动，既未采纳也未撤回该提案。为了取代美国证券与交易委员会的行动，一些积极主义投资者开始提出基于规则第 14a-8 条的提案，修改章程细则以允许股东使用委托投票说明书提名董事机制。作为回应，公司董事会争辩称，根据规则第 14a-8(i)(8)条，此类提案可以被排除在外，该规则允许排除"公司董事会或类似治理机构成员选举有关的提案"。

---

　　⑤　有关该提案的详细说明和评论，see Stephen M. Bainbridge, A Comment on the SEC's Shareholder Access Proposal, Engage, April 2004, at 18。

当美国证券与交易委员会同意可以根据规则第 14a-8(i)(8)条排除股东使用委托投票说明书提名董事机制章程细则提案时,美国州、县和市政府雇员退休金计划诉美国国际集团案(AFSCME v. AIG)要求在美国国际集团的委托投票说明书中包括美国州、县和市政府雇员退休金计划(AFSCME)股东使用委托投票说明书提名董事机制提案的禁令,间接挑战了这一决定。第二巡回上诉法院认为,美国国际集团不能排除该提案。[57]有关的法律问题应该是指第 14a-8(i)(8)条是否允许公司排除关于公司选举的所有提案,还是只能排除与某一特定选举中的特定席位有关的提案。然而,法院没有解决该问题,而是将其意见建立在某些行政法规范基础上。

1976 年,美国证券与交易委员会发表声明,断言"选举排除仅限于那些反对征集的股东提案——涉及即将举行的选举中确定的董事会席位",并且拒绝作出"更宽泛的解释,以排除那些选举适用于股东的提案,因为这些提案将制定程序,提高选举竞争的可能性"。[58]1990 年前后,美国证券与交易委员会改变了立场,转而采取后一种观点,"尽管起初是临时性和不一致的"。[59]美国证券与交易委员会通过非正式地发出不采取行动的信函,来回应发行人要求排除此类提案的请求。美国证券与交易委员会仅在美国州、县和市政府雇员退休金计划诉讼的法庭之友 * 摘要中,正式宣布了这项新政策。

法院承认,美国证券与交易委员会立场的转变可能有充分的政策理由。它还认识到美国证券与交易委员会有权改变主意。然而,如果规则是模棱两可、含糊不清的,就像规则第 14a-8(i)(8)条除外条款的情况一样,美国证券与交易委员会可能不会在没有给出理由的情况下改变其解释。相反,它"有责任解释其与先前规范的背离"。[60]因此,法院裁定它应将 1976 年的说明书作为权威机构的声明。

在对美国国际集团作出上述裁决后,美国证券与交易委员会启动了一项规则制定程序,以决定是否应修改规则第 14a-8(i)(8)条,以允许或拒绝股东参与公司投票。2007 年 11 月 28 日,美国证券与交易委员会宣布对规则第 226

---

[57] AFSCME v. AIG, Inc., 462 F.3d 121(2d Cir. 2006).

[58] Id. at 128.

[59] Id. at 123.

* 法庭之友,最初源自罗马法,后被英美习惯法所继承。法庭之友不是诉讼当事人的任何一方;可能是出于自愿,或是回应诉讼双方的当事人请求,法庭之友提出相关资讯与法律解释的法律文书给法庭,以协助诉讼进行,或让法官更了解争议的所在。提出这种法律文书的人,就被称为法庭之友。——译者注

[60] Id. at 129.

14a-8(i)(8)条的修正案,根据该修正案,规则将被修改为:

（1）问题9:如果我已遵守程序规定,公司可以基于什么其他理由排除我的提案?

……

（8）与选举有关:如果提案涉及公司董事会或类似理事机构成员的提名或选举,或有关提名或选举的程序。

因此,该修正案推翻了1976年的说明书,并有效地推翻了美国国际集团案的实质性结果。然而,与此同时,美国证券与交易委员会宣布将继续研究这一问题。

2008年巴拉克·奥巴马当选美国总统后,美国证券与交易委员会的控制权从共和党人转移到了民主党人手中。新的民主党美国证券与交易委员会主席玛丽·夏皮罗（Mary Shapiro）迅速宣布委员会将重新审议股东使用委托投票说明书提名董事机制问题。作为回应,一个商业利益联盟宣布它们打算挑战美国证券与交易委员会的权威。在它们看来,股东使用委托投票说明书提名董事机制问题属于商业圆桌会议作出的关于州法律和联邦法律之间边界的实质性决定（参见第一章）。

因此,股东使用委托投票说明书提名董事机制的支持者说服国会在《多德—弗兰克法案》中加入一项规定,申明美国证券与交易委员会有权采用股东使用委托投票说明书提名董事机制规则。[61]《多德—弗兰克法案》第971条并没有要求美国证券与交易委员会这样做。[62]另外,如果美国证券与交易委员会选择这样做,则《多德—弗兰克法案》第971条表示国会的意图是美国证券与交易委员会"应该在设定此类股东使用委托投票说明书提名董事机制的条款方面具有广泛的自由度"。[63]尤其是,第971条明确授权美国证券与交易委员会将"发行人或发行人类别"从任何股东使用委托投票说明书提名董事机制规则中豁免,并特别要求美国证券与交易委员会除其他因素外,还应考虑到"使用委托投票说明书提名董事机制"是否"不成比例地给小型公司带来负担"。[64]

---

[61]　Dodd-Frank § 971.

[62][63]　S.Rep. No.111—176, at 146(2010)（讨论股东使用委托投票说明书提名董事机制条款,然后讨论编号为第972条的规则）。

[64]　Dodd-Frank § 971(c).

如前所述,股东使用委托投票说明书提名董事机制是股东积极主义者的长期目标,尤其是对机构投资者群体而言。因此,第 971 条得到政策制定者〔如 CII,美国消费者联盟,加州公务员退休基金(CalPERS)和投资者群体(Investor s Working Group)〕的支持也就不足为奇了。[65]正如前美国证券与交易委员会委员保罗·阿特金斯(Paul Atkins)观察到的,"工会和特殊利益集团成功地游说国会将第 971 条纳入最近通过的《多德—弗兰克法案》中"。[66]他所确定的特殊利益群体是"政治上有权力的工会活动家、自我提名的股东权益倡导者,以及诉讼律师"。[67]

第 971 条可能是不必要的。如前所述,早在《多德—弗兰克法案》通过之前,美国证券与交易委员会关于股东使用委托投票说明书提名董事机制的规则制定程序已经非常先进,因此来自国会的施压是多余的。关于美国证券与交易委员会的权限问题,尽管商业圆桌会议认为美国证券与交易委员会缺乏监管股东投票权的实质权力,但反对者声称股东使用委托投票说明书提名董事机制属于实质性方面,这可能是错误的。相反,几乎可以肯定的是,股东使用委托投票说明书提名董事机制属于披露和流程领域,美国证券与交易委员会在这方面拥有不容置疑的权威。[68]然而,通过采用《多德—弗兰克法案》第971 条,国会确实先发制人,对即将出台的美国证券与交易委员会监管规定发起了挑战。

无论如何,当美国证券与交易委员会宣布最终采用新的规则第 14a-11条时,《多德—弗兰克法案》的墨迹还未干。[69]该规则将要求公司在其委托书材料中,除了现任董事会提名的候选人外,还应包括连续三年以上至少持有该公司 3%股份的股东的提名候选人。[70]股东只能提出一个少数董事会候选人提名,其中至少包括一位被提名人,或至多占公司董事会总人数的 25%

227

---

[65]　S. Rep. No.111—176, at 147(2010).

[66][67]　Paul Atkins, The SEC's Sop to Unions, Wall St. J., Aug. 27, 2010, at A15.

[68]　See Stephen M.Bainbridge, The Scope of the SEC's Authority Over Shareholder Voting Rights, Engage, June 2007, at 25(分析相关判例法和立法历史)。

[69]　Facilitating Shareholder Director Nominations, Exchange Act Rel. No. 62,764(Aug. 25, 2010).

[70]　Id. at 108.与 2003 年的提案相比,这是一个巨大的变化,该提案原本只允许发行公司 1%的股份持有人进行提名。See Jill E.Fisch, The Destructive Ambiguity of Federal Proxy Access 13(Feb. 23, 2011)("对于最大的公司来说,这一变化比最初提议的 1%门槛有了大幅提高")。http://papers.ssrn.com/sol3/papers.cfm?abstract_id=1769061. 另外,该规定允许各股东集团为达到 3%的门槛而合计持股。

（以较大者为准）。⑦奇怪的是，这一权利甚至适用于存在拥有足够投票权来选举整个董事会的控股股东公司中的少数股东。在美国证券与交易委员会研究其影响的同时，该规则将适用于小公司的时间被推迟了三年。⑦

与2003年提案一样，要根据规则第14a-11条提名个人，该个人必须符合证券交易所上市标准适用的独立于公司的定义。2003年的提案还考虑到，与提名的股东或团体相比，被提名人必须满足许多独立性标准（例如，没有家庭或雇用关系）。当时，美国证券与交易委员会显然担心，该提案将被用来任命特殊利益董事，这些董事将不会广泛代表股东的整体利益，而只能代表提名他们的股东的狭隘利益。相反，根据采用的规则，规则第14a-11条不包含此类要求。因此，存在一个非常现实的风险，即由股东提名的董事将自己视为其选举选民的代表而不是所有股东的代表。⑦

然而，反对派可能不会利用这条规则绕过委托书争夺来竞争控制权。披露的意图是寻求对公司控制的股东，可能不会使用该规则提名董事。同样，如果股东披露的意图是选举比规则授权的董事人数更多的董事，他们也不会使用该规则来提名董事。他们将不得不进行传统的委托书争夺。

多个股东可以提名候选人。在这种情况下，优先考虑的是持有发行人最大比例普通股的股东的被提名人。

与此同时，美国证券与交易委员会修改了规则第14a-8(i)(8)条。经修订后的新规则规定，如果提案具有以下特征，则该提案可能被排除在外：

> (1)将取消正在参加选举的被提名人的资格；(2)将在董事任期届满之前将其免职；(3)质疑一名或多名被提名人或董事的能力、业务判断或品格；(4)试图在公司的委托书材料中包括特定的个人，以供选举进入董事会；(5)其他可能会影响即将举行的董事选举的事项。

在通过这些修正案时，美国证券与交易委员会解释说，股东使用委托投票说明书提名董事机制章程细则不再自动被排除。相反，将股东使用委托投票说明书提名董事机制的权利扩大到更广泛的股东群体，或创建替代股东使

---

⑦ Exchange Act Rel. No.62,764, supra note 69, at 26.

⑦ Id. at 70—71.

⑦ 提名股东必须提交一份附表14N，以通知其有意根据该规则提名的候选人。披露声明必须包括有关提名股东与被提名人之间关系的信息（如果有的话）。17 C.F.R. §240.14n-101.信息披露至少会让其他股东考虑可能的利益冲突。

用委托投票说明书提名董事机制的章程细则是明确授权的。然而,股东提议取消或限制股东使用委托投票说明书提名董事机制的权利将是不被允许的。股东民主是一种奇怪的形式,它以扩大股东使用委托投票说明书提名董事机制权限为目的将股东视为成年人,但家长制地限制了他们对其进行限制的权限。

美国证券与交易委员会有缺陷的正当理由 229

美国证券与交易委员会为采用股东使用委托投票说明书提名董事机制提供了两种解释。首先,由于亲自出席年度股东大会的股东有权提名一名董事,因此该规则只是确保股东可以通过委托书系统行使该权利。换句话说,美国证券与交易委员会认为,该规则只是简单地实现了现有州法律权利。然而,事实上,美国证券与交易委员会的论点是错误的。一方面,在某些方面,该规则对股东权利的限制要比它理应实施的州法更为严格。另一方面,该规则创建了州法律中并不存在的新联邦权利。

就前者而言,委托书制度作为一个整体,已经比股东本人可能采取的措施更加严格了。规则第14a-11条只是延续了这种模式。例如,根据州法律,任何股东都可以在年度股东大会上提出提名,而不仅仅是那些在所有权门槛等问题上符合规则第14a-11条的人。[74]

至于后者,规则第14a-11条禁止对股东提名权进行限制,而州法律可能允许这些限制。[75]在 Harrah's Entertainment 有限责任公司诉 JCC 控股公司(Harrah's Entertainment,Inc. v. JCC Holding Co.)一案中,[76]副首席大法官斯特恩谈到了特拉华州法律在何种程度上允许对该权力进行限制:

> 由于提名权在公司治理体系中的重要性显而易见,因此特拉华州的法院一直不愿批准阻碍股东提名候选人能力的措施。简而言之,特拉华州法律承认"股东参与投票过程的权利包括提名反对派董事候选人的权利"。而且,"在竞选公司职位时投票的朴素权利……在没有参与选拔竞选者权利的情况下,是没有意义的。由于提名过程会限制所作出的选择范围,所以这是选举管理人员的基本步骤,也是决定选举结果的重要步骤。

---

[74][75] Fisch,supra note 70,at 19.
[76] 802 A.2d 294(Del.Ch. 2002).

在保持不公开选举的同时进行投票,会使前者成为空洞的运行实践"。⑦

但是,副首席大法官斯特恩继续解释说,事实上,一家公司可以选择退出默认的投票和提名的州法律规则,前提是该公司必须清晰并无歧义地这样做:

230 　　　据称,当公司章程被指控在法律的默认条款(例如,多数股份拥有选举新董事或制定章程修正案的权利)下包含对股东基本选举权利的限制时,有人说,这种限制"必须清晰并无歧义地"强制执行。⑦

因此,美国证券与交易委员会声称,股东提名和选举董事的权力是由州法律强加的,而且"不能讨价还价",这可能是错误的。

规则第 14a-11 条在何种程度上以新的联邦权利取代了州公司法,这是美国证券与交易委员会委员特洛伊·帕雷德斯(Troy Paredes)反对采用该规则的一个关键点。他解释说:"规则第 14a-11 条的不可变性与州法律相抵触。规则第 14a-11 条不仅限于增强股东行使州法律权利的能力,而是赋予股东一项新的实质性联邦权利,这种权利在许多方面与州公司法其他规定背道而驰。"⑦因此,在等式的两边,规则第 14a-11 条几乎不是一种促进股东行使州法律权利的手段。

美国证券与交易委员会的第二个理由是股东使用委托投票说明书提名董事机制将促进董事问责。⑧然而,事实上,由于股东使用委托投票说明书提名董事机制的作用是增加少数董事候选人名单的数量,尽管结果不确定,但其对公司治理的影响很可能类似于累积投票制。两者都会导致代表不同选区的董事会出现分裂。累积投票制的经验表明,多数股东席位与少数股东提名董事之间的对抗关系通常主导着这种分裂的董事会。

因此,股东使用委托投票说明书提名董事机制的可能影响不会是更好的治理。更有可能是人际冲突(而不是更有用的认知冲突)的增加。作为董

---

⑦　Id. at 310—311(省略引用)。

⑦　Id. at 310.

⑦　Troy Paredes, Comm'r, Sec. & Exch. Comm'n, Statement at Open Meeting to Adopt the Final Rule Regarding Facilitating Shareholder Director Nominations("Proxy Access")(Aug. 25,2010),http://www.sec.gov/news/speech/2010/spch082510tap.htm.

⑧　Fisch, supra note 70, at 18.

事会有效决策基础的基于信任的关系可能会减少。⑧¹大多数会前预选会议的使用也可能有所增加，而且流向整个董事会的信息流也会减少。不出所料，早期的研究表明，股东使用委托投票说明书提名董事机制会减少股东的财富。⑧²

委员帕雷德斯提出异议，他指出规则第 14a-11 条之前的其他研究削弱 231
了美国证券与交易委员会的立场：

> 这些混合的实证结果并不支持委员会的决定，即强加一个"一刀切"的使用委托书提名董事的最低标准。一些研究表明，增强公司问责制的某些方法（例如，交错董事会）可能会增加公司价值，但这些研究并没有专门测试股东使用委托投票说明书提名董事机制的影响。因此，委员会从这些数据中可以正确地推断出的内容是有限的，而且，无论如何，其他研究也显示出竞争性的结果。最近专门对股东使用委托投票说明书提名董事机制进行研究的经济学著述特别令人感兴趣，因为研究结果表明，股东使用委托投票说明书提名董事机制的成本可能超过潜在收益，尽管结果并不一致。股东使用委托投票说明书提名董事机制的净效果（无论好坏）似乎会根据公司的特定特征和情况而有所不同。
>
> 在我看来，采用这种对经济研究的处理方式是不公平的。这篇文章在就股东使用委托投票说明书提名董事机制所获得收益的质疑研究中花费了不少笔墨——批评了作者的方法，指出研究的结果易于解释，并警告不要从数据中得出"尖锐的推论"。与此形成对比的是，文章结论太容易为其所描述的支持规则制定的研究所包含，继而从中推断出来，好像这些研究是正确无误的，而实际上并非如此。⑧³

总而言之，股东使用委托投票说明书提名董事机制是糟糕的公共政策，没有得到实证数据和强大利益集团的支持。换句话说，这就是"庸医式"的公司治理。

---

⑧¹　Cf. Stephen M. Bainbridge, Why a Board? Group Decision Making in Corporate Governance, 55 Vand. L. Rev. 1, 35—38 (2002)（讨论信任与合作规范如何影响董事会内部的横向监督）。

⑧²⑧³　Ali C. Akyol et al., Shareholders in the Boardroom: Wealth Effects of the SEC's Rule to Facilitate Director Nominations (Dec. 2009).

美国证券与交易委员会遭遇挫折

2011年7月，当这本书付印之时，美国哥伦比亚特区上诉法院在商业圆桌会议和美国商会提起的诉讼中推翻了规则第14a-11条。* 即使美国证券与交易委员会显然有权采用该规则，但法院认为美国证券与交易委员会：

> 行为武断而多变的再次失败——就像最近在下述案例中的情况American Equity Investment Life Insurance Company v. SEC，613 F. 3d 166，167—168（D.C. Cir. 2010），以及在此之前的 Chamber of Commerce，412 F. 3d at 136案，均未能充分评估新规则的经济影响。在这里，美国证券与交易委员会不一致地和机会主义地表达了规则的成本和收益；未能充分量化某些成本或未能解释为什么无法量化这些成本；忽视了对预测判断的支持；自相矛盾；未能回应评论者提出的重大问题。

法院同意一些人的观点：即如果股东使用委托投票说明书提名董事机制被有效采用，董事会通常不仅具有反对股东提名的权利，而且有反对股东提名的职责：

> 美国律师协会联邦证券监管委员会评论道："如果董事会认定股东提名的候选人不如董事会独立提名委员会提名的候选人适当……那么董事会将受其受托义务的约束，而作出适当的努力来反对被提名人，就像现在的董事会在传统的委托书争夺中一样。"

法院还断然驳回了美国证券与交易委员会有关股东积极主义有利于公司业绩的主张——再次重复了股东权力倡导者的主张：

> 起诉人还坚持认为（我们也同意），美国证券与交易委员会得出结论认为规则第14a-11条将通过帮助选举持不同意见的股东提名人选来改

---

* 对此问题的细致讨论可参见李诗鸿：《从"美国证监会14a-11规则无效案"看董事提名权改革》，载《法学》2013年第5期。——译者注

善董事会业绩并提升股东价值,这是基于不够充分的经验数据得出的结论……委员会承认评论者提交的大量研究得出了相反的结论……例如,一位评论者提交了一份实证研究报告,该研究显示:"当持不同政见的董事赢得董事会席位时,这些公司在委托书争夺战之后的两年里,表现要比同行落后19%—40%。"*但委员会完全不赞成这些研究,"因为随后的研究提出了问题,研究作者承认了局限性,或其自身对研究方法或范围的担忧"。

取而代之的是,委员会完全依赖于两项相对没有说服力的研究,一项研究涉及"混合董事会"(其中包括一些持不同政见的董事)的影响,另一项涉及一般情况下的委托书争夺对股东价值的影响。**实际上,委员会"认识到 Cernich(2009)研究的局限性",并指出"其关于股东价值创造的长期研究结果难以解释"(Id. at 56, 760/3 n.911.)。鉴于公认的(以及最多的)"混合的"实证证据(id. at 56, 761/1),我们认为,委员会尚未充分支持其结论,即增加由股东提名的董事的选举的可能性,将导致董事会和公司业绩的改善,以及股东价值的提高……

233

法院同意一些人的观点,即某些机构投资者(最著名的是工会养老基金以及州和地方政府养老基金)将利用股东使用委托投票说明书提名董事机制渠道作为杠杆,以牺牲他人利益为代价获取私人收益。

尽管有所有权和持有要求,我们有充分的理由相信,有特殊利益的机构投资者将能够利用这一规则,而且正如不止一位评论者指出的那样,"公共和工会养老基金"是机构投资者,"最有可能利用股东使用委托投票说明书提名董事机制"……然而,委员会未能回应有关认为具有特殊利益的投资者——例如工会、州和地方政府,他们对工作的兴趣可能大于对股份价值的兴趣——会去追求自身利益的目标,而不是实现股东价值最大化的目标的评论,并且即使他们的提名候选人不太可能当选,

---

* Elaine Buckberg, NERA Econ. Consulting, & Jonathan Macey, Yale Law School, Report on Effects of Proposed SEC Rule 14a-11 on Efficiency, Competitiveness and Capital Formation 9(2009), available at www.nera.com/upload/Buckberg_Macey_Report_FINAL.pdf.

** Id. at 56, 762 & n.921(citing Chris Cernich et al., IRRC Inst. for Corporate Responsibility, Effectiveness of Hybrid Boards(May 2009), available at www.irrcinstitute.org/pdf/IRRC_05_09_EffectiveHybridBoards.pdf, and J.Harold Mulherin & Annette B.Poulsen, Proxy Contests & Corporate Change: Implications for Shareholder Wealth, 47 J.Fin. Econ. 279(1998)).

仍可能导致公司产生成本。

请注意,这段话是如何证明美国证券与交易委员会委员帕雷德斯(Pare-des)和凯西(Casey)在该问题上的观点的。

对于那些相信以董事会为中心的公司治理模式以及州法律在规范公司治理方面的主导地位的人来说,华盛顿特区巡回法院的意见是一个巨大的胜利。但这并不是故事的结局。在本书付印之际,尚不清楚美国证券与交易委员会下一步(如果有的话)会采取什么行动。显然,美国证券与交易委员会可以提出上诉,也可以回到制定规则的过程,然后再试一次。这两种情况都不足为奇。股东使用委托投票说明书提名董事机制是工会养老基金的主要目标,因此得到国会民主党人和委员会民主党成员的大力支持。

此外,还有一个私人秩序解决方案。那些想要通过使用委托投票说明书提名董事机制的股东可以根据规则第14a-8条提出提案,修改发行人的章程细则,以允许将股东提名的候选人包括在委托投票书中。

评估股东赋权

如我们所见,所有权和控制权的分离是州公司法的一个基本组成部分。尽管美国证券与交易委员会和国会偶尔会援引股东民主的言论,但直到最234 近,联邦法律仍未能真正赋予股东权力。相反,联邦法律通过阻止大型集团或有凝聚力的投资者集团的形成,间接地补充了所有权和控制权的分离。然而,《多德—弗兰克法案》及相关事态的发展,果断地让联邦政府倒向了股东积极主义人士一边。经过单独评估后,每一项声称的改革都被证明是值得怀疑的。本节从更广泛的视角出发,在基础公司治理理论的背景下评估整个股东赋权方案。[84]

---

[84] 读过作者早期著作《理论与实践中的新公司治理》(The New Corporate Governance in Theory and Practice)的读者会发现,这里的论点很熟悉。See Stephen M. Bainbridge, The New Corporate Governance in Theory and Practice 23—76, 201—236(2008)(讨论以董事会为中心的公司治理模式,并提出反对股东授权的理由)。由于支持以董事会而非股东会为中心的公司治理的理由,是建立在那部早期著作中所支持的"董事至上"模式之上的,因此,为了新读者的阅读便利,我们似乎有必要简要概括一下这一模式。那些熟悉我以前关于"董事至上"作品的读者不妨跳到下一节。

所有权用词不当

　　对股东权利的任何评估都必须首先确定这些权利的性质,这就需要对公司性质进行初步的调查。法律将公司视为一个人,实际上几乎拥有自然人的所有权利和权力,但这显然是拟制的。几个世纪前,瑟洛第一男爵兼英格兰大臣爱德华问道:"公司既没有灵魂可以被诅咒,又没有躯体可以被踢翻,难道你指望它有什么良心吗?"

　　许多人将公司视为国家的准公共机构,行使国家赋予的权力。在这种情况下,公司注册设立是国家授予的特权,作为回报,公司可能被要求追求公共利益。公司的这种所谓的特许权理论在 18 世纪和 19 世纪初可能是有意义的,当时立法机关必须为每个新公司通过单独的章程,并且大多数公司为公共目的服务,例如修建和运营道路、工厂、运河等。但是,在当今的法律环境中,普通公司注册立法允许仅通过向某些州官员提交公司章程并缴纳备案费和特许经权税的方式成立公司,并且实际上几乎所有公司都是为了追求私人利益而成立的,特许权理论受到广泛质疑。

　　特许权理论的主要替代方法将公司描述为一种私有财产。根据这种观点,公司是一种可以被拥有的东西。具体而言,许多观察员将股东视为公司的所有者。[85]例如,法学教授梅尔文·爱森伯格认为,股东拥有大多数所有权行为,例如"占有、使用和管理的权利以及获得收入和资本的权利"。[86]然而,事实上,股东拥有的是股票,代表着在清算时仅代表对公司净资产的比例性请求权,以及享有董事会不时宣布的按比例分配的股息的权利以及有限的选举权。[87]公司股东无权以单独或集体方式使用或占有公司财产。股东无权指挥公司的商业事务。相反,法律规定管理权仅分配给董事会以及董事会适当授权的人员。事实上,鉴于占有权和控制权是财产权的标志,根据上面讨论的法定制度,与股东相比,董事会更有资格被认定为公司

235

---

　　[85]　在此,我省略了有关非股东利益相关者被视为对公司拥有类似所有权的权利的相关理论的讨论。

　　[86]　Melvin A. Eisenberg, The Conception That the Corporation Is a Nexus of Contracts, and the Dual Nature of the Firm, 24 J. Corp. L. 819, 825(1999).

　　[87]　Cf. W. Clay Jackson Enters. v. Greyhound Leasing & Fin. Corp., 463 F. Supp. 666, 670(D.P.R. 1979)(holding that "even a sole shareholder has no independent right which is violated by trespass upon or conversion of the corporation's property").

的所有者。⑧

　　所有这些理论的共同问题是,将公司视为某种类型的实体是一种具体化,这是将抽象视为真实事物的谬论。诚然,具体化在语义上是有用的。它允许我们使用一种简约表达法。说通用汽车这样做比尝试描述实际发生的复杂过程要容易得多。然而,进行修正可能很危险。当我们将公司描述为法人实体或具有所有权的事物时,我们忽略了这样一个现实,即公司不仅由资产集合构成,而且还由在企业中拥有不同利益的人们之间的关系组成。

　　确实,由于这些资产只有在被人们使用时才具有价值,所以公司被正确理解为人与人之间的一系列关系。因此,许多公司法律和治理专家都将公司视为契约的联结。这些所谓的"合同制人"不将公司视为实体,而是将其视为共同行动以生产商品或提供服务的各种利益相关者的集合。员工提供劳动力,债权人提供债务资本,股东最初提供股本资本,然后承担亏损风险并监督管理层的表现。管理层负责协调公司所有利益相关者的活动。因此,从契约论者的角度来看,公司并不是一个实体,而是一个在构成公司的各种投入要素之间的构建权利和义务的显性和隐性契约的联结或网络。⑧⑨

　　因此,所有权的概念与公司的本质是不一致的。所有权意味着能够被拥有的东西。但是,就公司而言,根本就没有能够被拥有的实体或事物。股东只是与公司签订契约的众多利益群体之一,这本身就是一种法律拟制。当然,由于股东拥有公司资产的剩余索取权,因此他们与公司的契约具有某些类似所有权的权利,包括投票权以及董事和高管的受托义务。即使如此,由于该契约体现在州公司法和公司的组织文件中,股东也只有契约规定的权利。

　　即使单个股东(或一个具有凝聚力的集团)拥有公司大部分有表决权的股份,这种判断仍然是正确的。诚然,基于他们选举和罢免董事的能力,这种拥有控制权属性的所有权赋予了股东实质性的实际控制权,但从法律上讲,这仍然没有赋予这些股东所有权或管理权。实际上,此类股东为行使此类权利所做的努力,很可能构成控股股东违反信义义务的行为。在控股股东有不

---

　　⑧　See Manson v. Curtis, 119 N.E. 559, 562(N.Y. 1918)说明"执行职务的董事拥有公司的财产,并以任何方式采取行动,就好像他们拥有该财产一样"。

　　⑧⑨　需要明确的是,我在这里使用的"契约"一词的含义不同于法律或普通用语中的用法。在此,我不再将此术语局限于构成法律契约的那些关系,而是指创建、修改或转让资产产权的任何过程。在这个意义上,股东和债权人之间的关系是契约关系,例如,即使没有一个正式的法律文件,我们也可以将其确定为具有法律约束力的契约,以使两个主体之间相互依存。

当行为的适当情况下,董事会很可能对少数股东负有受托责任,应采取措施稀释多数股东的控制权(如发行更多股票)。[90]如果绝对多数表决制中的控制权等同于所有权,那么上述判断就毫无意义。

为什么要把所有权的剩余索取权和控制权分开?

我们调查的下一个合乎逻辑的步骤是询问为什么股东的契约剥夺了他们有意义的控制权。通常来说,这被称为所有权和控制权的分离。正如刚才所讨论的,将所有权的剩余索取权和控制权分开是更准确的说法,因为股东不是公司本身,而是拥有证券的人,其主要权利是在所有其他利益相关者的债权得到满足后,对剩余资产的索取权。然而,为了语义上的方便,我们将使用常规措辞作为简约表达的参考。

首先,我们必须认识到,美国的公司治理从一开始就以董事会为中心,而不是以股东为中心的。"银行和内战前时期的其他公开发行公司,包含了今天大公司的基本要素:一个三权分立的内部治理结构,一个分散持股、分离所有权和控制权的股票市场,以及倾向于专职管理人员集中管理,并且减少外部董事对管理的参与。"[91]因为从未有过控制权和所有权统一成为美国公司的主要特征的时代,我们可以由此出发提出这样的观点,即所有权和控制权的分离不是公司设计的缺陷,而是其基本特征。因此,我们的调研可以集中在以下问题上:所有权和控制权的分离赋予公司形式什么样的生存价值。

所有权和控制权分离是必不可少的,因为公司形式需要一个拥有法令权力的中央决策机构。这种说法源于罗纳德·科斯(Ronald Coase)的见解,他认为,当可以用企业家命令代替市场价格机制时,企业就会出现。[92]通过建立一个与命令权力相联系的中央决策者,该公司因此用事后治理代替事前契约。

现在的调研从科斯转向肯尼思·阿罗的著作。后者将治理安排描述为在"共识"与"权威"之间的光谱体系。[93]基于权威的决策结构的特征在于,存

237

[90] See, e.g., Delaware Chancellor Allen's opinion in Mendell v. Carroll, 651 A.2d 297, 306(Del. Ch. 1994),他在其中建议,董事会可以"对大股东动用公司权力",以防止控股股东"严重违反信义义务的威胁"。

[91] Walter Werner, Corporation Law in Search of its Future, 81 Colum. L. Rev. 1611, 1637(1981).

[92] Ronald Coase, The Nature of the Firm, 4 Economica(n.s.) 386(1937).

[93] Kenneth J. Arrow, The Limits of Organization 63—79(1974).

在一个中央办公室,它被授权作出对整个公司具有约束力的决策。当组织的利害关系人有不同的利益和信息访问权限时,通常会采用这种结构。公众公司既满足了这两个条件,又增加了一系列集体行动问题,这些问题也可以通过依靠权威而不是共识来缓解。

在与成千上万的股东打交道时,克服集体行动的问题将是困难和昂贵的,当然,如果不是不可能的话。正如城市变得太大而无法由新英格兰式的城镇会议来管理一样,公司也是如此。然而,即使在成千上万的决策者之间达成共识的纯粹机械困难可能得以克服,股东也缺乏就运营或政策问题作出合理决策所需的信息和激励。尽管新古典经济学假设股东以财富最大化为目标而进入公司,而且很可能是这样做的,但是一旦引入了不确定性,如果股东对于在哪条道路将使股票价值最大化没有任何意见分歧,那将是令人惊讶的。而更常见的情况是,股东投资的时间范围可能从短期投机到长期买入和持有的策略不等,这进而可能导致对公司战略上的分歧。更常见的是,不同纳税等级的股东可能会在诸如股息政策等问题上产生分歧,就像股东对允许管理层将公司的自由现金流投资于新项目的好处存在分歧一样。

就阿罗(Arrow)的信息状况而言,股东缺乏收集必要信息以积极参与决策的动机。只有在预期的收益大于成本时,理性的股东才会花费必要的精力作出明智的决策。考虑到公司披露文件的篇幅和复杂性,作出明智决策所涉及的机会成本既高昂又显而易见。相反,由于大多数股东持股太少而无法对投票结果产生重大影响,因此获得信息的预期收益非常低。公司股东因此变得理性冷漠。心怀不满的股东通常不行使自己的投票权,而是采用所谓的"华尔街规则"(换股比争斗更容易)并卖光所持股份。

在这种情况下,"将所有信息传输到一个中心位置,让中心办公室集体做出筛选后再传输它",而不是重新传输作为决策依据的所有信息,"这样做成本更低,效率更高"。㉔因此,股东将倾向于不可撤销地将决策权下放给一些较小的团体,也就是董事会。

委托—代理问题

正如我们在美国证券与交易委员会提出的股东使用委托投票说明书提名董事机制正当性中看到的那样,股东赋权的支持者声称,这是所有权和控

㉔ Arrow, supra note 93, at 68—69.

制权分离产生的委托—代理问题的一种必要约束。人们可以承认这种委托—代理问题的存在，但不必承认赋予股东权力是一种适当的对策。首先，企业管理者在一个广泛的问责机制网络中运作，这种问责机制取代了剩余索取权人的监督。资本市场和产品市场、内部和外部就业市场以及公司控制市场都限制了公司代理人的卸责行为。其次，代理成本是将最终的决策权交给剩余索取权人以外的其他人的必然结果。我们可以通过消除酌处权，从而大幅降低代理成本。我们不这样做就意味着酌处权具有实质性的优点。

　　为了发展完整的公司理论，既不能忽视拥有权力行使酌处权的中央机构的必要性，也不能忽视确保负责任地使用这种权力的必要性。[95]

　　然而，不幸的是，上述期待及观点在根本上存在对立。因为追究责任的权力与决策的权力只在程度上有不同，并没有性质上的差异，因此，在拥有一种权力更多的情况下，意味着拥有的另一种权力就更少了。

> 　　问责机制必须能够纠正错误，但不应破坏权威的真正价值。显然，一个足够严格和持续的问责机制很容易构成对权威的否定。如果 A 的每一个决策都要经过 B 的审查，那么我们所能做的就是把权力中心从 A 转移到 B，从而无法解决最原始的问题。[96]

　　因此，要追究董事的责任，就必须削弱他们的酌情决定权。

　　这种见解的预测能力在许多法律学说和治理结构中得到了证明，这些法律学说和治理结构解决了权威与问责制之间的紧张关系，且都倾向于支持前者。例如，考虑一下法院为商业判断规则提供的正当性理由：

> 　　为了鼓励董事采取行动自由，或者换句话说，为了阻止对他们进行自由和独立判断的干预，已经形成了所谓的"商业判断规则"。"有关管理政策、合同或行动的权宜性、对价的适当性、为促进公司利益而合法占用公司资金等问题，只能由他们诚实无私的决策来决定，因为他们的权力不受限制并且不受约束，并且只要是为了公司的共同和一般利益行使他们的权力，尽管结果表明他们所做的是不明智或不适当的，他们

---

　　[95]　Michael P. Dooley, Two Models of Corporate Governance, 47 Bus. Law. 461, 471 (1992).

　　[96]　Arrow, supra note 93, at 78.

的行为也可能免受质疑。"⑰

美国特拉华州最高法院在其主要的范戈科姆(Van Gorkom)案判决中有一段话也作出了类似的解释,然而这段话没有受到应有的重视:

> 根据特拉华州法律,商业判断规则是《特拉华州普通公司法》第141(a)条中规定的基本原则的产物,即特拉华州公司的业务和事务由其董事会管理或隶属于其董事会⋯⋯商业判断规则的存在是为了保护和促进授予特拉华州董事的管理权力的充分和自由行使。⑱

换句话说,就像许多公司法一样,商业判断规则的存在是为了保护董事的首要地位,它允许在没有恶意或自我交易的情况下,权威凌驾于问责制之上。

平衡权威和问责制

反对赋予股东权力的主要论点不可避免地遵循以下这一分析思路。公司形式之所以成功,是因为它提供了一种科层制的决策结构,非常适合于管理一个拥有众多雇员、经理、股东、债权人和其他投入的大型企业。在如此复杂的公司里,必须有人负责:"在信息广泛分散且需要快速决策的情况下,战术层面的权威控制对于成功至关重要。"⑲

负责起草被广泛采用的商业公司法范本的美国律师协会公司法委员会,最近肯定说:"通过集中管理来配置多样化的投资者资本,可以最大限度地提高美国企业为长期财富创造作出贡献的能力。"⑳正如委员会所解释的那样,"以董事会为中心"的模式为股东提供了"定期选举董事会成员的机会,但是在董事任期内,根据每位履行其受信义务的董事的决策,董事会有权行

241

---

⑰ Bayer v. Beran, 49 N.Y.S.2d 2(1944)(引用省略)。

⑱ Smith v. Van Gorkom, 488 A.2d 858(Del. 1985).

⑲ Id. at 69.

⑳ Committee on Corporate Laws of the American Bar Association Section of Business Law, Report on the Roles of Boards of Directors and Shareholders of Publicly Owned Corporations 4(2010), http://www.abanet.org/media/nosearch/task_force_report.pdf.

使权力以指导和监督董事会对公司最有利的愿景的追求"。[100]因此,尽管起草人承认在政治上需要对股东积极主义作出一些让步,但他们也重申了该法案的基本承诺,即赋予公司"在董事会而非股东指导和监督公司管理层的权力"。[102]

作为其以董事会为中心的方法的理由,委员会认为:

> 如果公司由股东直接管理,而管理层的行为是股东经常审查和决策的主题,依赖管理团队的能力将被削弱,在许多情况下,管理人员的时间和精力将从旨在为公司追求可持续经济利益的活动上转移走。例如,宝贵的董事会时间可能不得不被用来处理特定股东提出的全民公决事项,这些股东可能与其他股东的利益有分歧,或者除了可持续的经济利益之外还有其他利益。此外,由于股东之间或公司之间通常不承担彼此的受信责任,因此,股东的这种权力不会伴随相应的问责制。[103]

总之,鉴于酌处权的重大优点,不应以问责制名义轻易干预管理层或董事会的决策权。确实,这一主张应该更强有力:保留管理酌处权始终应该是默认的推定。由于美国公司法规定的所有权和控制权的分离恰恰具有这种效果,因此,通过限制股东审查大多数董事会决策并且用他们的判断代替董事会的决策,这种分离具有很强的效率正当性。

机构投资者的崛起

当我们考虑到机构投资者的崛起时,上述分析是否会改变? 自 1990 年代初以来,各种治理积极主义人士和学者都认为,机构投资者的公司治理活动正成为委托—代理问题的一个重要制约因素。

理　　论

242

他们认为,机构投资者对待公司治理的方式与个人投资者截然不同。由于机构通常比个人拥有更大的股份,而且它们有动力发展在投资决策和监管方面的专业技能,因此机构投资者在公司治理方面应该比散户投资者发挥更

---

[100][102][103]　Id.

积极的作用。这些机构获得更多的公司信息,加上它们集中的投票权,应使它们能够更积极地监督公司的业绩,并在业绩落后时改变董事会的组成。因此,将所有权集中在机构投资者手中可能会减少董事卸责行为,从而降低代理成本。

<h2 style="text-align:center">实 践</h2>

在 1990 年代,上述假设最终可能变成现实的论断似乎是可信的。机构投资者日益主导着美国股票证券市场。与早期相比,他们在公司治理中也开始发挥更加积极的作用:更加重视投票权,并使用委托书制度来捍卫自己的利益。他们开始投票反对管理层提出的收购防御,并支持建议删除现有收购防御的股东提案。许多机构也不再定期投票重新选举现任董事。不太明显的是,机构通过与管理层的谈判影响了业务政策和董事会组成。尽管机构投资者的积极主义可能会产生微弱的影响,这一点似乎毫无疑问,然而,问题仍然是,这种影响是否将不仅仅是微不足道的。

到 1990 年代末,上述问题的答案似乎是否定的。一项全面的调查发现,相对而言,很少有证据表明股东积极主义很重要。[104]即使是最活跃的机构投资者,在公司治理活动上也只投入了很少的金钱。机构很少致力于监督管理;相反,它们通常否认有能力或意愿决定公司特定的政策问题。它们很少进行委托书征集或提出股东提案。它们没有谋求选举董事会代表。它们很少协调它们的活动。最重要的是,对美国机构投资者行动主义的实证研究发现,"没有强有力的证据证明公司绩效与机构所持股份比例之间存在相关性"。[105]

如今,机构投资者的积极主义行为仍然罕见。它主要涉及工会、州和地方公职人员养老基金。史蒂芬·崔(Stephen Choi)和吉尔·菲什(Jill Fisch)在 2008 年发表的一项重要研究发现,许多公共养老基金的积极主义行为采取的是证券欺诈诉讼方式,而不是公司治理活动的形式。[106]除了一些显著例

243

---

[104] Bernard S.Black, Shareholder Activism and Corporate Governance in the United States, in The New Palgrave Dictionary of Economics and the Law 459(1998). 由于股票市场上个人直接投资的复苏,至少部分是受到当日交易现象和科技股泡沫的推动,机构主导的趋势停滞不前。单个投资者持有的大宗股票仍然罕见。很少有美国公司的机构股东持有超过 5%到 10%的股份。

[105] Id. at 462.

[106] Stephen J.Choi & Jill E.Fisch, On Beyond CalPERS: Survey Evidence on the Developing Role of Public Pension Funds in Corporate Governance, 61 Vand. L. Rev. 315(2008).

外,多数基金不参与诸如提名董事或提出股东提案之类的核心治理活动。崔和菲什得出结论,他们的"研究结果提供了对所谓的机构积极主义所承诺的前景持怀疑态度的理由"。[107]

甚至机构也是理性冷漠的

成本—收益分析表明,对于大多数机构投资者而言,股东积极主义并不值得一试。在等式的成本方面,监督费用显得特别巨大。因为不可能事前预测哪些公司将从积极主义投资者的关注中受益,所以积极主义者必须不断地监督其投资组合中的所有公司。此外,由于公司披露的信息很少能全面反映公司的发展前景,因此积极主义者不能仅仅满足于仔细阅读披露文件,以发现问题的迹象。相反,必须建立昂贵的直接监督机制。由于许多机构投资者持有数百甚至数千家公司的股票投资组合,这种机制的总成本将非常可观。导致投资组合的构成迅速变化,许多基金的高换手率进一步加剧了这个问题,需要不断创建新的监控机制来应对新的持股。

然而,监督成本只是积极主义机构进入的代价。一旦他们确定了问题公司,就必须采取措施解决问题。在某些情况下,积极主义机构提出改变游戏规则的建议可能就足够了,但是较难处理的问题将需要采取更极端的补救措施,例如罢免现任董事会。

在所有权归属分散的上市公司中,此类措施必定需要其他股东的支持,这使得股东反对效率低下但根深蒂固的管理者是一项成本高昂且困难的任务。组成一个成功的联盟,除了其他外,还将需要与其他投资者沟通的现成机制。不幸的是,美国证券与交易委员会关于委托书征集、股票所有权披露和控股股东责任的规则长期以来一直阻碍了沟通和集体行动。尽管1992年的美国证券与交易委员会规则修正案在某种程度上降低了采取集体行动的障碍,但重要的障碍依然存在。

给机构投资者或其团体发起积极主义运动的成本设定一个精确的数额显然是困难的。这将取决于诸如采取行动的形式、目标的规模、目标管理层抵制的程度等因素。然而,一项旨在估算一个积极主义者进行一次委托书争夺的成本的研究发现,平均竞选费用为1 050万美元,这等于积极主义投资者平均持有的股份价值的12%。[108]因此,积极主义运动的成本在绝对意义上

---

[107]　Id. at 318.

[108]　Nickolay M.Gantchev, The Costs of Shareholder Activism: Evidence from a Sequential Decision Model 4(April 2010).

是巨大的,尤其是相对于积极主义者的平均投资回报而言。

在谈到等式的收益方面,股东积极主义的回报可能很低。由于必须监督许多公司,并且由于对单个公司进行仔细的监督成本高昂,因此机构行动主义很可能将重点放在危机管理上。然而,在许多危机中,机构行动主义不太可能奏效。在某些情况下,干预将为时已晚。在其他情况下,该问题可能被证明是棘手的,因为技术变革削弱了公司的竞争地位。

即使在行动主义可能会带来收益的地方,也只有部分收益归积极主义者所有。假设这家陷入困境的公司拥有 110 股流通股,目前的交易价格为每股 10 美元,其中潜在的积极主义者机构拥有 10 股。该机构正确地认为,如果公司的问题得以解决,公司的股票价值将升至 20 美元。如果该机构能够改变公司政策,那么当其股价上涨以反映该公司的新价值时,其 10 股将产生 100 美元的账面收益。不过,所有其他股东也将自动获得按比例分配的收益。[109]结果,积极主义者机构向其他股东无偿提供了 1 000 美元的收益。

245　　换句话说,机构行动主义带来的收益是一种公共物品。它们的生产成本很高,但是由于不能排除其他股东按股份比例的受益,它们属于非竞争性消费品。与其他任何公共产品一样,对股东来说存在一种诱惑,让他们搭上那些创造良好业绩的人的便车。

诚然,如果股票继续集中在大型机构投资者的手中,那么行动主义带来的收益将出现边际增长,而成本将出现边际下降。[110]然而,行动主义的大幅增加似乎不太可能实现。大多数机构投资者竞相吸引小投资者的储蓄或大赞助商的赞助,如企业养老金计划。在这场竞争中,优胜者通常是那些相对绩效较好的机构,这使得机构高度重视成本。[111]适用于许多资产管理公司的业绩指标加剧了这一问题。与其他经理获得的回报相比较,投资经理的评估通常以短期回报(主要是季度回报)为基础。[112]这使得基金经理在比其他情况下更加注重成本。

鉴于行动主义很少会产生收益,而且当这种收益发生时,积极的和消极

---

　　[109] 人们可以合理地期望机构通过寻求私人利益来解决这个问题,这使得投资者行动主义变得不那么有吸引力。See infra text accompanying notes 115—119.

　　[110] Edward Rock, The Logic and Uncertain Significance of Institutional Investor Activism, 79 Geo. L.J. 445, 460—463(1991).

　　[111] Id. at 473—474.

　　[112] Simon C.Y.Wong, Why Stewardship is Proving Elusive for Institutional Investors, Buttersworth J.Int'l Bank. & Fin. L., July/Aug. 2010, at 406, 406—407.

不作为的股东收益都将被分配,因此对于成本意识强的基金经理来说,承担股东行动主义所带来的费用几乎是没有意义的。相反,他们将保持被动,寄希望于搭别人的行动主义便车。与其他搭便车的情况一样,由于每个人都受制于并且很可能屈服于这种诱惑,因此,所讨论的商品(这里是股东行动主义)被产出的可能性很低。

这一点在数量不断增长的被动管理指数基金身上表现得尤为明显。指数基金往往特别注重成本,因为它们几乎只在压低费用并尽可能密切地追踪其指数两方面展开竞争。鉴于此类基金的业务模式,将资源投资于治理行动主义毫无意义。

即使从成本—收益的角度来看,行动主义是有道理的,企业管理者也很有可能买通大多数试图充当监督者的机构投资者。银行信托部门是一类重要的机构投资者,但不太可能成为行动主义者,因为其母公司银行经常与据称将要监管的公司建立或预期建立商业贷款关系。同样,保险公司"作为向公司提供保险产品、养老金计划和其他金融服务的提供者,有理由不去开展公司治理活动,然后被收买"。[113]

其业务包括为企业管理私人养老基金的共同基金家族也受到同样的关注。一项2010年的研究调查了共同基金如何在与高管薪酬有关的股东提案上进行表决,以及基金家族与目标公司之间的养老金管理业务之间的关系。2010年的一项研究考察了共同基金对股东提案的投票情况与基金家族和目标公司之间的养老金管理业务之间的关系。作者得出的结论是,这种联系会影响基金经理在客户和非客户投资组合公司中与公司经理一起投票,而不是与股东行动主义者一起投票。[114]与非客户公司的管理层一起投票的动机,想必是出于吸引新业务并向现有客户发出忠诚度信号的愿望。

由于许多类别的机构投资者因此被淘汰出潜在的行为主义者范畴,我们主要剩下的是工会、州和地方养老基金,实际上,它们在公司治理问题上通常是最活跃的机构。[115]然而,对于行动主义机构投资者的支持者而言,不幸的是,这些机构恰恰是最有可能利用自身地位进行自我交易,或以其他方式获

[113]　Mark J.Roe, Strong Managers, Weak Owners: The Political Roots of American Corporate Finance 62(1994).

[114]　Rasha Ashraf et al., Do Pension-Related Business Ties Influence Mutual Fund Proxy Voting? Evidence from Shareholder Proposals on Executive Compensation(November 23, 2010), http://ssrn.com/abstract=1351966.

[115]　See Randall S.Thomas & Kenneth J.Martin, Should Labor Be Allowed to Make Shareholder Proposals?, 73 Wash. L. Rev. 41, 51—52(1998).

得与其他投资者无法分享的私人利益的机构。例如,对于工会和公共养老基金根据规则第14a-8条发起的提案,罗伯塔·罗曼诺指出:

> 通过至少发起一些股东提案,一些投资者很可能从中获得私人利益。倡议者身份的差异(公共和工会基金占主导地位,与私营部门基金相比,它们无需争夺投资者的资金)强烈暗示了它们的存在。提案发起人可能会不成比例地关注潜在利益的例子包括工会基金经理期望的劳工权利方面的进步,公共养老基金经理的政治声誉得到提高以及个人就业的发展……由于此类职业问题(增强政治声誉或随后的就业机会)无法为私募基金经理提供相应的收益,因此我们认为它们没有参与投资者的行动主义。⑯

247　　罗曼诺提到的这类令人不安的事件有好几起。例如,在2004年,加州公务员退休基金(CalPERS)组织了一次委托书争夺战,罢免了喜互惠(Safeway)的CEO兼董事长史蒂文·伯德(Steven Burd)。当时,喜互惠正与美国食品和商业工人联合会进行激烈的集体谈判。事实证明,加州公务员退休基金是按照美国食品和商业工人联合会执行董事肖恩·哈里根(Sean Harrigan)的要求行事的,当时他也兼任加州公务员退休基金董事会主席。⑰这也不是孤立的例子。仅在2004年,工会养老基金试图罢免董事或高管,或以其他方式影响公司政策的就有200多家公司。⑱据报道,工会养老基金还尝试了股东提案,以获得它们无法通过谈判获得的员工福利。⑲

公务员退休基金很容易被用作推进与股东利益通常无关的政治/社会目标的工具。例如,据报道,加州公务员退休基金十年中期的行动主义"部分是由于加州财政部长兼加州公务员退休基金董事会成员菲尔·安吉利德斯(Phil Angelides)的政治野心推动的",他计划于2006年竞选加利福尼

---

⑯　Roberta Romano, Less Is More: Making Shareholder Activism A Valued Mechanism Of Corporate Governance, 18 Yale J.Reg. 174, 231—232(2001). 当然,所有这些都不能否认,工会、州和地方养老基金通常也具有与投资者普遍相同的利益。See Stewart J.Schwab & Randall S.Thomas, Realigning Corporate Governance: Shareholder Activism by Labor Unions, 96 Mich. L. Rev. 1020, 1079—1080(1998).

⑰　Iman Anabtawi & Lynn Stout, Fiduciary Duties for Activist Shareholders, 60 Stan. L. Rev. 1255, 1258—1260(2008).

⑱⑲　Stephen M.Bainbridge, Flanigan on Union Pension Fund Activism, available at http://www.professorbainbridge.com/2004/04/flanigan_on_uni.html.

亚州州长。⑳也就是说,安吉利德斯利用加州公务员的退休金来达到自己的政治目的。

可以肯定的是,与任何其他代理成本一样,管理层愿意向机构投资者支付私人利益的风险是将酌处权授予董事会和管理人员的必然结果。它不会迫使我们得出这样的结论,即我们应该限制董事会的权力。然而,这确实表明,我们不应该赋予投资者更大的杠杆,以通过进一步赋予他们权力来获取这些利益。

徒劳无功的努力 *

至此的分析表明,机构投资者行动主义的成本可能超过这种行动主义在解决委托—代理问题上可能带来的任何好处。然而,即使假设成本—收益分析的结果是相反的,行动主义机构投资者也不能解决委托—代理问题,而只是重新定位了问题所在。 248

绝大多数大型机构投资者管理着小型个人投资者的集合储蓄。从治理的角度来看,这种机构与公司之间几乎没有区别。例如,投资公司股份的持有人对公司受托人选举的控制,并不比散户投资者对公司董事选举拥有更多的控制权。因此,基金股东表现出与公司股东相同的理性冷漠。前美国证券与交易委员会共同基金监管官员凯瑟琳·麦格拉思(Kathryn McGrath)指出:"很多基金股东都讽刺性地拿走了旧的委托书,然后扔进了垃圾箱。"⑫因此,委托书制度"让基金股东为他们似乎不感兴趣的权利付出代价"。⑫确实,麦克格拉思(McGrath)女士承认,她本人经常将个人投资的委托书扔进"待办事项"中,"我没有时间去看,或者当我看的时候,截止日期已经过去了"。⑬与公司股东相比,这些股票的持有者也没有更多的机会获得有关他们所持股份的信息,也没有更大的能力监督那些管理他们所持股份的人。此外,尽管个人投资者在公司股票方面可以始终遵守华尔街的规则,但是对于非自愿性

---

⑳　Stephen M.Bainbridge, Pension Funds Play Politics, Tech Central Station, April 21, 2004, available at http://www.techcentralstation.com/042104G.html.

*　原文为"Rearranging the deck chairs on the Titanic",即"在泰坦尼克号上重新布置躺椅",通常用来形容面对即将来临的灾难的徒劳行动。这个词最初是在1969年的《时代》杂志上出现的,用于提及天主教会的改革。——译者注

⑫⑫⑬　Karen Blumenthal, Fidelity Sets Vote on Scope of Investments, Wall St. J., Dec. 8, 1994, at C1, C18.

缴费型养老金计划等投资,则不能这样做。

对于工会、州和地方政府雇员养老金的受益人来说,这一问题尤为突出。正如我们所看到的那样,管理此类基金的人可能经常将自己的个人或政治议程置于基金受益人的利益之上。因此,受到直接政治控制的养老基金往往财务业绩不佳,也就不足为奇了。[124]

对冲基金和私募股权公司呢?

对冲基金和私募股权基金的股东行动主义在许多方面与其他机构投资者不同。行动主义者养老基金通常是被动反应的,当它们认为(或声称认为)某家投资组合公司表现不佳时,就会进行干预。相比之下,对冲基金的行动主义者通常是主动出击的,找出确定可以改善其业绩的公司,然后对其进行投资。[125]结果,对冲基金行动主义的形式和目标都与其他机构不同,其行动主义的程度也不同。

罗宾·格林伍德(Robin Greenwood)在 2007 年进行的一项研究确认了对冲基金的影响越来越大:

> 1994 年至 2006 年间,对冲基金瞄准的表现不佳的上市公司数量增长了 10 倍以上。
>
> 更重要的是,对冲基金也许能胜任监督管理层的任务,最近的许多学术论文发现,对冲基金宣布买入后可产生超过 5% 的回报,这表明投资者认为这些基金将增加其目标公司的价值。[126]

但这些基金是否通过实施治理或运营变革来创造价值? 格林伍德认为,对冲基金经理通常不适合制定经营性业务决策,并且以其短期关注为重点目标,不太可能"将时间和精力花在一项能够带来长期价值的任务上"。毕竟,我们无法保证付出的努力一定会得到回报,也无法保证其他股东会通过支付

---

[124] Roberta Romano, Public Pension Fund Activism in Corporate Governance Reconsidered, 93 Colum. L. Rev. 795, 825(1993).

[125] Marcel Kahan & Edward B.Rock, Hedge Funds in Corporate Governance and Corporate Control, 155 U. Pa. L. Rev. 1021, 1069(2007).

[126] Robin Greenwood, The Hedge Fund as Activist, HBR Working Knowledge, Aug. 22, 2007.

更高的每股价格来认识到价值的增长。

　　相反,对冲基金的利润主要来自公司控制权的交易,而非公司治理活动。长期以来,像 KKR 这样的私募股权基金一直是活跃的收购者。例如,在1980 年代,在围绕 RJR 纳贝斯克(RJR Nabisco)的争夺战中,KKR 是出了名的"野蛮人"。[127]然而,最近的私募股权收购简直是爆炸式增长。已宣布的私募股权交易的美元价值从 2003 年第一季度的不足 500 亿美元增至 2007 年第二季度的 4 000 亿美元。[128]2007 年中期的信贷危机给私募股权交易踩了刹车,但长期基本面继续有利于私募股权在公司控制权市场中发挥积极作用。

　　当然,对冲基金通常不寻求收购目标公司,而是寻求使目标公司发挥作用,以便当其他人购买目标时,该基金就能从所持股份中获利。如果这一目标被成功实施,股价就会上涨,吸引套利者和其他短期投机者,他们对管理层施加巨大压力以达成交易。在某些情况下,除非价格或其他重要条件得到改善,否则持有目标股票的对冲基金也可能通过拒绝支持交易或威胁诉讼来积极干预未决交易。[129]在某些情况下,持有目标公司股票的对冲基金也可能通过拒绝支持交易或威胁提起诉讼的方式,积极干预待决交易,除非价格和其他重要条款得到改善。如果交易成功,中标者通常要比目标股票出价前的市场价格多支付 30%到 50%的溢价,有时甚至更高。上述操作是由对冲基金先发起的——因此其将以大量溢价出售其股票。

　　相反,如果对冲基金持有潜在收购者的股份,则它可能会试图完全阻止这笔交易的发生。对收购公司股票业绩报告的研究结果涵盖从无统计学意义的股价影响到具有统计意义的重大损失。[130]据估计,在所有收购交易中,有一半出价过高。意识到这一风险后,私募股权持有人有时会试图阻止收购方向前迈进。[131]

　　格林伍德认为,选择控制权而不是治理行动主义是有道理的,因为"对冲

[127]　Bryan Burrough & John Helyar, Barbarians at the Gate: The Fall of RJR Nabisco (1990).

[128]　Grace Wong, Buyout Firms: Pain Today, Gain Tomorrow, CNNMoney.com. Sept. 27, 2007.

[129]　See, e.g., Marcel Kahan & Edward B. Rock, Hedge Funds in Corporate Governance and Corporate Control, 155 U. Penn. L. Rev. 1021, 1037—1039(2007)(引用示例)。

[130]　See, e.g., Julian Franks et al., The Postmerger Share-Price Performance of Acquiring Firms, 29 J. Fin. Econ. 81(1991).

[131]　Kahan & Rock, supra note 129, at 1034—1037(引用示例)。

基金更擅长识别价值被低估的公司,为它们寻找潜在的收购方,并消除对收购的反对"。[132]他对 1 000 多个对冲基金行动主义案例的研究证实了这一说法,并发现"投资者行动主义的目标仅在行动主义者成功说服目标合并或被收购一系列事件中能获得高回报"。[133]

另一项关于对冲基金业务的研究同样发现了这一点:

> 财务收益……是令人失望的。事实证明,对冲基金在争取目标让步和进入董事会方面比在获得长期的、跑赢市场的财务收益方面做得更好。一方面,激进主义者的干预在 88% 的案件中产生了明显的效果,无论是资产出售、现金支出的增加、董事会席位还是立法让步。另一方面,在参与投资期间,只有少数目标公司的股价高于市场指数,在对冲基金进入目标公司董事会的情况下,财务表现不佳的情况尤为明显。[134]

251   因此,无论是对冲基金还是私募股权基金,看起来似乎都不可能成为解决上市公司形式固有的委托—代理问题的最终可行方案。取而代之的是,它们仅提供另一种替代形式——即私人公司。

由于公司收购给投资者带来的净收益是正的,即使考虑到收购者可能会赔钱,人们也有理由认为,对冲基金和私募股权行动主义对所有投资者都是有益的。但是,在一些备受瞩目的案例中,行动主义的对冲基金利用金融创新来谋取私利,却以牺牲其他股东为代价。例如,在 2005 年,一家对冲基金发起了一场委托书争夺战,以选举三名候选人进入 Exar 公司董事会。该对冲基金已将自己拥有的 96% 的股份套现(即对这些股票的空头头寸进行了抵销),"因此几乎完全不关心公司的表现,因为'套现'头寸无法产生进一步的利润或亏损"。[135]另一个著名的案例涉及佩里资本(Perry Capital)对国王制药公司(King Pharmaceuticals)和迈兰实验室(Mylan Laboratories)的创新投资。该对冲基金是迈兰和国王的大股东。迈兰提出以许多行业观察人士认为过高的价格收购国王。尽管如此,佩里还是支持这次收购。事实证明,佩

---

[132][133]　Greenwood, supra note 126.

[134]　William W.Bratton, Hedge Funds and Governance Targets: Long-term Results 2(Institute for Law and Economics Res. Paper No.10—17, Sept. 2010).

[135]　Thomas W.Briggs, Corporate Governance and the New Hedge Fund Activism: An Empirical Analysis, 32 J. Corp. L. 681, 702(2007).

里曾使用衍生品对冲其在迈兰的经济利益。因此,佩里从这笔交易中赚钱的唯一途径就是通过对国王股票的投资。佩里更希望迈兰溢价收购国王,即使这样明显损害了迈兰的其他股东利益。[136]学者们还发现了其他几个对冲基金和其他行动主义投资者私人寻租的例子。[137]正如关于工会、州和地方政府养老金的案例一样,增强股东权利同样会导致鼓励对冲基金权力寻租的额外风险。

总 体 评 价

如果所有权和控制权的分离是寻求解决方案的问题,那么鼓励机构投资者扮演积极的公司治理角色只会使问题倒退一步:它无法解决问题。然而,所有权和控制权的分离究竟是不是一种需要治疗的病理,这一点并不清楚。相反,尽管缺乏股东行动主义,但我们的公司治理体系长期以来一直有效地运作。正如《华尔街日报》在 2003 年解释的那样:

252

> 近年来,美国经济和股市的表现比世界上任何一个国家都要好。"如果这个系统从根本上存在缺陷,我们如何能出色地完成工作呢?"经济学家本特·霍尔姆斯特罗姆(Bengt Holmstrom)问道。他们认为,如果大多数美国高管从股东那里窃取资金,并且操纵了金融市场,那么资本就会流向错误的地方,生产率就不会大幅提高。[138]

经济学家霍尔姆斯特罗姆和卡普兰(Kaplan)同样得出以下结论:

> 尽管治理体系存在所谓的缺陷,但美国经济在绝对基础上,特别是相对于其他国家而言,仍然表现良好。在过去十年中,美国的生产率增长非常出色,并且在过去二十年中,包括丑闻爆发以来的这段时间里,美国股市一直跑赢其他世界指数。换句话说,广泛的证据与失败的美国体制并不一致。如果有什么不同的话,那就是表明该体制远远高于

---

[136]　Anabtawi & Stout, supra note 117, at 1287—1288(描述交易).

[137]　See, e.g., Anabtawi & Stout, supra note 117, at 1285—1292; Briggs, supra note 135, at 695—701.

[138]　David Wessel, "The American Way" is a Work in Progress, Wall St. J., Nov. 13, 2003, at A2.

平均值水平。⑬

　　如上所述,随后的房地产泡沫和信贷危机并未推翻这一结论。

　　相反,虽然有相当多的证据支持股东行动主义可以通过私人寻租获利的主张,但几乎没有证据表明行动主义对全体投资者有利。Navigant 咨询公司最近对股东行动主义的最基本形式(依据规则第 14a-8 条的提案)进行了审查,并没有发现任何证据表明它会导致市场价值的短期或长期增长。⑭社会和治理提案均是如此。

　　当然,这个结果不足为奇。首先,"行动主义的高成本和低成功率表明,它的净收益远远低于"许多股东行动主义支持者所声称的。⑭其次,如果行动主义提高了目标公司的股价,那么它的所有股东都可以搭上行动主义者的便车。当行动主义者从中获得的大部分收益将被其他人攫取时,行动主义者动用大量资源是没有意义的。相反,我们希望行动主义者追求私人寻租的议题,而不是利他主义的公共服务。

　　通过在 2004 年迪士尼年度股东大会上,使投资者保留其股份投票选举董事的权力的努力,说明了私人寻租对成功的行动主义运动的重要性。富有启发性的是,这次竞选活动有一个中心组织人物罗伊·迪士尼(Roy Disney),并且他有这样做的私人动机。⑭迪士尼管理层后来说服罗伊·迪士尼撤销了对董事会的各种诉讼,并签署了一项为期五年的暂停收购协议,根据该协议,他将不再担任反对派提名的董事,以换取他被任命为公司的名誉董事和顾问,这很好地说明了,当一方有自己的私人议题时,公司是如何收买必要的中央协调人的。⑭相比之下,当加州公务员退休基金在 2004 年自行退出时,拒绝将其股票投票给不少于 2 700 家公司的董事选举,其中包括可口可乐董事和传奇投资者沃伦·巴菲特(Warren Buffet),该项目就毫无进展了。⑭

---

　　⑬　Bengt R. Holmstrom & Steven N. Kaplan, The State of U. S. Corporate Governance: What's Right and What's Wrong?, 15 J. App. Corp. Fin. 8(2003).

　　⑭　Joao Dos Santos & Chen Song, Analysis of the Wealth Effects of Shareholder Proposals (U. S. Chamber of Comm. Res. Paper, July 2008).

　　⑭　Gantchev, supra note 108, at 23.

　　⑭　即便如此,仍有相对多数股东投票赞成重新选举现任董事会。Disney: Restoring Magic, Econ., July 16, 2005, available at 2005 WLNR 11134752.

　　⑭　Roy Disney, Gold Agree to Drop Suits, Corp. Gov. Rep. (BNA), August 1, 2005, at 86.

　　⑭　See Dale Kasler, Governor's Plan Could Erode CalPERS Clout, Sac. Bee, Feb. 28, 2005, available on Westlaw at 2/28/05 SACRAMENTOBEE A1.

正如奥巴马总统、华盛顿民主党人和公司治理行动主义者团体所坚持的那样，金融危机是否要求我们重新思考赋予股东权力的优点呢？不，并没有。公司治理在一定程度上导致了金融危机，之所以如此，是因为股东已经太强大了，而不是因为股东太弱了。劳伦斯·米切尔（Lawrence Mitchell）教授解释说：

> 基金经理们通过增加他们投资组合的价值而蓬勃发展。这是一件很难的事情，需要时间。因此，多年来，基金经理一直通过向公司经理施加压力，以牺牲企业的长期业务健康为代价来提高短期股票价格，从而提高自己的薪酬。以这种方式开展业务，无论现在还是将来，都会将就业和可持续产业置于危险之中。
>
> 例如，公司经理们通过利用留存收益进行大规模股票回购来应对压力。在截至2007年9月的三年中，标准普尔500指数成分股中的公司用于回购股票的资金超过了用于生产的投资。随着留存收益的消失，剩下的用于生产的资金都成了债务。当信贷市场崩溃时，这些公司无法借款，因此无法生产。董事会和经理们应该受到责备吗？当然。但是多年来一直在推动管理层采取这种行为的大股东们也是如此。与其说他们是解决方案，不如说他们是问题所在。增强他们的投票权只会让事情变得更糟。[145]

米切尔继续展开：

> 加强这些权利的提案是在打最后一场战争。在21世纪初的企业丑闻中，非金融公司董事会的疏忽可能是一个重要因素。但是，就像舒默法案（Schumer bill）一样，暗示这与当前的经济衰退有任何重大的关系是夸张的。舒默法案和美国证券与交易委员会的提案只会让问题变得更严重，因为它们将董事会与股价联系在了一起，而股价本来就是导致这些丑闻的罪魁祸首。[146]

米切尔因此询问：

254

---

[145][146]　Lawrence Mitchell, Protect Industry From Predatory Speculators, Fin. Times, July 8, 2009.

我们真的希望投机者告诉公司董事会如何管理他们的业务吗？那些说"是"的人想要增加短期管理压力，从而推高股价，而不管这种做法会给企业带来怎样的伤害。他们似乎并不在乎自己的利润是以牺牲子孙后代的经济福利为代价的。但是，如果我们的目标是给专业经理人必要的时间来创建长期的、可持续的、创新的企业，那么答案显然是否定的。[147]

在造成危机的结构性缺陷的同时，行为主义投资者实际上是在制造危机本身。例如，布莱恩·柴芬斯（Brian Cheffins）发现，除了"少数对冲基金"外，机构股东"在股价下跌时基本上保持沉默"。[148]即使在英国，股东已经比美国公司的股东拥有更多的治理权力，但危机爆发时，大型机构投资者也只是袖手旁观。[149]相比之下，陷入困境的公司的董事通常在应对危机的过程中发挥了积极作用，这一点从他们安排 CEO 离职的频率远高于上市公司的正常水平就可以看出。[150]

255　　总之，所有权和控制权的分离并没有导致 2008 年的金融危机。通过赋予股东权力来降低所有权和控制权分离程度的努力将无助于防止未来的危机。恰恰相反，这种努力破坏了长期以来为我们提供了良好服务的公司治理体系，并且如果不受改革派热情的影响，在当前危机消退后，这种体系还能继续发挥作用。

如果投资者重视治理参与权，那么市场将提供给他们

特拉华州的公司法没有禁止《多德—弗兰克法案》的任何规定。任何试图将一家公司上市的人，都可以在公司的组织文件中赋予股东多德—弗兰克式的权利。因此，如果确实是"对股票进行估价的机制可以确保价格反映出治理和运营的条件"，[151]这种情况似乎是正确的，那么从"逐顶竞争"的竞赛中

---

[147]　Id.

[148]　Brian R. Cheffins, Did Corporate Governance, "Fail" During the 2008 Stock Market Meltdown? The Case of the S&P 500, 65 Bus. Law. 1, 3(2009).

[149]　Brian R. Cheffins, The Stewardship Code's Achilles' Heel, 73 Modern L. Rev. 1004, 1005—1006(2010).

[150]　Cheffins, supra note 148, at 39—40.

[151]　Frank H. Easterbrook & Daniel R. Fischel, The Economic Structure of Corporate Law 18(1991).

可以得出一个合乎逻辑的否定推论：

> 尽管代理成本很高，但许多管理团队都小心翼翼地致力于投资者的利益……通过增加公司的价值，他们会对自己有利（大多数经理人的薪酬与股票市场挂钩，他们也持有股票）。不存在被认为对投资者有利的证券是很有说服力的。[152]

出于同样的原因，如果投资者珍视《多德—弗兰克法案》赋予他们的权利，我们希望观察到企业家通过公司组织文件中的适当条款让公司公开上市以提供此类权利，或游说特拉华州立法机构以公司法典的形式提供此类权利。因为我们都没有观察到，所以我们可能会得出结论：投资者不重视这些权利。

关于机构投资者投票顾问服务机构的说明

在论证机构投资者有理性淡漠的动机时，我们强调了在投资组合公司中监督和应对问题所需要的成本。如果行动主义投资者可以通过针对重复出现的问题制定标准化的投票程序以及对常见的管理失职行为采取标准的对策来利用规模经济，则可以降低这些成本。事实上，我们在机构投资者行动主义演变的早期就已经观察到了这种反应，因为许多机构在诸如收购防御等问题上采用了标准的投票做法。

然而，大量节省将需要采取集体行动。只有通过联合起来监督它们的投资组合公司，机构才能真正实现规模经济。只要它们被迫单独行动，其投资组合的规模和高换手率就无法实现真正的规模经济。

机构股东服务公司（ISS）的出现为这些问题提供了解决方案。机构股东服务公司成立于1985年，旨在为机构投资者提供投票顾问服务。[153]前提是机构可以将监督投资组合公司的公司治理以及制定有关如何对其股票进行投票的决策的任务外包给机构股东服务公司。

1988年，美国劳工部（Department of Labor）宣布，ERISA养老金计划受托人就其如何对投资组合公司的股票进行投票制定明智的决策负有受托义

---

[152] Id. at 205.

[153] 机构股东服务公司于2006年被 RiskMetrics 集团收购。然而，为了语义上的一致性，我将其始终称为机构股东服务公司。

务时,机构股东服务公司受到了极大的推动。作为回应,养老金计划开始依赖机构股东服务公司对需要股东投票的问题进行分析,并就最佳投票决策提供建议。美国证券与交易委员会在 2003 年作出了一项类似裁决规定,要求共同基金和其他投资公司顾问必须采取相关政策,以确保投资组合公司的股票在投票时符合客户的最佳利益,这增加了一类全新的机构,将其代理决策外包给了机构股东服务公司。

如今,机构股东服务公司为大约 1 700 个机构投资者提供服务,这些客户共同管理着约 25 万亿美元的股票证券。因此,通过规模经济来减少行动主义开支的目标似乎触手可及。

事实证明,机构股东服务公司在影响股东投票方面非常成功。据估计,机构股东服务公司的建议可以使代表投票中产生 15% 到 20% 的波动。[154]尽管竞争对手已经进入投票顾问服务市场,但机构股东服务公司仍然是该市场上最强大的参与者。仅有的另一家顾问服务公司 Glass,Lewis&Co.对股东投票的结果能够产生可衡量的影响,但与机构股东服务公司相比,影响仍然很小。[155]

人们普遍预计,《多德—弗兰克法案》中的股东赋权条款将进一步增强机构股东服务公司的影响力,特别是在高管薪酬方面。机构投资者将向机构股东服务公司寻求指导,以确定何时决定薪酬,以及如何决定薪酬投票。但是,《多德—弗兰克法案》对投票顾问服务的最大影响,可能是通过纽约证券交易所规则第 452 条间接产生的。

纽约证券交易所的规则适用于经纪账户中持有股票的投票权。典型的散户投资者账户是这样设立的:经纪人是股票的法定所有人,而投资者是股票的受益所有人。因此,根据州法律,经纪人是对股票进行投票的人。根据联邦法律,经纪人有义务向他们的客户请求投票指示。但是,许多散户投资者未能提供指示。在这种情况下,规则第 452 条允许经纪人在常规事务中自行决定行使股票的投票权。但是,对于非常规事务,没有指示的经纪人必须弃权。

过去,经纪人通常按管理层的建议进行投票。因此,管理层在许多问题

---

[154]   David Larker & Bryan Tayan, RiskMetrics: The Uninvited Guest at the Equity Table 2 (Stanford Grad. Sch. Bus. Closer Look series CGRP-01,May 17,2010),http://ssrn.com/abstract=1677630.

[155]   Stephen Choi. et al.,The Power of Proxy Advisors:Myth or Reality?,59 Emory L.J. 869(2010). 这项研究还指出,"普遍的报道严重夸大了机构股东服务公司的影响",并且"一旦考虑到对投资者重要的公司和公司特定因素,机构股东服务公司建议的影响就会大大降低"。

上往往有坚实的支持基础。但是,2009 年对规则第 452 条的修正案通过将无竞争的董事选举的处理方式从常规事项改为非常规事项,从而极大地改变了环境。其结果是,在董事选举中投票的散户投资者持股数量减少了,增加了机构投资者选票的占投比例,从而增强了机构股东服务公司建议的效果。

《多德—弗兰克法案》第 957 条将在一系列潜在的广泛问题上产生类似的效果。至少,第 957 条规定,对高管薪酬的投票应被视为非常规性的。因此,来自机构投资者的投票比例将会上升,无论是在薪酬话语权,还是在薪酬决定方面。由于第 957 条指示美国证券与交易委员会进行规则制定程序,以确定是否还有"其他重大事项"应被视为非常规事项,而这一程序于 2012 年年底完成,因此机构股东服务公司的影响力继续增长。事实上,公平地说,《多德—弗兰克法案》在赋予机构股东服务公司更多权力方面比在股东赋权方面做得更多。

尽管取得了成功(或许正因为如此),机构股东服务公司一直备受争议。一些批评家认为,机构股东服务公司的建议过于僵化和机械。例如,马丁·利普顿(Martin Lipton)抱怨说,机构股东服务公司经常建议不要重新选举董事会提名委员会,只要这些董事会成员允许公司的 CEO 提供建议或意见:

> 如果在委员会开会并作出决定之前禁止 CEO 的意见和建议,这将是一个完全失灵的过程。纽约证券交易所规则或"最佳实践"中没有任何规定可以限制 CEO 在委员会采取行动之前不能发表意见或建议。[156]

在这些问题上过于僵化的一个相关例子发生在 2004 年,当时机构股东服务公司敦促其客户反对改选沃伦·巴菲特为可口可乐公司的董事,因为巴菲特不符合机构股东服务公司对董事独立性的严格定义。此后不久,加州公务员退休基金宣布将以同样的理由反对巴菲特的连任。机构股东服务公司和加州公务员退休基金立场的批评者指出,沃伦·巴菲特可能是有史以来最受尊敬的投资者,有着长期的诚信记录。当时,巴菲特的伯克希尔·哈撒韦公司(Berkshire Hathaway Company)拥有可口可乐公司近 10% 的股份,这意味着他的个人财务利益与其他股东的财务利益紧密相连(尽管并非完全一致)。

258

---

[156] Martin Lipton, ISS Goes with Form over Substance, Harv. L.Sch. Forum Corp. Gov. & Fin. Reg. (Mar. 17, 2011), http://blogs.law.harvard.edu/corpgov/2011/03/17/ iss-goes-with-form-over-substance/.

根据纽约证券交易所的上市标准,巴菲特获得了独立董事的任职资格。正如我当时所说的那样,如果"巴菲特不符合机构股东服务公司和加州公务员退休基金的独立标准,那么问题出在这些标准上,而不是巴菲特先生身上"。⑮

评论家们将这种"按章照抄"的思维方式与机构股东服务公司这样的机构存在的原因联系在一起,即,就数千家上市公司的委托书中提出的众多问题作出明智的投票决定所涉及的成本。机构投资者持股的全球化,迫使机构股东服务公司将其资源扩展到将许多外国发行者包括在内,从而使问题更加复杂。例如,2009年,机构股东服务公司不得不针对全球逾3.7万家发行人准备投票建议。必须提出的投票建议数量在不断增长,其中大部分集中在三到四个月的年度会议季节中,据报道,这甚至迫使机构股东服务公司在最大程度上实现决策的自动化,并因此依赖于"一刀切"的标准,而不是仔细考虑每个公司的具体需求和情况。

最后,还涉及问责制的问题。尽管美国证券与交易委员会和美国劳工部都在考虑对投票顾问业务进行监管,但在撰写本书时,它们基本上仍未受到监管。具有讽刺意味的是,市场力量是让机构股东服务公司承担责任的唯一因素:即,在美国,大多数股东权力的支持者声称,在追究管理层责任方面,同样的力量不起作用。

综上所述,这些担忧引发了一个严重的问题,即股东行动主义是否适合解决公司治理的委托—代理问题。机构投资者行动主义将会仔细审查投资组合公司,以作出明智的投票决定的观点被认为是虚构的。相反,股东行动主义依赖于单一投票顾问的异想天开,该顾问提供的透明度有限,而且基本上不负责任,不受监管且信息匮乏。⑯

关于政府作为股东的说明

2008年和2009年的各种企业救助计划导致联邦政府成为美国近700家银行以及美国国际集团、房利美、房地美、克莱斯勒和通用汽车等主要企业的股东。在许多这样的案例中,政府的股份以及这些股份所受的规则使政府成

---

⑮　Stephen M. Bainbridge, Directors Cut?, Professor Bainbridge.com (Apr. 29, 2004), http://www.professorbainbridge.com/professorbainbridgecom/2004/04/directors-cut.html.

⑯　See Choi & Fisch, supra note 106, at 318(解释养老基金将决策权下放给机构股东服务公司的趋势"引起了人们的广泛关注,即机构行动主义的有效性将受到基金代理问题的限制,包括那些行使委托治理权力的人的激励措施")。

为事实上的控股股东。

可以肯定的是,当奥巴马总统被问道:"你将成为什么样的股东时",他回答说:"我们的首要角色应该是想要退出的股东。"即便如此,这些先例仍然令人不安。

在政府对金融机构的所有权更为普遍的国家中的经验证实,政府经常利用其拥有的股份来推进可能与企业或其他股东的利益背道而驰的政治议程。法学教授韦雷特(J.W. Verret)收集了许多奥巴马政府和国会出于政治目的对政府控制的公司施加影响的例子。[159]当通用汽车曾试图取消与蒙大拿州一家钯矿供应商的合同,转而选择成本更低的国外钯矿,但迫于国会压力,通用汽车不得不继续使用蒙大拿州的钯矿。[160]当通用汽车试图关闭许多经销店时,国会的压力迫使通用汽车恢复它们的经营。[161]在其他情况下,韦雷特表示"政府对其所控制的实体给予优惠的监管待遇"。[162]

关键问题在于,通过结合传统的主权豁免原则以及治理法规中包含的各种免除和豁免,联邦政府实质上不受控股股东的信义义务的约束。同样,政府实际上不受旨在防止控股股东寻租的证券交易所上市标准的约束。这种问责制的缺失给其他股东带来了巨大的风险。在下一次经济危机爆发,需要政府对私营企业进行新一轮投资之前,国会最好重新考虑这个问题,以限制联邦政府在这一领域的权力。

260

---

[159]　J.W. Verret，The Bailout Through a Public Choice Lens: Government-Controlled Corporations as a Mechanism for Rent Transfer，40 Seton Hall L. Rev. 1521(2010).

[160][161][162]　Id. at 1524.

结论

近一个世纪以来，特拉华州在面对那些挑战其作为公司治理法律主要提供者地位的竞争对手时，几乎没有遇到什么困难。然而，在过去十年的金融危机之后，特拉华州现在面临着真正的威胁。与早期的州与州之间的横向竞争不同，这种威胁是从上层发出的。联邦政府对商业拥有广泛的宪法权力，再加上华盛顿在"至上条款"下的权力可以凌驾于州法律之上，这意味着特拉华州不再能够仅仅通过提供高质量的产品来取胜。正如我们对合并自《萨班斯—奥克斯利法案》和《多德—弗兰克法案》的案例研究所证明的那样，联邦政府可以——而且往往能够——用新的联邦指令抢占州公司法的先机，即使它们糟糕到足以被冠之"庸医式公司治理"的称号。

公司治理联邦化的全球影响

我们在第一章中看到，对于各州是否在提供公司治理法规方面相互竞争，以及如果存在竞争，这种竞争是否会导致一场"逐顶竞争"或"逐底竞争"的竞赛，存在着一场旷日持久的辩论。无论人们在这场辩论中得出什么结论，对联邦公司治理监管的案例研究都证实，各州与华盛顿之间新的纵向竞争形式没有改善。

然而，只有当我们从个案研究中退一步，并评估新联邦规则的系统性影响时，问题的真正范围才会变得清晰起来。可以肯定的是,尽管初步的个案证据令人沮丧,但现在就对《多德—弗兰克法案》得出确切的结论还为时过早。然而,源自《萨班斯—奥克斯利法案》的证据是非常有说服力的。

衰落的十年

考虑到十年来危机的严重程度,美国资本市场在这十年的大部分时间里不可避免地遭受了损失。随着十年伊始互联网泡沫的破裂,二级股票交易市场遭遇了自1930年代以来首次连续三年的股市下跌。随后,1990年代末的金融危机引发了从2007年10月到2009年3月的漫长熊市。

在过去十年的大部分时间里,一级股票市场也遭受了重创。当然,考虑到不利的经济环境,像IPO等一级市场交易的减少是在意料之中的。然而,这些数据揭示了一个更令人不安的趋势,在过去十年中,美国资本市场在全球范围的竞争力逐渐减弱。

例如,由于外国公司不再将美国股票市场作为其筹集资金的首选,美国在全球IPO市场中的份额下降了。同样,长期在美上市的外国公司也从美国股市退市,而美国公司则以异乎寻常的高比率倒闭或私有化。大约在同一时间,欧洲债券市场在全球债券发行中所占份额超过了美国债券市场。

围绕着上述事态发展的日益关注直接促进了三项主要研究,每项研究都得出了大致相同的结论,并提出了可比肩的政策建议:彭博—舒默报告、[1]保尔森委员会中期报告、[2]商会报告。[3]综合各种资料,并根据随后的发展情况进行评估,他们收集的证据证实,在过去十年里,美国资本市场相对于其他市场的竞争力下降了。

在1990年代,在纽约证券交易所上市的外国发行人数量几乎翻了两番(增加了三倍),纳斯达克也经历了类似的增长,而伦敦和其他欧洲主要交易

---

① Michael R. Bloomberg & Charles E. Schumer, Sustaining New York's and the U.S.' Global Financial Services Leadership(2007)[hereinafter the Bloomberg-Schumer Report].

② Comm. on Capital Mkts. Reg., Interim Report of the Committee on Capital Markets Regulation(2006). 美国资本市场监管委员会(Committee on Capital markets regulation),或更广为人知的保尔森委员会(Paulson Committee),随后发布了一份后续报告,确定了该委员会每季度跟踪的13项竞争性措施。Comm. on Capital Mkts. Regulation, The Competitive Position of the U.S. Public Equity Market(2007)[hereinafter the Paulson Committee Report].

③ U.S. Chamber of Comm., Capital Markets, Corporate Governance, and the Future of the U.S. Economy(2006)[hereinafter the Chamber Report].

263 所的市场份额却在下降。然而，自 2000 年以来，情况似乎发生了逆转。例如，以欧洲其他主要交易所的 IPO 数量作为资本市场相对竞争力的指标，在 2000 年至 2006 年间，美国的市场份额从 48% 急剧下降到 8%。④

尽管保尔森委员会报告说，2008 年和 2009 年略有改善，但到 2010 年第一季度，该委员会再次报告说，"美国公共股票市场的竞争力持续恶化"。⑤其结果是，几乎所有的衡量标准都显示，美国股票资本市场今天的"竞争力仍然远远低于历史水平"。⑥

造成这种下降的原因有很多。例如，人们普遍认为，欧洲和亚洲市场日益增长的成熟度和流动性是一个非常重要的因素。然而，所有三项研究均得出结论，认为《萨班斯—奥克斯利法案》带来的监管负担是一个主要的影响因素。例如，根据保尔森委员会的说法，"与其他发达和受人尊敬的市场中心相比，促成这一趋势的一个重要因素是美国的法规合规成本和责任风险的增长"。⑦

出于同样的原因，债券市场也出现了同样的下跌。一项对外国公司在《萨班斯—奥克斯利法案》实施前后在美国发行债券的决定的研究发现，外国公司在后期发行债券的可能性较低。作者认为，他们的研究结果与后萨班斯法案时代美国债券的成本（上升）和收益（下降）的显著变化相一致。⑧

合规监管成本

寻求进入美国资本市场的发行人面临着一系列复杂且成本高昂的监管要求。与英国金融服务管理局（Financial Services Authority）是唯一的监管机构的英国相比，美国资本市场的参与者被分到多个监管部门，每个部门都有一个或多个政府监管机构。与多个监管机构打交道，不可避免地会增加交

---

④ Luigi Zingales, Is the U.S. Capital Market Losing its Competitive Edge 2 (ECGI Fin. Working Paper 192/2007). 全球首次公开发行（IPO）是指发行人在其国内市场以外发行股票的行为。

⑤ Press Release, Comm. on Capital Mkts. Reg., Q1 2010 Sees Fresh Deterioration in Competitiveness of U.S. Public Equity Markets, Reversing Mild Improvements(June 2, 2010).

⑥ Press Release, Comm. on Capital Mkts. Reg., Third Quarter 2009 Demonstrates First Signs of Mild Improvement in Competitiveness of U.S. Public Equity Markets, Reversing Mild Improvements(Dec. 1, 2009).

⑦ Paulson Committee Report, supra note 2, at x.

⑧ Yu Gao, The Sarbanes-Oxley Act and the Choice of Bond Market by Foreign Firms (March 22, 2011), http://ssrn.com/abstract=1792963.

易的复杂性、冗余性和成本。因此,正如商会得出的结论,"这种拼凑起来的 264
结构跟不上我们市场的飞速增长和国际化"。⑨

与美国证券监管基于规则的监管方法相反,在英国,金融服务管理局
(FSA)采取了所谓的基于原则的监管方法。这种区别体现在三个关键方
面。⑩第一,规则通常是详细和复杂的,而原则是广泛和抽象的。第二,规则
是事前定义的,事后自由裁量权的范围很小,而原则是事前广泛设定的,并以
高度相关的方式在事后应用。第三,原则赋予监管者相当大的自由裁量权,
让他们在个案基础上作出决定,而规则却没有这样做。

基于原则的监管方案的支持者认为,这些方案允许公司根据自身独特的
业务需求和实践调整各自的合规程序。相比之下,基于规则的系统则采用
"一刀切"的方式。此外,与基于原则监管方案相比,基于规则的监管方案更
具对抗性和诉讼性。彭博—舒默报告认为,这些差异使美国资本市场处于明
显的劣势:

> 在没有公认的原则作为指导的情况下,美国监管机构默认实施各种
> 立法授权所要求的法规,其中许多法规要追溯到几十年前。这些立法从
> 未进行重大审查或修订,因此往往落后于日常实践。未能跟上时代的步
> 伐,让企业领导人很难理解不同监管机构的使命与他们的业务之间的关
> 联,这反过来又意味着监管机构在针对企业的行为时被视为不可预测
> 的。在过去几年中,合规成本也大幅上升。证券公司平均每个交易日都
> 要接受一次监管问询,而大型公司的问询次数是这个水平的三倍以上。
> 证券业协会的一份报告估计,仅2005年证券业的合规成本就达到了250
> 亿美元(2002年为130亿美元)。这一增长几乎相当于该行业年度净收
> 入的5%。尽管与合规相关的支出增加有一些好处,但该报告发现"这 265
> 些增加的成本中有很大一部分是可以避免的,除其他外,表现在:重复检
> 查、监管规则和监督措施;规章制度不一致/缺乏协调;模棱两可以及延
> 迟获得明确的指导"。⑪

---

⑨　Chamber Report, supra note 3, at 5.

⑩　See generally Lawrence A.Cunningham, A Prescription to Retire the Rhetoric of "Prin-
ciples-Based Systems" in Corporate Law, Securities Regulation, and Accounting, 60 Vand. L.
Rev. 1411(2007),然而,他批评原则与规则的二分法是不精确和不准确的。

⑪　Bloomberg-Schumer Report, supra note 1, at 83.

问题不仅在于美国金融体系以规则为基础的本质,还在于发行人必须遵守的大量监管规定:

> 美国银行业和储蓄机构监管机构的协调组织——联邦金融机构考试委员会最近的一项研究表明,自1989年以来,美国对银行和其他储蓄机构实施了800多项不同的监管规定。实施2002年《萨班斯—奥克斯利法案》的立法要求的监管规定就是一个很好的例子。被接受调查的CEO和其他高管普遍认为,与他们带来的良好治理的收益相比,它们的成本太高了。因此,《萨班斯—奥克斯利法案》在国内和国际上都被视为扼杀了创新。一位前资深投资银行家表示:"《萨班斯—奥克斯利法案》和诉讼环境正在美国创造一种更加厌恶风险的文化。""我们只是在推动人们在海外开展更多业务,而不是直接解决实际问题。"[12]

《萨班斯—奥克斯利法案》的瓦解

在过去的十年中,《萨班斯—奥克斯利法案》已成为负担沉重的合规成本的典型代表。正如我们对其各项规定的个案研究所表明的那样,形成如此的声誉是其当之无愧的。除了在这些案例研究中计提的直接依条款规定的合规成本外,企业还产生了许多间接成本。例如,董事工作量增加,将迫使公司增加董事薪酬。审计委员会受到的影响尤其严重,《萨班斯—奥克斯利法案》颁布后召开会议的平均次数是颁布之前的两倍多。由于违反第404条和《萨班斯—奥克斯利法案》其他规定将受到严厉的刑事和民事制裁,董事的责任风险也有所增加。结果,不仅董事薪酬增加,而且董事与高管责任保险的保费在法案之后也增加了一倍多。

这些成本不成比例地由较小的上市公司承担。小型公司的董事薪酬从法案生效前每1 000美元销售额支付给非雇员董事的5.91美元,增加至生效后每1 000美元销售额支付给非雇员董事的9.76美元。[13]相比之下,大型公司在法案生效前的销售收入中,每1 000美元产生13美分的董事现金报酬,而在法案生效后仅增加到15美分。[14]同样,年销售额低于2.5亿美元的公司

266

---

[12] Id.

[13][14] Stephen M.Bainbridge, The Complete Guide to Sarbanes-Oxley 5(2007).

为遵守第 404 条而承担了 156 万美元的外部资源成本。[15]相比之下，年销售额为 12 亿美元的公司平均产生的上述费用为 240 万美元。[16]因此，尽管《萨班斯—奥克斯利法案》的合规成本确实在增加，但它们的影响范围相当有限。在许多较小的公司中，第 404 条所施加的不成比例的沉重成本占其年收入的很大比例。对于那些利润微薄的公司来说，《萨班斯—奥克斯利法案》的合规成本实际上可以决定企业究竟是盈利还是亏损。

最近关于《萨班斯—奥克斯利法案》对 1 428 家公司的营业利润率的影响的研究证实了这些成本的重复性和不成比例的影响。《萨班斯—奥克斯利法案》之后，企业平均现金流量下降了 1.3%。成本从小公司的 600 万美元到大公司的 3 900 万美元不等。这些费用并不局限于第一年的一次性固定支出。相反，在整个四年的研究期间，可观的成本和降低的利润情况反复循环出现。总的来说，样本公司在这段时间里损失了约 750 亿美元。[17]

这些成本严重扭曲了公司的融资决策。一方面，《萨班斯—奥克斯利法案》不鼓励私人企业（非公开发行公司）上市。初创企业选择"从私募股权公司融资"，而不是通过 IPO 从资本市场筹集资金。因为"公开上市是一项重要的风险投资退出策略，因此部分关闭退出可能会阻碍初创企业的融资，从而使创业点子更难落地"。[18]除了美国国内 IPO 数量下降之外，在美国二级市场上市的外国公司数量也有所下降。[19]最终结果是，在全球 IPO 等交易中，美国市场的市场份额不断下降。伦敦证券交易所（LSE）市场服务总监马丁·格雷厄姆表示，《萨班斯—奥克斯利法案》"无疑为我们提供了帮助"，并强调了伦敦证券交易所吸引外国公司在伦敦上市的能力。[20]

相反，已经有上市公司退出公众资本市场的趋势。例如，富理达（Foley&Lardner）的一项调查发现，在《萨班斯—奥克斯利法案》出台后，大约

267

---

[15][16]　Id.

[17]　Anwer S. Ahmed et al., How Costly is the Sarbanes Oxley Act? Evidence on the Effects of the Act on Corporate Profitability (Sept. 2009), available at http://ssrn.com/abstract = 1480395.

[18]　18 Bainbridge, supra note 13, at 6(quoting Larry Ribstein).《萨班斯—奥克斯利法案》的不受欢迎程度进一步得到了证实，有证据表明，初创企业倾向于遵循一种向私人而非上市公司出售产品的退出战略。Ehud Kamar et al., Going-Private Decisions and the Sarbanes-Oxley Act of 2002: A Cross-Country Analysis(Rand Working Paper No.WR-300—2-EMKF, 2008).

[19]　19 See Joseph D. Piotroski & Suraj Srinivasan, Regulation and Bonding: The Sarbanes-Oxley Act and the Flow of International Listings, 46 J. Acct. Res. 383(2008).

[20]　Chamber Report, supra note 3, at 7.

有21%的上市公司正在考虑私有化。㉑威廉·卡尼（William Carney）在2004年对114家私有化公司进行的一项研究发现，有44家公司明确将《萨班斯—奥克斯利法案》合规成本列为它们私有化的原因之一。㉒其他几项研究同样报告说，与《萨班斯—奥克斯利法案》相关的成本增加是决定私有化的上市公司数量增加的原因之一。㉓

根据这些证据，所有关于资本市场竞争力的主要报告都将《萨班斯—奥克斯利法案》，特别是第404条视为对这些市场竞争力的严重拖累，这一点也不令人感到意外。彭博—舒默报告引述了"小公司和外国公司对美国上市涉及的第404条合规成本的担忧"。㉔保尔森委员会指出，第404条合规成本对那些打算进入美国市场的小公司和外国公司来说可能尤其重要。㉕美国商会认为：

> 未在美国市场上市的欧洲、中国和印度公司无需遵守第404条。他们可以在今年和以后的每一年里都省下这笔钱，并将这笔钱用于研发、客户折扣或许多其他用途，以提高他们的长期竞争力，并使美国公司更难参与竞争。㉖

268　　　　罗伯塔·罗曼诺对实证研究的详细评论证实了官方委员会的批评。罗曼诺总结了对证据的评论：

> 《萨班斯—奥克斯利法案》……小型公司上市的流失对美国交易所

㉑　21 Bainbridge, supra note 13, at 6.

㉒　22 William J.Carney, The Costs of Being Public After Sarbanes-Oxley: The Irony of "Going Private", 55 Emory L.J. 141(2006).

㉓　23 See, e.g., Stanley B.Block, The Latest Movement To Going Private: An Empirical Study, J.Applied Fin., Spring/Summer 2004, at 36; Ellen Engel et al., The Sarbanes-Oxley Act and Firms' Going-Private Decisions, 44 J. Acct. & Econ. 116(2007); Christian Leuz et al., Why Do Firms Go Dark? Causes and Economic Consequences of Voluntary SEC Deregistrations, 45 J. Acct. & Econ. 181(2008).

㉔　24 Bloomberg-Schumer Report, supra note 1, at 20.

㉕　25 Paulson Committee Report, supra note 2, at 5. 委员会降低了第404条相对于其确定的其他关切的重要性，罗曼诺认为，这可能是出于政治上的考虑，即对委员会各种建议获得立法批准的可行性进行了政治计算，并且委员会将注意力集中在股票市场而不是小公司所面临的问题上。Roberta Romano, Does the Sarbanes-Oxley Act Have a Future?, 26 Yale J. on Reg. 229, 246(2009).

㉖　Chamber Report, supra note 3, at 14.

造成了不利影响。毫无疑问，投资机会的减少也对美国投资者造成了不利影响，因为他们必须承担货币风险以及在国外而不是在国内进行投资的其他交易成本，才能对此类公司进行投资。总而言之，对研究《萨班斯—奥克斯利法案》之后美国资本市场竞争力调查的实证文献的公正解读至少表明，由于小型公司上市的减少，该法案已经对证券交易所的竞争力产生了负面影响。记录了成文法颁布后上市公司成本的不断变化的文献显示，这些公司也因《萨班斯—奥克斯利法案》而出现了运营成本增幅比例最大的情况。㉗

回顾过去，国会和美国证券与交易委员会未能准确地预测第 404 条尤其是《萨班斯—奥克斯利法案》的总体影响，尽管如此，这并不令人感到惊奇。正如罗伯塔·罗曼诺所说：

> 简而言之，公司治理条款并不是国会仔细审议的重点。《萨班斯—奥克斯利法案》是一项紧急立法，在涉及几起备受关注的公司欺诈和破产案件的媒体狂潮中，该法案是在有限的立法辩论条件下制定的。这些都是与经济不景气有关，包括似乎是自由落体的股市，以及迫在眉睫的选举运动，其中公司丑闻将成为一个问题。就有关竞争性政策立场进行的互让谈判中发生的公众讨论，将有助于提高决策的质量，但这在《萨班斯—奥克斯利法案》中并没有出现。㉘

以如此随意的方式制定的立法，难怪其成本远远超出了所有人的预期。

我们能做些什么？

联邦政府对公司治理进行的干预往往考虑不周，有三个主要原因。首先，联邦泡沫法往往是在政治压力的环境下制定的，这不利于仔细分析成本和收益。其次，联邦泡沫法往往受到民粹主义反公司情绪的驱使。最后，联邦泡沫法的内容往往来自对企业和市场持怀疑态度的政策企业家所倡导的

㉗　Roberta Romano, Does the Sarbanes-Oxley Act Have a Future?, 26 Yale J. on Reg. 229, 255(2009).

㉘　Roberta Romano, The Sarbanes-Oxley Act and the Making of Quack Corporate Governance, 114 Yale L.J. 1521, 1528(2005).

预先包装好的提案。

这个问题之所以变得更加复杂，是因为联邦法律至高无上的地位，以及国会和美国证券与交易委员会对私人秩序的一贯反对，使人们失去了尝试其他方法解决公司法中出现的许多棘手监管问题的机会。正如布兰代斯大法官多年以前所指出的那样："一个勇敢的州，如果它的公民愿意，可以作为一个实验室，这是联邦制度中令人高兴的事情之一；尝试新的社会和经济实验，而不给全国其他地区带来风险。"㉙只要州立法仅限于对在州内注册设立的公司进行监管（通常如此），就不存在适用于同一家公司的相互冲突的规则的风险。因此，实验不会导致混乱，反而可能产生更有效的公司法规则。

相反，联邦法律强加的统一性排除了采用不同监管模式进行试验的可能。这样一来，在没有联邦制"实验室"的情况下，将没有机会形成新的、更好的监管理念。同样地，对私人秩序的持续反对消除了市场竞争中出现的解决方案。相反，公司治理的联邦化催生了一些规则，这些规则从一开始就是错误的，或者可能很快就会过时，但它们实际上却刻板地变成了永久性规则，几乎没有变革的希望。

总而言之，联邦政府在公司治理中扮演的角色，似乎就是罗伯特·希格斯（Robert Higgs）所说的棘轮效应*的一个例子。㉚希格斯证明，战争和其他重大危机通常会触发政府规模的急剧增长，随之而来的是更高的税收、更严格的监管以及公民自由的丧失。一旦危机结束，政府可能会在规模和权力上有所缩水，但很少会回到危机前的水平。就像棘轮扳手只在一个方向上起作用一样，政府的规模和范围往往只朝一个方向移动，因为赞成变革的利益集团现在有动力保持新的现状，而获得新权力和威望的官僚也是如此。因此，每一次危机都会造成政府规模及权限长期性扩张影响。

270　　现在，我们在公司治理中观察到相同的模式。正如我们所看到的，除非发生危机，否则联邦政府很少介入这一领域。那时，支持公司治理联邦化的政策企业家开始行动起来，他们立即采取行动，劫持立法机构对危机的反应，以推进他们的议程。尽管随后可能会有一些倒退，例如《多德—弗兰克法案》

㉙　29 New State Ice Co. v. Liebmann, 285 U.S. 262, 311(1932)(Brandeis, J., dissent-ing).

*　棘轮效应（Ratcheting effect），又称制轮作用，是指人的消费习惯形成之后有不可逆性，即易于向上调整，而难于向下调整，尤其是在短期内消费是不可逆的，其习惯效应较大。这种习惯效应，使消费取决于相对收入，即相对于自己过去的高峰收入。——译者注

㉚　See Robert Higgs, Crisis and Leviathan: Critical Episodes in the Growth of American Government 150—156(1987)(描述了"棘轮效应"，国会通过这种"棘轮效应"不仅扩大了联邦政府的规模，而且永久性地扩大了联邦政府的范围)。

对小型报告公司的第 404 条的减轻,但总的趋势是,20 世纪的每次重大金融危机都会导致联邦政府职能的扩大。

因此,要吸取的教训是,各州,尤其是特拉华州和美国《示范商事公司法》的起草者必须在防守方面做得更好。博弈必须在特拉华州进行,而不是在华盛顿。主导特拉华州政治的利益集团必须预见到可能出现的联邦干预,并在可能的情况下通过新的立法或判例法主动抢占先机。此外,他们必须在华盛顿发展足够的力量,以成功地游说反对联邦干预。可以肯定的是,第一部分所描述的政治动态可能使这种防御战略在危机时期无法实现。但是,如果特拉华州像 2008 年那样解决未来的危机,稳步的公司治理联邦化将不会受到任何抵制。

结　　语

《多德—弗兰克法案》的六项关键公司治理条款满足了"庸医式公司治理"的关键标准,就像他们在《萨班斯—奥克斯利法案》中的前一代规则一样。一个以行动主义机构投资者为中心的强大利益集团联盟劫持了立法进程,从而实现了与 2007 年开始的金融危机的起因或后果基本无关的长期政策目标。无一例外,这些提案缺乏强有力的经验或理论依据。相反,我们有理论和经验上的理由相信,每一种政策往好里说都是无益的,而且大多数肯定是糟糕的公共政策。最后,通过以联邦法律取代州法规,每种政策都侵蚀了竞争性联邦制,而这正是美国公司法的独特之处。不幸的是,每当联邦政府遭遇新的经济危机的影响而采取行动时,这已成为一种反复出现的模式,公司治理的联邦化因此继续蜿蜒着向前推进。

索　引

图书在版编目(CIP)数据

金融危机后的公司治理/(美)斯蒂芬·M.班布里奇
著;罗培新,李诗鸿,卢颖译.—上海:上海人民出
版社,2021
(优化营商环境商法经典译丛.法律与金融译丛)
书名原文:Corporate Governance after the
Financial Crisis
ISBN 978 - 7 - 208 - 17054 - 4

Ⅰ.①金⋯　Ⅱ.①斯⋯ ②罗⋯ ③李⋯ ④卢⋯　Ⅲ.
①公司-企业管理-研究　Ⅳ.①F276.6

中国版本图书馆 CIP 数据核字(2021)第 084808 号

责任编辑　夏红梅
封面设计　夏　芳

优化营商环境商法经典译丛 · 法律与金融译丛
金融危机后的公司治理
[美]斯蒂芬 · M.班布里奇　著
罗培新　李诗鸿　卢　颖　译

出　　版　上海人民出版社
　　　　　(200001　上海福建中路 193 号)
发　　行　上海人民出版社发行中心
印　　刷　常熟市新骅印刷有限公司
开　　本　720×1000　1/16
印　　张　19
插　　页　2
字　　数　307,000
版　　次　2021 年 6 月第 1 版
印　　次　2021 年 6 月第 1 次印刷
ISBN 978 - 7 - 208 - 17054 - 4/D · 3748
定　　价　78.00 元